高等院校通识教育系列教材

当代大学生生命教育

路杨　著

WUHAN UNIVERSITY PRESS
武汉大学出版社

高等院校通识教育系列教材
编审委员会

总　序

进入新世纪，中国高等教育发展形成的共识之一，就是要着力教育创新。教育创新共识的形成，是以对时代发展的新特点的理解为基础的，以对当今世界和我国教育发展的新趋势的分析为背景的，以实现中华民族的伟大复兴和社会主义教育事业发展的历史任务为目标的，深刻地反映了高等教育确立“以人为本”新理念的必然要求。

教育创新的首要之义就在于，教育要与经济社会发展的实际相结合，要与我国社会主义现代化建设对各类高层次人才培养的需要相适应，努力造就具有创造精神和实践能力的全面发展的人才。为了达到教育创新的这些要求，高等教育不仅要实行教育理论和理念的创新，而且还要深化教育教学改革，着力提高教育教学质量和水平。特别要注重学科与专业设置的调整和完善，形成有利于先进科学技术发展和提高国民经济发展水平的学科专业和教学内容；要注重人才培养结构的优化，形成既能适应现代化建设对各级各类高层次人才的需求，又能体现和反映高校优秀的办学特色、办学风格和办学传统的人才培养模式。教育教学创新的这些措施，必然提出怎样对传统意义上的以“学科”、“专业”为主体的教育教学结构进行整合，并使之与现代社会发展要求相适应的“通识”教育相兼容和相结合的重大问题。

高等教育人才培养模式中的“专”、“通”关系问题，并不是现在才提出来的。至于与“专业”教育相对应的“通识”教育的思想，出现得更早些。在亚里士多德那里，就有与“自由”教育相联系的“通识”教育的思想。这里所讲的“通识”教育，通常是指对学生普遍进行的共通的文化教育，使学生具有一定广度的知识和技能，使学生的人格与学识、理智与情感、身体与心理等各方面得到自由、和谐和全面的发展。

世界高等教育的发展曾经经历过时以“通识”教育为主、时以“专业”教育为主，或者两者并举、并立的发展时期。从高等教育发展历史来看，早期的高等教育似倚重于“通识”教育。随着经济、科技和社会分工的不断发展和进步，高等教育也相应地细分为不同学科、专业，分别培养不同领域的专业人才，“专业”教育的比重不断增大。20世纪中叶以来，经济的迅猛发展、科技的飞速进步、知识的不断交叉融合，使学科之间更新频率加快，高度分化和高度综合并存，“专才”与“通识”的需求同在。但是在总体上，“通识”似更多地受到重视。这是因为，新时代高等教育培养的人才，应该具有很强的应变能力和适应能力，应该具有更为宽厚的知识基础和相当广博的知识层面，应该具有更强的信息获取能力和多方面的交流能力。显然，仅仅依靠知识领域过窄的专业教育，是难以培养出这样的人才的。

我国大学本科教育专业一度划分过细，学生知识结构单一，素质教育薄弱，人才的社会适应性多有不足。随着国家经济体制改革的深入、产业结构调整步伐的加快和国民经济的飞速发展，国家和社会对人才需求的类型和结构发生了急剧变化，对人才的规格和质量的要求也不断提高，划分过细的专业教育易于造成人才供给的结构性短缺。经济全球化发展和我国加入WTO，对我国高等教育人才培养提出了更为严峻的课题，继续走划分过窄、过细的专业教育之路，就可能出现一方面人才短缺、另一方面就业困难的严峻局面，将严重阻碍我国经济社会的发展，也将使我国高等教育陷于困境。我国教育界的有识之士和国家教育主管部门，已经深切地认识到这种严峻的形势。教育部前几年就在多方征求意见的基础上，推出了经大幅度修订的新的本科专业目录，使本科专业种类调整得更为宽泛些。各高等学校也在进一步加大教学改革力度，研究和修订教学计划，改革教学内容，努力使专业壁垒渐趋弱化，基础知识教育得到强化。这些都将有利于学生拓宽知识面，涉猎不同学科和专业领域，增强适应能力，全面提高综合素质。

在高等教育“通”、“专”关系的处理上，教育创新提供了解决问题的根本方法。通过教育创新，一方面能构筑高水平的通识教育的平台；另一方面也能增强专业教育的适应性，目的就是做好“因材施教”，实现“学以致用”。在这一过程中，除了要解决好选人制度即招生制度创新和教师队伍建设创新外，还要注重教学内容、教学方式和方法，以及教材建设等方面的创新。

近些年来，武汉大学出版社经过精心组织与策划，奉献给广大读者的这套通识教育系列教材，力图向大学生展示不同学科领域的普遍知识及新成果、新趋势或新信息，为大学生提供感受和理解不同学术领域和文化层面的基本知识、思想精髓、研究方法和理论体系，为大学生日后的长远学习提供广阔的视野。我们殷切地希望能有更多更好的通识教材面世，不仅要授学生以知识、强学生之能力，更要树学生之崇高理想、育学生之创新精神、立学生以民族振兴志向！

武汉大学校长　顾海良

目　　录

第一章　生命教育：人类教育大厦之基 …… 1
一、生命的含义及特征 …… 2
（一）生命的科学解读 …… 2
（二）人的生命的特征 …… 4
二、生命教育及其发展 …… 7
（一）与生命教育相关的概念 …… 7
（二）生命教育的科学内涵 …… 9
（三）生命教育的历史 …… 14
三、生命教育的理论基础 …… 16
（一）生命哲学：哲学基础 …… 16
（二）发展心理学与人本主义心理学：心理学基础 …… 18
（三）精神家园的寻求：社会学基础 …… 19
（四）生活教育理论：教育学基础 …… 19
（五）马克思主义生命价值观 …… 19
四、大学生生命教育 …… 20
（一）大学生生命教育的必要性 …… 20
（二）大学生生命教育的主要内容 …… 22
（三）大学生生命教育的意义 …… 26
（四）当代大学生生命教育体系的建构 …… 27

第二章　唤醒意识：大学生生命教育之魂 …… 30
一、生命意识和大学生生命意识 …… 30
（一）生命意识及其内容 …… 30
（二）大学生生命意识的主要内容 …… 31
二、当代大学生生命意识的现状 …… 33
（一）对于生命意识的基本内容有一定程度的认识和理解 …… 33
（二）部分大学生生命意识缺失 …… 35
三、大学生生命意识缺失的原因 …… 36
（一）社会环境：精神家园的失落 …… 36
（二）教育环节：生命意识教育的欠缺 …… 38
（三）大学生个体：精神迷惘和心理危机 …… 39

四、唤醒大学生生命意识 …… 41
（一）树立教育的生命意识和全人观念 …… 41
（二）培养大学生的生命关怀能力 …… 41
（三）培育大学生的生命智慧 …… 42
（四）进行个体生命的社会价值教育 …… 42
（五）丰富生存感受和培养生命情感 …… 43
（六）塑造生命型教师 …… 43
五、大学生生命意识教育的路径选择 …… 44
（一）回归生活与德性：生命意识教育的起点 …… 44
（二）幸福感受力的培养：生命意识教育不可或缺的内容 …… 45
（三）优化教育生态：改善生命意识教育的环境 …… 45

第三章　直面过程：自然生命必须承受之重 …… 47
一、生命责任感是大学生生命历程的必需 …… 48
（一）责任、责任感、大学生生命责任感 …… 48
（二）大学生生命责任感主要内容 …… 50
（三）当代大学生生命责任感不足的表现 …… 53
（四）培育当代大学生生命责任感的原则 …… 55
二、挫折是人生的重要财富 …… 57
（一）大学生面临的人生挫折 …… 57
（二）大学生遭受挫折后的情绪和行为反应 …… 58
（三）在挫折中磨炼意志 …… 59
三、死亡是自然生命完整过程的必然环节 …… 61
（一）中国传统文化正面面对死亡 …… 61
（二）死亡教育是大学生社会生活的必要准备 …… 62
（三）国内外大学生死亡教育现状 …… 64
（四）大学生死亡教育的作用 …… 64

第四章　和谐关系：社会生命永恒之举（上） …… 66
一、感恩：人的基本道德情感 …… 66
（一）感恩体现了传统美德与现代社会要求的统一 …… 66
（二）感恩教育是大学生的人性教育 …… 69
（三）大学生感恩教育的过程 …… 73
二、诚信：社会人的立身之本 …… 76
（一）诚信是社会道德秩序稳定的保证 …… 76
（二）改革开放以来我国大学生诚信教育的发展 …… 79
（三）诚信教育：大学生健全人格培养的必要手段 …… 82
（四）大学生诚信教育的特点 …… 84

（五）大学生诚信教育的基本内容 …… 86

第五章　和谐关系：社会生命永恒之举（下） …… 90
一、科学的生活方式：大学生和谐发展的必要条件 …… 90
（一）生活方式 …… 90
（二）大学生生活方式及其特点 …… 90
（三）大学生科学生活方式的构建目标 …… 91
（四）大学生生活方式引导的主要内容 …… 93
二、培养幸福的人：教育的终极目标 …… 97
（一）幸福是人的需要和欲望满足后的心理体验和主观感受 …… 97
（二）幸福教育：培养大学生内心的和谐统一 …… 98
（三）大学生科学幸福观的内涵 …… 100
三、合理的职业生涯规划：大学生的和谐发展的重要条件 …… 103
（一）职业和职业生涯规划 …… 103
（二）大学生职业生涯规划及其特点 …… 104
（三）大学生职业生涯规划的方法和步骤 …… 105
（四）大学生职业生涯规划的一般原则 …… 107

第六章　追寻价值：精神生命升华之策 …… 109
一、价值观与生命价值观 …… 109
（一）价值与价值观 …… 109
（二）生命价值观 …… 112
二、生命价值观教育 …… 113
（一）生命价值观教育经历了从自发到自觉的过程 …… 114
（二）生命价值观教育维系着人类的社会生活 …… 114
三、现代人的生命价值意识危机 …… 115
（一）近代自然科学的发展使人类理性中的手段与目的发生偏移 …… 115
（二）生命科学的发展使生命神圣价值意识逐步消解 …… 116
（三）物质享乐的追求使人的精神性生命价值不断迷失 …… 118
（四）价值虚无主义和相对主义的出现导致生命价值意识的坠落 …… 119
四、加强大学生生命价值观教育 …… 121
（一）马克思主义生命价值观的基本内涵 …… 121
（二）加强大学生生命价值观教育 …… 122

第七章　优化教育：大学生生命完善之选 …… 126
一、德智平衡，塑造完整意义上的人 …… 127
（一）德智关系是学校教育必须处理的重要关系 …… 127
（二）人文精神和情怀是健全人格的表现 …… 128

（三）德育和智育是大学生实现人生价值的双翼 …………………………… 129
（四）大学生德育和智育应当平衡发展 ………………………………………… 129
二、德智双育，培育大学生的人文精神……………………………………………… 130
（一）德育和智育并重是培育人文精神的前提条件 ………………………… 130
（二）人文学科和实用学科不平衡发展导致人文精神培育的滞后 ……… 131
（三）人类文明的发展需要科学教育和人文教育并存 ……………………… 131
三、畅通渠道，提高大学生的人文素养……………………………………………… 132
（一）培养兴趣，多读书 ………………………………………………………… 132
（二）涉猎不同文化，吸取养分 ……………………………………………… 133
（三）投身实践，认识真实的世界 …………………………………………… 134
四、大学生生命教育的重点和原则…………………………………………………… 135
（一）从“活着”到“活好”，再到“活美” ………………………………… 135
（二）大学生生命教育的原则 ………………………………………………… 136
五、优化大学生生命教育……………………………………………………………… 144
（一）高校：大学生生命教育的主要场所 …………………………………… 144
（二）社会：大学生生命教育的重要基础 …………………………………… 148
（三）家庭：大学生生命教育的摇篮 ………………………………………… 149
（四）自我教育：大学生生命教育的根本 …………………………………… 149
（五）实践活动：大学生生命教育的深化 …………………………………… 149

参考文献……………………………………………………………………………… 152

后　记………………………………………………………………………………… 156

第一章　生命教育：人类教育大厦之基

关于人类教育的起源问题，不同的派别有不同的观点。生物起源论者认为，人类教育发源于动物界中各类动物的生存本能活动。主张生物起源的代表人物有法国哲学家、社会学家勒图尔诺和英国教育家沛西·能等。心理起源论者认为教育起源于儿童对成人无意识的模仿，主要代表人物是美国教育家孟禄。教育的生物起源论者把教育的起源归因于天生的、像动物本能那样原本具有的生物行为，教育过程是按生物学规律进行的本能过程，这就完全否认了人与动物的区别，否认了教育的社会性。孟禄的错误在于他把全部教育都归因于无意识状态下产生的模仿行为，不懂得人之所以成为人是有意识的本质规定，不懂得人的一切活动都是在意识支配下产生的目的性行为。他们的共同缺陷是否认了教育的社会属性，否认了教育是一种自觉有意识的活动，把动物本能和儿童无意识的模仿以及有意识的教育混为一谈，因而都是不正确的。

马克思主义认为，教育起源于劳动，起源于劳动过程中社会生产需要和人的发展需要的辩证统一。首先，恩格斯说："劳动是从制造工具开始的。"① 在开始制造工具以前，人类的祖先是类人猿（古猿），属于动物的范畴。开始制造工具以后，人类的祖先已是猿人，属于人类的范畴。猿人是人类刚刚从动物界脱离出来的最初的始祖。人类的教育是伴随人类社会的产生而产生的，推动人类教育起源的直接动因是劳动过程中人们传递生产经验和生活经验的实际社会需要。与此同时，伴随劳动产生的语言，可使经验积累和传递借助于第二信号系统去完成。语言使进行教育的另一个基本条件也已具备，故进行教育成为可能。其次，教育也起源于人的自身发展的需要。在儿童成为具有劳动能力的社会成员之前的漫长的儿童期里，儿童首先面临的是社会环境，再以后才是自然环境。这时儿童的主要任务是学习社会的礼仪规范，掌握各种生产知识经验，发展他们运用这些经验的能力和本领。在他们的经验中，社会需要逐渐占据主导地位。在他们的思想中，社会规范逐渐成为主导观念。在他们的道德中，社会道德逐渐成为主导内容。他们学会了语言，学会了生产，学会了处理人与人之间的关系。直到此时，他们才完成个体身心的发展而转向服务于社会需要的劳动战场。此后，满足社会生活需要与实现个体身心的发展，两者便密切地交织在一起，始终同步进行着。所以说，教育是起源于人的社会需要和人的自身发展需要的辩证统一。

马克思说过："全部人类历史的第一个前提无疑是有生命的个人的存在。"② 人类的教育随着社会的发展，不断充实着内容，丰富着形式，到现代，教育已经成为个体适

---

① 《马克思恩格斯选集》（第 1 卷），人民出版社 1972 年版，第 24 页。

② 《马克思恩格斯选集》（第 1 卷），人民出版社 1995 年版，第 67 页。

应社会、完善人格必不可少的方式，人类社会生活的方方面面无不深深地印着教育的痕迹。教育已经形成了丰富的内容和多样的形式，构成了独具特色的体系。可以说，没有教育也就没有今天的社会，教育已然构筑起坚实而庞大的大厦。教育是人的教育，人类教育大厦的基础无疑在于有生命的个人的存在。

一、生命的含义及特征

（一）生命的科学解读

古今中外，不同学科对生命的解释不尽相同。中国古代哲学中，“生”字的本义是指草木从地下长出，引申为事物的产生、发生，再引申为生命的孕育、发展、生生不息，亦即，生命有无限潜能，值得人们珍惜、探索、发展。生命是指生活在有限现实世界中的生命个体的不断发展、更新。生物学中对生命的解释是，生命是由高分子的核酸蛋白体和其他物质组成的生物体所特有的现象，能利用外界的物质形成自己的身体和繁衍后代，按照遗传的特点生长、发育、运动，在环境变化时常表现出适应环境的能力。法律意义上的生命，是指法律主体始于出生、终于死亡的整个过程。医学上的生命，则是指生物活着的状态，且具有新陈代谢、生长、繁衍以及对环境适应所表现出来的特征，动植物器官能完成其所有或部分功能的状态。基督教信仰中的生命却是指“血”。而佛学则认为生命是轮回的，是无止境的，生命的尽头不是死亡，死亡只是一个轮回的结束和另一个轮回的开始。对于生命的众多解释，我们可以将生命的定义分为广义与狭义两种。从广义看，生命是指一切具有新陈代谢力、繁殖力、生长力和环境适应力的动植物和无机物。《大不列颠百科全书》中，对生命的定义是：生命是由许多相互关联的有机反应的开放系统组成的。① 由此可见，生命的存在必须满足两个条件：第一，生命是由一个系统构成的，这个系统内的各个要素相互关联；第二，生命不能脱离外界而独立存在，它需要与外物进行物质与能量的交换。生长和发育是生命的基本过程，而新陈代谢则是生命的最基本的过程，是其他一切生命现象的基础。从狭义看，生命就是指人的生命。

生命特别是人的生命，应当由三个因素构成，即生理（自然属性）、心理（社会属性）和灵性（精神属性）。生命的自然属性，是建立在人的血缘关系基础之上的生理范畴，它主要涉及与人伦和人生（生命长度）有关的性问题、健康问题、安全问题和伦理问题等；生命的社会属性，是人伴随着一定的社会文化和心理基础而发展起来的符号识别和社会人文系统，它涵盖了人的成长、学习、交友、工作、爱情、婚姻等涉及人文、人道的种种方面；生命的精神属性，是一个人“我之为我”的最根本体现和本质要求，也是生命最聚集的闪光点，涉及人性与人格。所有这些，组成了人的生命的全部，也即生命维度，其中的每一部分，都蕴涵着生与死、得与失。

因此，对于人的生命，可以从三个层面来理解。第一，人的生命前提和基础是自然

① 杨慕慈：《生命教育》，台北禾枫书局2004年版，第4页。

生命。人的生命首先是自然存在物，就像动物、植物、山川、星辰一样，是大自然的重要组成部分。因此，自然生命是人的生命存在的前提与基础，也是人的生命存在的物质载体。第二，人的生命不仅具有自然属性，还具有社会属性。人的生命的自然属性在生物学和生理学上，是指人的生理构造和自然本能。人的生命的社会属性则是指人作为社会成员所具有的各种属性，是个体立足于社会的基础。马克思认为，人是社会存在物，人的本质是“一切社会关系的总和”①。人与人形成了一种社会联系，任何人都不能脱离这种关系而孤立存在。因此，人的生命的社会属性与自然属性是密不可分的。第三，人的生命也是自然生命与价值生命的统一体。人的自然存在是人的一切存在的基础，但人的生命不仅仅满足于生存，还需要追求高于自然生命的精神生命。“自然生命是价值生命的载体，价值生命是自然生命的灵魂，舍弃二者中的任何一个，生命都是不完整的。”② 作为一种特殊的生命体，人需要不断地寻求自身突破，从而赋予生命更丰富的意义和价值。

生命作为一个复杂的系统，是由相互联系的要素所组成的一种物质的特殊存在方式。有人认为人的生命可分为四个组成部分：自然生命、精神生命、价值生命以及智慧生命。自然生命是人的生命的根本，是生命存在的物质载体和本能的存在方式，强健的体魄是生命的源泉。精神生命是人的生命的升华，它赋予人灵性，使人有了灵魂，健全的人格是精神生命的意义所在。价值生命是对人的生命的取向，它使人有了价值标准与判断，使人的主观性、目的性与客观性、实践性统一起来。真善美的完美结合是生命的内在尺度，是价值性的追求。智慧生命是人的生命的创造与超越，它使人的认识更加理性、科学与艺术，使人类的精神更加健康、崇高，使生命的意蕴更加丰富、完美，智慧生命是人发展的动力之源。这四种生命体现出人的身体、心理、智慧、价值、道德的完整性和统一性，它们是生命系统的不同要素，发挥着不同的功能。这四种生命构成一个整体，人若离开其中任何一种，其生命就是不完整的。自然生命、精神生命、价值生命、智慧生命共同构成了人的完美生命。

生命之中，“生”即活生生的状态，生之状是生命体自主运动的结果，因人而异并不断发展变化，对生的领悟是个人自我体验的结果；“命”则说明了生命体由命中注定的规律所制约，生命的行为不能完全由自我决定。正是“生”与“命”的交织表现了人的矛盾性存在，人是能动与受动、自在与自为、必然与自由、苦与乐、爱与恨交织的矛盾体。

生命是肉体与精神的结合，科技进步所揭示的自然生命规律极为有限，仅涉及生命奥秘的个别方面。以人脑为例，人们虽然已经认识到目前人脑仅被应用了十分之一，但是如何合理开发其余部分仍是难解之谜。至于精神层面，随着社会发展，人们的观念、情感、价值观、思维方式等都在不断变化，精神具有个体性的一面，因此更是难以尽述。生命意味着个体感受、主动成长、不断流变、不断创造，它表示着现在更预示着未来。面对言说不尽、不可尽述的生命，我们应该在实践中体验，在动态中把握，以分析

① 《马克思恩格斯选集》（第26卷），人民出版社1972年版，第18页。

② 欧巧云：《当代大学生生命教育研究》，知识产权出版社2009年版，第7页。

的视角、综合的思维在时代中体味生命、把握生命。

人与人的生命是有区别的，从“人”的语境过渡到“生命”语境，首先源于时代对个体的关注，体现“以人为本”的时代精神。“人”在过去的哲学中其实仅仅作为“类”而存在。类是无数生命个体在无限时空上的集合，因而几近于超生死、“一天地”、齐是非的“神”，过去的哲学对人的生死苦乐总是漠然置之，留给历史去解决。个体是群体、类的基础，是构成社会的基本单位，关注个体符合时代的人本需要，关注个体有助于统合个体与社会的关系，根据生命的内在感受、需要，使社会的价值体系、发展方向也成为个体的，使个体在社会活动中实现个体生命的自我确认、自我实现。关注个体的目的是以个体生命的全面发展推动社会进步，实现人“类”的整体发展。另外，关注生命体现了人与万物的相通性，人作为生命个体是大自然生态链中的一环，破坏自然生态等于自毁人类家园。关注生命有助于人类找到自身与万物的相通之处，从而树立大生态观，担负起保护自然的责任，改变人的生存态度，全面整治日益恶化的地球环境，使人类与世间万物和谐相处。

（二）人的生命的特征

1. 生命的肉身性与精神性

人是一种肉身性的存在，作为自然实体的肉身存在是人的一切生命活动的前提，如同世界上其他的生命个体一样，生存成为人的生命的第一的、基本的需要。“全部人类历史的第一个前提无疑是有生命的个人的存在。因此，第一个需要确认的事实就是这些个人的肉体组织以及由此产生的个人对其他自然的关系。”① “我们连同我们的肉、血和头脑都是属于自然界和存在于自然之中的”②。人直接地作为“自然存在物”必然要参加自然界的生活，同自然界发生对象性的关系。人作为肉身存在的同时，又是一种有意识的存在，是肉身与精神的完美结合。人生存于世界之中，人生存于自我的意识之中，人能够意识到自身生命在世界之中的活动，并在人的意识之中进行人的活动，人对人的生命活动的意识构成生命的意义。人的生命是一种追求意义的存在。“人的存在从来就不是纯粹的存在，它总是牵涉到意义。意义的向度是做人所固有的。”③ 威廉·赫舍尔特别强调，“探索有意义的存在是实存的核心”④。人生的过程，就是生命个体不断追求生命意义、实现生命发展的过程。对意义的追寻，充盈、提升了个体当下的生命存在，照亮了人的生命之流的方向。所以，人作为生命的存在，就是要从自身生命的自然存在出发，珍惜自己的生命，在此基础上，超越自然的存在，追求自身存在的价值，从而使人生变得更加有意义。人追求生活意义，人的肉身寻找精神性的家园。

---

① 《马克思恩格斯选集》（第 1 卷），人民出版社 1995 年版，第 67 页。
② 《马克思恩格斯选集》（第 4 卷），人民出版社 1972 年版，第 383 页。
③ ［德］威廉·赫舍尔：《人是谁》，贵州人民出版社 1988 年版，第 46~47 页。
④ ［德］威廉·赫舍尔：《人是谁》，贵州人民出版社 1988 年版，第 52 页。

2. 生命的共同性与独特性

生命是一种共同性的存在。首先，生命有着生物性上的共同性。在生命的自然特征方面，如生命的新陈代谢、遗传等都具有共同的自然属性，这是人的生命存在的自然基础。其次，生命个体在精神方面也有共性，这主要表现在对永恒价值的追求上。比如对理想、信仰、幸福等的追求，这些都是每个生命个体所共有的，体现出生命的社会属性，也体现出生命超越的一面。生命的共同性使个体能够适应共同生活而不是离群索居的生活，个体要与其所属的群体或组织保持共同的生活方式和价值观念。正是生命的共同性，使得联合国教科文组织将“学会共同生活，学会与他人一起生活”作为21世纪教育的重要目标之一。

当然，生命除了共同性之外，更重要的一点就是它的独特性。生命是独特的，每个人只有一次生命，在无限的时空中，再也不会有同样的机会，让所有因素都恰好组合在一起，来产生这样一个特定的个体了。一旦失去了生命，没有人能够活第二次。同时，一个生命个体的生活经历也是不可重复的。正如尼采认为的那样，每个人都有自己独特的生命风格。生命的独特性意味着生命的个性，每个人的存在都是不可置换的；生命的个性则意味着差异，每个人的生命质量、生命境遇都是不同的。差异性作为生命存在的客观事实，是不容忽视、无法抹平的，人总是作为有差异的存在而不是标准件生活着；生命的独特性还意味着多样，正因为每个人的差异性的存在，人类的“生命世界”才成为一个丰富多彩的“生活的世界”。

因此，在人生过程中，每个人都要学会与他人共处，培养适应社会的能力。同时，要尊重、珍惜每一个生命个体，而不能以自己的好恶来随意地存毁。只有让每一个独特的生命都自然发展，张扬自己的个性，我们的世界才是五彩缤纷、绚丽多姿的。

3. 生命的有限性与无限性

有限性是指事物存在的条件性、相对性、受限制性、可穷尽性。人的生命有限性对于有理性的人来说是自明的。这种有限性主要是指，其一，人的寿命的限度。这是最大的有限。其二，人生际遇的不可控制性。疾病、自然与人为的灾难，各种偶然事件都可能使得个体生命变得更加有限。其三，人生经历的不可逆性。不同于实验室中的物理、化学实验，也不同于电脑游戏可以无数次重复，可以推倒重来，人的生命过程只有一次，无法重新开始。人生如此短暂，正如孔子所说：“逝者如斯夫，不舍昼夜!”时间的有限、空间的狭隘，使生命的存在受到了限制。但是，惟其如此，才更加彰显出生命的价值、生命的珍贵。

虽然人的生命是有限的，但人从来不会满足于有限，生命具有无限性。生命的无限性有两层含义，首先，作为生命个体，人是有限的，总是要走向死亡，但是通过种族的繁衍，人类的家族、民族以及人类的各种组织，比如国家，就延续了下来，一代一代，永不停止。其次，表现在人对永恒价值的追求上。在生命的追求中，人们对精神方面的价值的追求体现了人的无限性的一面。一种“有限”经过人的创造性活动成为“无限”，人又会产生新的“有限”而继续追求“无限”，人总是生活在这种不断地否定有限、不断地追求无限的动态过程之中，这也体现出生命超越性的一面。人总是在追求马克思所说的生命的真、善、美。人要超越个体的存在，就如苏联霍姆林斯基在《怎样培养真正的人》中所说的那样，人生下来就是为了在自己身后留下痕迹。而这种痕迹，正是要我们追求完美人生，实现人生的超越。人生就是要充分展现自己的生命，尽可能在有限的时光中，在强大的生存压力下，实现生命的超越，创造人生的辉煌。

4. 生命的自我保存性与责任性

生命首先要确保自我的存在。从生物学意义上讲，自我保存是生命的一种本能，任何侵害生命本身存在的事情必然激发生命个体的反抗。生命的自我保存性是一种对自我生命负责的态度，因为只有生命自身的存在，人的其他一切活动才有意义。

生命是最珍贵的存在，道家就有"贵生"的观点。《太平经》中说："凡天下死亡，非小事也。一死，终古不得复见天地日月也，脉骨成涂土。死命，重事也。人居天地之间，人人得一生，不得重生也。"因此，道家坚定地践行炼养之道，相信人可以"长生住世"，永久享受人间的幸福生活。但是，生命存在不仅仅是个体的存在，不仅仅满足于自我保存，更重要的是在个体生命的存在中，承担生命的责任。因为人并不是作为孤立的个体生存在世界中，人总是以与他人"共在"的方式生存着，每个人的生命都与他人的生命密切关联。"一个人的发展取决于和他直接或间接进行交往的其他一切人的发展。"① 人只有在社会中才能确证自身的存在，正是属人的社会才给人的生命的展开提供无限的空间。而"人类发展的目标在于使人日臻完善……使他作为一个人，作为一个家庭和社会的成员，作为一个公民和生产者和有创造的理想家，来承担各种不同的责任。"② 因此，作为追求存在价值的生命个体，必然要对家庭、社会和他人承担一定的责任。只有每一个个体既对自己的生命负责，又能够对整个社会负责，社会才能存续、发展和进步。只有敢于承担责任，并且有能力承担责任的生命才是有意义的生命存在，才是值得人们尊重的生命。

5. 生命的实践性与反思性

实践是人的生命存在的方式，也是人追求生命意义、实现人生价值、走向生命超越的途径。人通过实践表达、展示、丰盈、提升并体验我们的生命存在。人在实践这种主动的生存方式中积极追求生存之道，寻求更好的生活。儒家就强调在人生实践中创造人生的辉煌，他们不像道家那样"无为"，也不像佛家那样消极遁世，而是积极入世，儒家主张"天行健，君子自强不息"，要人们在生命的实践中"读万卷书，行万里路"，"知其不可为而为之"，从而"立德、立言、立功"，实现人生的圆满境界。

同时，生命又具有反思性。人在实践中体验了生命的种种，通过创造性的实践对生命不断地有了新的体验，这种体验进而引发人对生命的反思。人正是通过对自然、社会、自我等不断地批判和反思，才逐步地对人生有了新的认识，对生命的意义有了更加

① 《马克思恩格斯全集》(第3卷)，人民出版社1976年版，第515页。

② 联合国教科文组织国际教育委员会：《学会生存》，教育科学出版社1996年版，第2页。

深刻的体验，这种体验可以促使人在生命的实践中不断发展、不断超越。

生命的实践性为人类发展提供了存在的基础，而生命的反思性则提供了人类发展的意义指向，使人的存在有了精神上的价值。正是在实践中的不断反思，使人不断地趋向进步发展。

6. 生命的保守性和创造性

生命是保守的，这是生命社会性本质的重要体现。人是社会的人，生命的保守性体现在对人与人之间的关系所蕴含的社会文化、道德规范的一种保留和守护。这种保留为人类的生命实践活动提供了开展的精神基础，人类社会也实现了否定之否定的无限循环，逐渐进步发展。在这个过程中，人们对旧有的因素是“扬弃”，而非彻底的抛弃。当然，生命的保守性也具有一定的消极意义，特别是因循守旧，一些传统的不合时宜的意识和观念会阻碍人的进一步发展，更严重的会导致整个社会止步难行。

当然，生命保守性的消极面需要生命的创造性来打破。创造性是生命的本质属性。富有人性的生活就是把每一时刻都体验为一种新的创造，并且意识到，这一时刻尽管与过去是连续的，然而却是一种有区别的新生。首先，创造是人的本质得以生成的现实基础。人与动物的根本区别在于人的生存发展不是靠自然现成的赐予，而是在不断创造、变革的实践活动中求生存、求发展。其次，人的本质力量也只有在创造活动中才能得到现实的确证与发展。① 人的本质并非是一种孤立的、封闭的存在物，它只有在改变、创造外部世界的过程中才得以展现自身，在自身的创造物中直观自身。人不断地创造外部世界，同时，人也不断地丰富和发展自身的智慧、才能和力量，使之趋向自由全面的发展。

因此，在生命发展历程中，我们要对生命实现“扬弃”，在继承旧有的有利于我们进步的一切因素之外，还要进一步地实现创新，这样生命才能真正地实现超越。

二、生命教育及其发展

（一）与生命教育相关的概念

1. 死亡教育、生死教育

死亡教育名为“谈死”，实质上是通过死亡教育帮助人应对生活中的死亡等不幸事件，树立正确的生死观念，追求生命的价值和意义，避免轻生自杀。② 生死教育是“探讨死亡的本质以及各种濒死、丧恸的主题现象，促使我们深切反思自己与他人、社会、自然，乃至宇宙的关系，从而能够省察生命的终极意义与价值，是面对死亡、克服死亡恐惧与焦虑、超越死亡、省思生命，使我们能体会谦卑与珍爱，展现人性光辉，活出生

---

① 鲁洁：《道德教育的当代论域》，人民出版社 2005 年版，第 125 页。

② 牛楠楠：《美国中小学的死亡教育及其启示》，载《基础教育》2009 年第 1 期。

命意义的教育”。① 无论是死亡教育还是生死教育，二者的内涵基本上是一致的，其重点是生与死。“向死”而“思生”，强调重视生命的存在，树立正确的生死观，实现生命价值，而生命教育不是单纯以生死为内容的教育活动，它强调的是发展的生命观。

2. 安全教育

安全教育主要针对的是学生的生命安全，包括交通安全、校内外活动安全、卫生饮食安全、灾害安全等内容。在本书中，安全教育内含于生命教育，它并不等同于生命教育，故没有专门论述。

3. 生命化教育

生命化教育相对生命教育来说比较宽泛，它是站在生命的立场，对教育本质进行的一种重新解读。生命化教育把生命的本质、特征和需要体现在教育过程之中，它不是某种以生命为内容的教育，也不是某种教育模式，而是一种新的教育理念。② 生命化教育，就是“在起点上，直面人的生命；在过程中，通过人的生命，遵循生命的本性；在结果上，润泽灵魂，追寻生命的意义和价值，提高生命的质量”③。

从世界范围来看，20 世纪下半叶以来，一些国家开始明确提出生命教育。不同的国家和地区强调生命教育，有其不同的背景。西方国家的“生命教育”，主要是致力于药物滥用、暴力与艾滋病的防治。如美国芝加哥的“生命教育中心”、澳大利亚的“生命教育中心”，集中介绍的是有关毒品方面的知识；南非的“生命教育中心”则集中关注毒品知识和艾滋病预防方面的知识。我国部分地区开展的生命教育，主要是针对青少年自杀、人生意义的缺失以及动物保护提出的。

生命教育的概念，狭义上则是指针对生命本体的教育，通过教育使学生了解生命的构造，学习生存的方式方法，逐步提高学生的生存能力，使学生能在所处环境中生存。广义上则是指精神层面的教育，通过教育，使学生认识生命的意义，更好地珍惜生命，形成积极向上的生命观，能主动地提高生命的质量。既要让学生认识生命本体，掌握一些生存的知识技能，也要培养学生积极向上的生命观，激发学生的生命潜能，促进学生的全面发展。

人力资源和社会保障部中国就业培训技术指导中心在 2012 年 5 月推出的职业培训课程“生命教育导师”中指出：生命教育，即是直面生命和人的生死问题的教育，其目标在于使人们学会尊重生命、理解生命的意义以及生命与天人物我之间的关系，学会积极地生存、健康地生活与独立地发展，并通过彼此间对生命的呵护、记录、感恩和分享，由此获得身心的和谐，事业成功，生活幸福，从而实现自我生命的最大价值。

生命教育应该主要是教人认识生命、保护生命、珍爱生命、欣赏生命，探索生命的

---

① 张淑美：《生命教育研究、论述与实践——生死教育的取向》，高雄复文图书出版社 2005 年版，第 115 页。

② 冯建军：《生命化教育》，教育科学出版社 2007 年版，第 2 页。

③ 冯建军：《生命化教育》，教育科学出版社 2007 年版，第 21 页。

意义，实现生命价值的活动。生命教育在消极的层面上是使人不自残生命，也不残害他人和其他动物；在积极层面上是尊重自己的生命，也尊重他人的生命，并将自己的生命与他人、自然界建立和谐的关系。

生命教育，是围绕着生命展开的教育。一般的生命是包括种生命和类生命在内的。种生命是人与动物共有的自然生命；类生命是人类所特有的，包括人的精神生命和社会生命。基于此，本书中所指的生命教育是包括自然生命、社会生命和精神生命教育在内的。具体而言，可以从三方面来理解。第一，自然生命的教育是整个生命教育的基础，学生只有正确认识自己的生命发展历程和规律，才能懂得尊重和珍惜生命，注重生命健康与安全，才能谈得上生命教育的深化。第二，社会生命的教育是延伸，目的是实现学生在思想意识、能力发展等方面的社会化，使其更好地融入社会，学会与他人和谐相处，学会共同生活。第三，精神生命的教育是重点，要让学生学会敬畏一切生命，找到生命存在的意义，最终实现生命价值。

（二）生命教育的科学内涵

1. 国外的“生命教育”

国外关于生命教育的研究主要沿着两条主线进行，一是生命教育，二是死亡教育。

（1）生命教育（Education for Life/Life Education）的研究。生命教育在国外有两种说法：一是 Education for Life，二是 Life Education。生命教育最早由美国的 J. Donald Waiters（杰·唐纳·华特士）于 1968 年提出，迄今已经有 40 多年的历史。20 世纪 60 年代，随着美苏对抗加剧，尤其是美国直接介入越南战争，美国校园所爆发的反叛运动、反战运动，促使美国加强了教育的政治功能。同期，美国经济的高速发展也使其教育目的发生了变化，学校教育的实用主义倾向日益严重，接受教育的目的，不再出于诸如发展身体、扩展知识或追求美好而高尚的真理，而是现实的需要。面对这种情况，在当时新兴的人本主义教育思潮影响下，国际知名作家、演说家杰·唐纳·华特士提出，学校教育不应该只是训练学生谋取职业或获取知识，还应该引导他们充分体验人生的意义，帮助他们做好准备，迎接人生的挑战。他认为，这一教育目标只能通过 Education for Life（生命教育）来实现。为了实践其教育理想，1968 年，华特士在美国加州北部内华达山岭脚下，建立了“阿南达村”，阿南达学校是其中的一个组成部分，学校除了教授标准课程，也传授生活的艺术。阿南达学校的目标就是教导学生生活的艺术，只是同时会额外地向他们传授传统教育所教导的知识。他们认为：“成长中的孩子必须学习如何生活在这个世界上，而不只是如何找到并保住一个工作；他或她必须懂得如何明智、快乐而且成功地生活，不违背自己深层的内在需求，同时，他们也不会抱着金钱和舒适的家庭，尽管这些会给予他人性所向往的一切。这应该是教育的基本前提。”可见，美国语境下的 Education for Life（生命教育），是为学生快乐而成功地生活做准备的教育活动，是一种以提升学生的精神生命为目的的教育活动。

Life Education（生命教育）是 1974 年由澳大利亚的 Rev. Ted Noffs 牧师针对青少年吸毒且许多青少年死于吸毒这一问题而提出的。Noffs 牧师认为，要想解决青少年吸毒这一严重的社会问题，必须从小对孩子们开展相应的预防教育。于是，经过五年努力，他于1979年在新南威尔士州（New South Wales）成立了第一所生命教育中心（Life Education Centre，LEC），其宗旨为“预防药物滥用、暴力与艾滋病”。目前，生命教育中心（LEC）已经发展成为一个国际性机构，在南非、泰国、英国、美国以及中国香港等国家和地区均有分支机构。澳大利亚的生命教育中心，为从幼儿园到高等学校的学生提供相关的药物教育和正向的预防课程。在此过程中，它还注重发展学生的社交技巧和有效决策、沟通、谈判的能力，并努力通过学校教育和社区教育的结合以减少青少年使用非法药物和抽烟的现象，鼓励他们远离酒类，减少其他药物的伤害。可见，澳大利亚的Life Education，是一种以预防滥用药物、暴力与艾滋病等自然生命中可能遭遇的问题为出发点，以提高孩子们的生命质量为依归的教育活动。

（2）死亡教育的研究。死亡教育起源于美国，最初开始于个别有兴趣的医学、哲学、健康教育界的教授的学术研究，而后引起了有关的研讨学习，最终在各级学校中开课，并成立了各种专业组织、学会等，并且有多种与死亡相关的专业期刊问世，促进死亡教育的推广与研究热潮。死亡教育名为谈死，实乃通过教育，让孩子从小形成正确的生老病死的观念，从而能以正确的态度和顽强的意志保护生命并追求生命的价值和意义，死亡教育是生命教育的一种实践方式。美国早在20世纪50年代就认识到死亡教育的重要性，60年代开始在高校有计划、有系统地推广死亡教育，70年代末，美国的死亡教育已经在各级学校基本普及。此后，许多发达国家也纷纷效仿美国开展死亡教育，如德国、英国、法国、日本、瑞士、澳大利亚等。虽说死亡教育在上述这些国家和地区已经开展起来并且逐渐为更多的国家和地区所接受，但是，从总体上看，死亡总是人们比较忌讳的话题，而死亡教育的开展在全球也尚未普及。各发达国家在实施死亡教育时都有极为明确的宗旨和目的。如美国开展死亡教育的目的是帮助人们逐渐地增加对死亡的认识，建立正确的观念，并降低无谓恐惧。美国联邦政府教育部就对学校的“死亡教育”内容作了这样明确的规定：必须要让学生懂得，死亡是人及生物生命的停止，是人生旅途中不可避免、不可逆转的生物学现象。要引导学生了解死亡起因的知识，教育他们对死亡的必然性有正确的认识，有生必有死。对别人的死亡应持同情、尊重、缅怀的虔诚态度。要教育学生以科学的态度正视死亡现象，懂得并掌握保全生命的基本道理。德国开展“死亡准备教育”则是为引导人们坦然、明智地对待死亡，英国的情况也大抵如此。而日本的生命教育是想要让学生从对死亡的认识中领悟生命的宝贵，从而更珍惜生命。总体来说，各个国家地区开展死亡教育的目的就是要让人们认识死亡并能坦然面对死亡，同时从对死的认识中领悟生的可贵并善待生命。这种明确的目的可以保证死亡教育的健康发展。正因为知道了必须认识死亡才能更好地生、更有尊严地死，所以要实现完满的生命价值。

2. 国内的生命教育

生命教育在我国已经生根20多年。在这20多年中，许多教育研究者都给予生命教育极大的关注，对生命教育的研究热潮可谓前所未有。但是，到目前为止，我国生命教育的研究基本上处于起步阶段，关于生命教育的定义、内涵与目的尚缺乏一致的认识。

（1）台湾地区的生命教育情况。台湾是我国最早开展生命教育的地区，20世纪90年代初，有关生命教育的知识已经散见于台湾某些大学的课程中。到了1997年，台湾学校一再发生暴力与自杀事件，再加上台湾社会历经锐变，价值观逐渐趋于多元，传统与新潮思想相互激荡，原有的亚文化、边缘文化和地下文化跃上台面，与主流文化共济一堂，导致伦理观念模糊、暴力猖獗、社会冲突等现象日益严重，这些现象促使台湾前“省教育厅”快速地在学校推广生命教育并期望能在学校教育中得到全程化、一贯化与完整化的实现。现在，台湾许多大中小学都在开展生命教育。

目前，我国台湾地区关于生命教育的研究大多为应用研究，从各级各类学校如何规划课程、如何组织教学、如何进行班级管理，到特殊情境下（如遭受灾难或危机之后）如何开展生命教育，无所不涉。但其对生命教育这一概念的内涵研究仍未达成共识。目前台湾标榜的生命教育至少有七种取向：伦理教育、宗教教育、生死教育、健康教育、生涯教育、性别教育、环境教育。但是，将诸多文献归纳起来，基本可以归纳如下：“生命教育就个体本身而言，是关乎全人的教育，目的在促进个人生理、心理、社会、灵性全面均衡之发展；就个体与外界的关系而言，是关乎与他人、与自然万物、与天（宇宙主宰）之间，如何相处互动的教育，其目标在于使人认识生命（包括自己和他人），进而肯定、爱惜并尊重生命；以虔敬、爱护之心与自然共存共荣，并寻得与天（宇宙）的脉络关系，增进生活的智慧，自我超越，展现生命意义与永恒的价值。”①

台湾生命教育的内涵由理念、方向、目标和向度构成，即：

一个理念：全人教育。活在天、人、物、我的均衡关系中。

两个方向：①生命，为何而活——探讨生命意义与本质；②生活，如何生活——寻求生活目标、追求丰盛人生。

三大目标：①正面积极的人生观，肯定、欣赏、尊重、关怀与服务生命；②安身立命的价值观，良知、真善美、道德价值、终极信仰的建立；③调和个体的知情意行，人格统整、情绪管理、自我实现与超越。

四个向度：①人与自己，认识自己、欣赏与尊重自己，发挥潜能；②人与他人，与人和睦、群体伦理、关怀弱势；③人与环境，建立生命共同体，经营自然和人文环境的永续发展；④人与宇宙，寻得永恒价值、生命归宿等信仰所提供的答案。

由此可见，台湾生命教育的功能已经由预防自杀、降低自杀率，扩展到对生命价值、人生意义、人际关系以及人与大自然的关系的探讨。

（2）我国大陆的生命教育情况。“生命教育”一词在我国大陆出现于20世纪90年代中期，当时主要是将环境教育、安全教育等看作一种生命教育，尚未对生命教育本身展开研究。到20世纪90年代末期，生命教育才引起大陆学者的注意。随着部分青少年物质追求的迷失、社会道德的衰落、身心发展的龃龉、有限岁月的虚度，加之自杀行为、学生恶意伤害事件频繁发生，我国推行生命教育变得刻不容缓。我国大陆提出生命教育的原因主要包括以下几个方面：

---

① 吴庶深、黄丽花：《生命教育概论——实用的教学方案》，台湾学富文化事业有限公司2001年版，第19页。

第一，对现代学校教育的反思。在20世纪我国的教育中，学校俨然按大工业生产的模式运行，划一的教育目标、划一的课程、划一的评价标准，把人制造成了标准化的"教育商品"。学生的自主精神与创造精神日益丧失，全面发展受到极大制约；同时，学生在努力成为考试机器、解题能手的过程中，生命健康受到损害，生命权利遭到侵犯。开展生命教育是整体提升国民素质的基本要求。青少年学生是社会主义事业未来的建设者和接班人，青少年学生的生命质量决定着国家和民族的前途与命运。在中小学大力开展生命教育，有利于提高广大青少年学生的生存技能和生命质量，激发他们树立为祖国的繁荣富强而努力学习、奋发成才的志向；有利于将中华民族坚韧不拔的意志熔铸在青少年学生的精神中，培养他们勇敢、自信、坚强的品格；有利于提高广大青少年学生的国际竞争意识，增强他们在国际化开放性环境中的应对能力。

第二，开展生命教育是社会环境发展变化的迫切要求。改革开放的深化为我们创造了更为开放的环境，但随之而来的消极因素也在一定程度上影响了青少年的健康成长，社会转型期的青少年问题不断出现。当前，青少年比较突出的问题有：自杀意念增强，价值观念模糊，生命意识肤浅，性观念开放，性越轨行为增多。而这些问题的深层原因，则是青少年对生命的价值与意义的迷惘。经济全球化和文化多元化的发展趋势，现代科技和信息技术的飞速发展，为不同民族、不同文化的交流与合作提供了有利条件，为广大学生获取信息、开阔视野、培养技能提供了宽广的平台。但随之而来的消极因素也在一定程度上影响了青少年学生的道德观念和行为习惯，享乐主义、拜金主义、极端个人主义等负面影响，导致部分学生道德观念模糊与道德自律能力下降。此外，校园伤害、意外事故等威胁青少年学生人身安全的各种因素，也在一定程度上影响了青少年的身心健康。因此，迫切需要帮助青少年形成科学的生命观，进而为学生树立正确的世界观、人生观和价值观奠定基础。

第三，开展生命教育是促进青少年学生身心健康成长的必要条件。现代社会物质生活的日益丰富和社会环境的纷繁复杂，使青少年学生的生理成熟期明显提前，极易产生生理、心理和道德发展的不平衡现象。长期以来，由于生理发展过程中出现的困惑常常得不到及时指导，对无法预料且时有发生的隐性伤害往往难以应对，导致一些学生产生心理脆弱、思想困惑、行为失控等现象。因此，需要积极引导学生科学理解生理、心理发展的规律，正确认识生命现象和生命的意义。

第四，开展生命教育是家庭教育的重要职责。家庭教育是生命教育必不可少的环节和重要组成部分。当前，现代化进程的迅速推进，家庭教育面临着新的挑战，家庭教育还存在和青少年成长需要不相适应的方面，相当一部分家长不了解青少年学生身心发展的规律，忽视青少年渴望得到理解与尊重的需求，缺乏科学的家庭教育理念和方法，对孩子或者期望值过高，或者漠不关心，或者过分包揽，或者放任自流，加剧了部分青少年学生心理问题的出现，导致他们厌学、离家出走、自杀等，有的甚至走上违法犯罪的道路。因此，迫切需要引导家庭开展科学、正确的生命教育。

第五，开展生命教育是现代学校教育发展的必然要求。学校现有课程教材中的生命教育内容比较单一，对学生身心发展的针对性、指导性尚不明确；对学生生存能力的培养，缺乏有效的操作性指导；部分教师受传统观念影响，对青少年性生理、性心理、性道德发展的理解和指导存在观念上的误区；对校内外丰富的生命教育资源缺乏系统有效的整合。因此，加快学校教育的改革，从生理、心理和伦理等方面对学生进行全面、系统、科学的生命教育，引导学生善待生命，帮助学生完善人格、健康成长，显得必要而迫切。

我国大陆对于生命教育的解读，具体来说，有如下几种认识，其一，从探讨生命与教育的关系入手，强调生命教育的本体价值，指出“生命教育是以生命为起点，发展生命，完善生命，以提升生命质量和意义为宗旨的新型教育”①。

其二，从批判过度工具理性化的立场出发，强调生命教育的终极关怀，探索终极依归。例如，刘济良、李晗认为，生命教育就是“引导学生正确认识人的价值、人的生命，理解生活的真正意义，培养学生的人文精神，培养学生对终极信仰的追求，养成学生的人文精神，培养学生对终极信仰的追求，养成学生的关爱情怀，使他们学会过现代文明生活”②。

其三，从死亡教育的角度出发，“通过教育使学生感到生命的有限性、唯一性、不可逆转性，从而思考个体生命的存在价值，并在人生实践中实现其生命价值。”③

其四，从生命实践展开的角度，强调生命教育的生活化，重视生命的照料、人际调适、社会能力和道德良心等情感的培养。如我国台湾和香港的生命教育都极为重视生命教育的生活化，通过实践培养关爱生命的情怀。④

其五、从轻视生命的事实出发，强调生命的本体价值，教导学生珍爱与尊重生命，如“生命教育是通过认识生命的起源、发展和终结，从而认识生命、理解生命、欣赏生命、尊重生命，进而珍惜有限生命，建立起乐观、积极的人生观，促进学生价值观、生理和心理、社会适应能力的全面均衡发展的教育”⑤。真正的人的发展是全面发展基础上的可持续发展，而生命教育则通过立足生命、发展生命最终达成完善生命的目标，实现人的全面发展和可持续发展。

生命教育者认为教育过程不是植物的生长、标准件的加工过程，而是人的生命的成长过程，是使生命全面、均衡发展，不断追求人生意义，成长为主体生命的过程。生命教育试图通过关爱生命、培养生命丰富的社会属性和引导生命意义的追寻，培养出身心健全、全面发展、富含创造活力的新人；协调人与世界的关系，使人和世间万物和谐共处；改造单向度的人，使人类重新认识自我，找回现代人失去的精神家园。生命教育理论认为人的生命是主动的、丰富的、生动的、充满创造潜质的，需要尊重的呵护、理解的哺育和热情的鼓舞；人的生命是脆弱的，惧怕恶意的贬损、无情的压抑。被关爱、尊重且具有主动精神的生命是灵性生动的，被漠视、压抑的生命是冷漠呆板的。生命成长之力在于生命自然之特质的动力，更在于生命的社会性成长和生命意义的追寻。生命成

① 吴增强、张声远：《生命教育解读》，载《思想·理论·教育》2005年第5期。

② 潘华泉：《大学生生命教育探讨》，载《绍兴文理学院学报》（社会科学版）2006年第11期。

③ 路晓军：《大学生生命教育的价值探索》，载《黑龙江高教研究》2005年第5期。

④ 潘风亮：《“生命教育”先要“关怀”权利》，载《人民教育》2004年第21期。

⑤ 谌红桃：《生命教育任重而道远》，载《宁夏教育》2004年第Z1期。

长不仅需要知识的获得、技能的训练，更多的是需要整个生命体的全面均衡发展、精神的养成和人格的塑造。可以说生命教育是以生命为起点，发展生命、完善生命，以提升生命质量与意义为宗旨的新型教育。生命教育从人本角度关注个体的发展，个体生命最高的发展目标是实现人的全面发展和可持续发展。人的全面发展与可持续发展是衡量教育是否圆满完成其目标的最终尺度。"马克思主义的主导价值取向是人的解放，而人的解放的最高境界和目标就是人的全面发展。"① 人的全面发展是共产主义社会的最高理想，《共产党宣言》中的共产主义社会"将是一个以个人的自由发展为一切人自由发展的条件的联合体"②。

开展生命教育，就是要教育学生学会尊重，学会关爱，学会宽容，学会共同生活。生命的存在只有在相互关爱中才有可能，也只有在爱他人的过程中，自己的生命才能获得真正的提升。开展生命教育的同时应对学生进行挫折教育、逆境教育、死亡教育，要创造一定的逆境，磨炼学生的意志，引导学生认识痛苦和苦难是生命的一部分，生命只有在战胜苦难中才会有乐趣，才会有生机，从而使人能够更加欣赏生命、珍惜生命，提升生命的意义和质量。

（三）生命教育的历史

1. 国外生命教育机构

1968 年，美国学者杰·唐纳·华特士首次提出了生命教育的思想，且他所创立的生命教育理念受到了人们的高度重视。西方国家明确标举"生命教育"的是 1979 年成立于澳大利亚的"生命教育中心"（Life Educational Centre）。

日本在 1989 年所修改的新的《教学大纲》中针对青少年自杀、侮辱、杀人、破坏环境、浪费等现象日益严重的现实，提出了"以尊重人的精神"和"对生命的敬畏"之观念来定位道德教育的目标。

英国在 1986 年成立了"生命教育中心"（Life Education Centres），至今全国已有 60 个分支机构，该中心推出"生命教育计划"（Life Education Centres' Programme），每年协同当地学校，帮助全国各地儿童正确认识健康、药物的作用，教育儿童认识吸烟、毒品的危害，并和家长、监护人一起帮助儿童形成健康的人生观。

新西兰 1988 年成立非营利性机构"生命教育计划"（Life Education Programme）并在 1989 年得到总理 David Lange 的签署认可，在全国范围内鼓励对儿童进行"生命教育"。该计划致力于通过积极健康的人生观和各种技能训练，教会学生实现发展的健康的生活。该机构目前在全国已有 30 多个分支机构，每年接受各地中小学的邀请，服务对象超过 20 万名学生。

① 杨兆山：《关于人的全面发展的几点认识》，载《东北师大学报》（哲学社会科学版）2003 年第 3 期。

② 《马克思恩格斯全集》（第 4 卷），人民出版社 1958 年版，第 491 页。

2. 国外的生命教育课程

以新西兰的“生命教育计划”为例，新西兰的生命教育始于1988年，其目标是将生命教育精神传送至每所小学和中途学校（Intermedeiate School）。新西兰的生命教育基金会（Life Education Trust），所服务的对象是5～12岁的学生，该组织致力于教会学生认识世界、个人及其他人的奇妙之处，指引他们充分认识自己和发挥自己的潜能。① 并且以如下三条作为课程的理念：你是独特的；人的身体是奇妙的；我们必须互相帮助、互相尊重。经过多年的教育实践，该组织已经探索出一套较为成熟的课程模式，涵盖了五个方面：自尊、社会交往、人体构造、食物及其营养，以及物质认识。

在英国，学校为学生制定了包括生存教育、死亡教育、性教育、节约与环保教育等内容课程与活动，教会学生认识生命，学会生存。

作为最早实施生命教育的美国，其生命教育的实施已经形成一套科学的完整的体系，该体系涵盖了学生生活的各个方面，包括道德教育、善待生命、婚姻与性、健康、环保教育、热爱劳动、爱的教育、诚信和法制教育、职业与生存教育、家庭教育和死亡教育等。

在日本，从幼儿园开始就推行幼儿的“吃苦”教育，针对课业负担的繁重，教育界还提倡“余裕教育”，其主题即热爱生命。

澳大利亚则在上述内容中增加了“凌弱教育”，教育学生懂得正确处理这类问题，使所有孩子对学校生活充满信心。

3. 我国学校生命教育

2003年5月，教育部印发了全日制义务教育《思想品德课程标准（实验稿）》，新课标根据思想品德教育的目标，从初中生的认知水平和生活实际出发，努力帮助学生学习做负责的公民，过积极健康的生活。与原课程标准相比，新课标增加并突出了生命教育的内容。新课标规定，要让学生通过学习“知道人类是自然界的一部分，认识自己生命的独特性，体会生命的可贵；知道应该从日常的点滴做起，实现人生意义，体现生命的价值；理解自尊是获得尊重的前提，不做有损人格的事”，这些规定成为思想品德新课标的亮点之一。2004年在杭州召开的“教师、课程与人格建构研讨会”上，与会的专家学者纷纷呼吁必须重视校园“生命教育”。2004年年底，辽宁省中小学启动了生命教育工程。2004年8月，160多名在北戴河参加会议的中国青年志愿者，发出了在中国青少年中开展生命教育的倡议，他们认为生命教育应该是思想道德建设和素质教育的一个重要组成部分。上海于2005年出台了《上海市中小学生生命教育指导纲要》，同年，湖南省也出台了《湖南省中小学生命与健康教育指导纲要》。此后，生命教育陆续在各地中小学开设。总的来说，在中小学开展生命教育已经取得了一定的进展，“生命教育”这一现代教育理念已开始进入我国中小学校园。但是，严格意义上的生命教育的研究在我国只是刚刚起步，关于大学生的生命教育也开始展开，但还没有引起足够

① 参见http：//baike. baidu. com/view/950173. htm？fr=aladdin#4_6，2014-11-12。

的重视。

三、生命教育的理论基础

起源于西方国家但在全球迅速发展的生命教育，有着深厚的理论基础。

（一）生命哲学：哲学基础

1. 西方的生命哲学思想

生命哲学是19世纪末至20世纪初在德、法等国流行的一种以非理性主义为主要特征的哲学思潮，其代表人物主要有德国的狄尔泰、齐美尔和法国的柏格森等。生命哲学反对理性主义对人的生命的践踏与扭曲，强调从“生命”出发去理解宇宙人生，突出生命冲动与生命意志的本体地位，它极力为生命与人性摇旗呐喊，重视人的直觉、意志和体验的作用，推崇人的主体性和创造性，确立人在宇宙中的崇高地位。生命哲学思想呼唤教育要尊重个体生命的自主性、独特性和多样性，提升个体的生命质量，发挥生命的潜能，最终实现个体生命的价值。

作为生命哲学的代表人物，狄尔泰把生命等同于人类的精神活动，“生命不仅是有限个体从生到死的所有人生体验的总和，而且还是人类社会的全部创造和全部表现”①。他主张人要凭借体验去把握生命的意义，在历史中寻找生命的价值。狄尔泰认为人类只有通过自我体验才能真正认识自身，只有在真切体验的基础上，才会对生命有深刻的理解。② 人的生命绝不单纯是理性的存在，而应该是理性、情感与意志的统一体。

作为生命哲学的集大成者，柏格森用生命冲动来解释宇宙本原。他认为，正是生命冲动创造了宇宙万物，并对物种的进化起到促进作用。柏格森用“绵延”这个概念表达生命的流动状态和宇宙进化的本质特征，“绵延意味着生命冲动持续不断的创新，同时也意味着生命之流的无限延伸”③。“在柏格森看来，生命本质上不是一种机械的、惰性的、物质的东西，而是一种不断创新、不断克服物质阻力而向上的力量。”④ 在生命冲动和绵延理论的基础上，柏格森提出了相应的直觉主义认识论，这也是他的生命认识论。柏格森认为，直觉是一种理智的交融，这种交融使人置身于对象之内。作为一种主观的心理状态，直觉是内在于生命之中的，它是生命的自我认识。柏格森肯定生命冲动，肯定直觉认识，最终肯定的是人的生命的自由意志。

2. 中国传统文化中的生命哲学思想

“中国文化之开端，哲学观念之呈现，着眼点在生命，故中国文化所关心的是‘生

---

① 欧阳谦：《20世纪西方人学思想导论》，中国人民大学出版社2002年版，第93页。

② 欧阳谦：《20世纪西方人学思想导论》，中国人民大学出版社2002年版，第94页。

③ 欧阳谦：《20世纪西方人学思想导论》，中国人民大学出版社2002年版，第97页。

④ 黄志成：《国际教育新思想新理念》，上海教育出版社2009年版，第250页。

命'。"① 从总体上说，中国哲学家把人的生命看作是贯通一切的根源，强调在"天人合一"的基础上去运转生命。中国传统文化中蕴涵的生命哲学思想，强调在关注肉体生命的基础上，更加注重人的精神生命，注重生命的超越性，强调人在道德、精神等方面的升华。但不可否认的是，不同的学派和思想家，对于生命的认识和主张不尽相同。儒家强调的是重生、知生，主张通过反思生，使生更有价值。而道家强调的则是贵己重生、轻物重生，认为个体生命是世界万物中最高贵的一种存在，教育人们要对生命满怀敬畏，热爱珍惜生命。道教主张人们要有热爱草木鸟兽、山川河流的心情和雅致，要善待万物、保护物种，这应该是最原始的环境保护思想。

（1）儒家的生命哲学思想。儒家的生命哲学思想，强调"天地之性，人为贵"，认为人的生命是天地间最为珍贵的，要做到尊重生命、珍爱生命。除此之外，儒家更加重视生命价值的实现，追求生命的意义。"仁、义、礼、智、信"是儒家对生命价值的终极追求，"修身、齐家、治国、平天下"是其实现生命价值的途径。需要指出的是，在儒家看来，仁义道德比人的肉体生命更为贵重，应致力于创造人的生命的社会价值。儒家对待生命问题的基本路径是从人的生命的生物有限性中提升人的生命的社会超越性和精神无限性。② 人类应该珍惜生命、善待人生，创造生命的价值。

（2）道家的生命哲学思想。道家的生命哲学思想，强调的是"全生避害"、"安顿生命"。"故道大，天大，地大，人亦大。域中有四大，而人居其一焉"③。老子认为人同道、天、地构成宇宙中四种伟大的存在，表明了老子对人生命的存在价值的肯定。老子宣扬个体的生命价值，认为个体生命是最宝贵的，它的价值要高于一切功名利禄。道家反对重物轻生，呼吁人们要敬畏生命、珍爱生命。道家的生命哲学的主旨是在保全和安顿物质生命的基础上，通过"道"来引导个体生命的精神超越世俗的束缚和生死限制，最终体验到生命的快乐。④

（3）禅宗的生命哲学思想。禅宗是中国佛学中一支重要的宗派，宣扬"不立文字，教别外传，直指人心，见性成佛"⑤，它凸显的是个体心灵顿悟自身的本性。禅宗的生命哲学思想，引导人们要超越现实的矛盾，还心灵以自由；以平和之心去体验生命、顿悟人生；运用禅的智慧去提升生命境界，找到和谐、自由、幸福的安身立命之道。⑥ 禅宗强调放下一切外在的束缚，主张人要用心体验生命，提升生命境界，养成善待一切生命的慈悲情怀。

西方哲学比较重视个体的生命价值，中国哲学则强调生命的社会价值，但是两者都认可生命的崇高价值以及生命的可贵。生命哲学思想呼唤教育要尊重个体生命的自主性、独特性和多样性，提升个体的生命质量，发挥生命的潜能，最终达成个体生命价值

---

① 牟宗三：《中西哲学会通十四讲》，台湾学生书局1996年版，第18页。

② 刘济良：《生命教育论》，中国社会科学出版社2004年版，第14页。

③ 《老子》，饶尚宽，译注，中华书局2007年版，第63页。

④ 刘济良：《生命教育论》，中国社会科学出版社2004年版，第19页。

⑤ 曾晖：《生命的充分诞生——试析禅宗的人格境界和认知方式》，载《海南师院学报》1996年第2期。

⑥ 刘济良：《生命教育论》，中国社会科学出版社2004年版，第20~23页。

的实现。生命哲学弘扬教育的生命精神，强调要给予学生人文关怀。

（二）发展心理学与人本主义心理学：心理学基础

1. 发展心理学

发展心理学研究个体从受精卵开始到出生、成熟，直至衰老的生命全程中心理的发生、发展的特点和规律。有关个体发展的阶段，不同的心理学家提出了各自的主张。埃里克森以人格发展为基础，把人的心理发展分为八个阶段：信任感对怀疑感（0~1岁），自主性对羞怯或疑虑（1~3岁），主动对内疚（3~6岁），勤奋对自卑（6~12岁），同一感对同一混乱感（12~18岁），亲密感对孤独感（18~25岁），繁殖感对停滞感（25~50岁），完善感对失望感（老年期）。皮亚杰以人的思维发展为基础，将人的心理依次划分成感知运算阶段（0~2岁）、前运算阶段（2~7岁）、具体运算阶段（7~11岁）和形式运算阶段（11岁至成人）四个阶段。① 不同的心理阶段有着不同的思维和人格特点，但任何阶段都必须以生命的存在为基础。

2. 人本主义心理学

20世纪中叶，源于美国的人本主义心理学逐渐发展起来并在国际上产生了广泛的影响，其代表人物是马斯洛和罗杰斯等。马斯洛认为，人类行为的心理驱动力不是性本能而是人的需要，他将人类的需要分为五个层次，分别是：生理需要、安全需要、归属与爱的需要、尊重需要、自我实现需要。人本主义心理学的出现，是对以往心理学研究中“无人”现象的超越，开始了对人的关注，主张研究人的本性、潜能、经验、价值、创造力及自我实现等。人本主义心理学强调人的潜能无限性，主张通过激发这些潜能来实现生命的最佳状态。人本主义心理学主要有以下几个特点，第一，认为人的本性和价值是心理学研究的首要对象。人本主义心理学超越普通心理学的固有框架，把人的本性、潜能、价值和自我实现定为心理学的研究对象，这是一种超越，一种伟大的进步。第二，强调人的精神生活及其内在价值。马斯洛提出的需要层次理论，突出强调人的主体积极性的内在动力，马斯洛和罗杰斯都认为人具有一种精神上的超越性，而不只是简简单单的兽性的动物。第三，提出了以学生为本的教育理念。在之前的传统教育理念中都是以教师为中心，罗杰斯主张：在教学中必须尊重学习者；必须相信任何学习者都有自我实现这一基本需要的能力，坚信能够发展自己的潜能；必须以学习者作为学习活动全过程的中心；教师必须同学生建立起一种良好的人际关系，创造出一种良好的学习气氛；教师的作用只是促进学生的变化和学习，为学生的个性充分发展创造条件。

生命教育理论充分借鉴了人本主义心理学的积极思想，认为教育中应该充分重视个体的本性、潜能、经验、价值、创造力及自我实现，充分发挥个体的作用，实现教学效果的最大化。此外，在关注学生不同的个性特征的同时，又要注重学生在德、

---

① 林崇德：《发展心理学》，浙江教育出版社2002年版，第14页。

智、体、美、劳等方面的全面发展，将学习动机看作是一切有效率的学习的基础，把学生视为有待发展的个体，充分挖掘学生发展的潜力，将提升学生的生命价值作为最高目标。

（三）精神家园的寻求：社会学基础

生命不是孤立的，它存在于社会关系之中。社会对人的生存和发展有着重要的影响。社会的发展极大地丰富了人的物质世界，但也导致了人的精神世界的日益贫困化。在高速运转的现代社会里，人与自然、人与社会之间的冲突加剧，人们承受着巨大的危机和挑战。生态环境的破坏、地区冲突的升级、贫富差距的扩大等一系列社会问题的存在，导致人类生存环境的恶化和精神家园的失落，许多人不堪承受，从而轻视生命，甚至做出极端的行为。社会上出现的种种漠视生命、危害生命的现象应该引起全社会的重视，群策群力，从而找到解决问题的方法，帮助人们找回失落的家园，重建人类的精神家园。

（四）生活教育理论：教育学基础

生活教育的目的，是要培养德智体全面发展的真善美的“活人”。陶行知生活教育理论的三大教育原理是：“生活即教育”，“学校即社会”，“教学做合一”。陶行知把“传统教育”称作“吃人教育”。他认为，“应试教育”带有“传统教育”的许多弊端，如脱离实际、重书本、轻实践、忽视手脑结合的能力培养等，违背了人的全面发展规律和因材施教原则。生命教育应遵循生命发展的原则，依据生命发展的动力，引导生命走向完整、和谐与无限的境界，并促进生命不断超越。我们可以以生活教育理论为指导，践行生命教育。

（五）马克思主义生命价值观

生命价值是指一个人的生命所具有的自我价值和社会价值，是自我价值与社会价值的辩证统一。马克思主义的主导取向是人的解放，而人的解放的最高境界和目标就是人的全面发展。这是建立在对人的本质的科学认识基础之上的。马克思认为，人是社会存在物，人的本质是一切社会关系的总和。把人的本质还原到人与人之间本源性的感性交往关系，认为每个人独特的个人经验——他与自我、社会或他人、自然的感性关系构成他生活的总体。人只能在社会性的交往关系中实现其价值，追求其幸福，因为人对他人的需要是本质的需要，也是真正自然的需要。孤立的个人不但没有幸福可言，而且离开感性交往关系而追求金钱、权力和物欲的满足，必然导致人的非感性化和幸福感的缺乏。同时，他以辩证唯物主义的科学世界观为基础和指导，是面向人的全面发展的，是无产阶级科学的人生价值观。它既是真正批判的生命价值观，又是真正科学的生命价值观。马克思主义生命价值观的批判性与科学性统一于人类社会发展的历史过程之中。因此，我们说马克思主义生命价值观的核心是共产主义，也即每一个人都获得充分的发展是该价值体系的最终依据。马克思主义的生命价值观既强调个人对社会的尊重和满足，更强调个人对社会的贡献和责任，正确揭示了个人与社会的关系，以共产主义为核心的马克思主义生命价值观包括了以下两个方面的内涵：

第一，人只有创造性地为他人生活，才能创造性地为自己生活。追求幸福是人生的根本目的，也是人生意义的生成过程。人的本质上的社会性，决定了人只能在交往中获得创造感与给予感，这种创造感与给予感的获得才是真正意义上的幸福。

第二，为了自己的幸福，也必须使他人获得幸福，使一切人幸福。马克思主义生命价值观不仅仅意味着自觉地意识到人的社会性，创造性地为他人生活也是为自己生活，而且意味着投身于人类解放事业，为创造一切人获得幸福的条件而努力。当别人因为不具备实现其生活的可能条件而成为不幸的人时，我也是不幸福的。因为他人就是对象性地存在着的另一个“我”——是我的生命得以确证的对象；而且我的幸福的获得也仰仗于他人的给予，他人因为不幸而不能给我幸福时，他人的不幸直接就是我的不幸。因此，为了我的幸福，也必须使他人获得幸福，仅有部分人的幸福是片面的幸福，仅有部分人的自由其实不是自由。因此，马克思说：“每个人的自由发展是一切人的自由发展的条件。”① 无产阶级及其政党没有自己的特殊利益，无产阶级只有解放全人类才能最终解放自己。因此，解放全人类，建立每个人都能自由发展的、在物质上和精神上都能充分满足人类需要的共产主义社会，就是无产阶级和共产党人的最大价值所在及所追求的最大价值目标。为无产阶级的革命事业，及为实现社会主义和共产主义而奋斗，是马克思主义价值观的核心内容。无产阶级及其政党所做的一切都是为了实现这个目标。为实现这个目标，他们不惜牺牲一切乃至生命，因为他们认为这样做是最有价值的，即使为此牺牲了自己的生命，也是死得其所。不管世界风云如何变幻，马克思主义的生命价值观将永远是起主导作用的生命价值观。

四、大学生生命教育

（一）大学生生命教育的必要性

大学生生命教育，是指从大学生进入大学到离开校园的整个过程中，通过有目的、有计划、有组织的教育活动，引导大学生认识生命的起源、发展和终结，从而认识生命、理解生命、欣赏生命、尊重生命、珍惜生命，建立起乐观、积极的人生态度，培养生存能力，提升生命价值，最终使生命质量充分展现的活动过程。大学生生命教育必须以马克思主义为指导，综合运用哲学、伦理学、心理学、社会学等学科理论，帮助与指导大学生树立生命意识，认识生命意义，激发生命潜力，促进生命成长，提高生命质量，创造生命价值。简单地说，就是引导大学生活着、活好、活美。

近年来，生命教育受到关注的程度不断提高，但我国高校的生命教育仍存在着开展不普遍、不系统、不规范、不平衡的现象；同时，关于生命价值的理论研究还处在零碎、片面、形而下的阶段，没有达到系统、理性、体系化的高度。从大学生生命意识现状来看，大学生生命意识淡薄、人生价值迷茫的现象在一定范围内普遍存在，现实社会

① 《马克思恩格斯选集》（第1卷），人民出版社1995年版，第294页。

中物质与精神的失衡，知识本位、技术至上的价值观，加上政治、经济等外在因素的介入，使教育过于工具化，往往把关注的重点放在如何帮助学生扩展知识、提高能力上，使得教育在谋求如何生存的本领的同时，忽略了对为何生存的思考。其造成的直接后果是一部分大学生在面对挫折和打击时，由于缺乏生活的目标，缺少抵御挫折的能力，而易导致各种心理问题，容易走向自我毁灭；而另一部分大学生则更关注物质的索取和生存技能的培养，过分夸大个人生命价值的无限性、终极性，忽视了对人生目标、人生信仰、社会责任的追求。两种错误的价值观产生的直接原因就是当代大学生缺乏生命教育而导致生命意识的缺失，造成的直接后果是他们不能激活与生成对自身、对他人和对其他生命的尊重、敬畏和热爱之情，培养出应有的对个人、家庭、社会的责任感，因此，开展大学生生命教育迫在眉睫。

第一，开展大学生生命教育是教育本质的应有之义。意大利著名教育家蒙台梭利指出，教育的目的在于帮助生命力的正常发展，教育就是助长生命力发展的一切作为，所以，加强生命教育，引导学生从人生的终极问题上思考生命、理解生命，从而尊重生命、珍爱生命、捍卫生命，建立起对生命的正确态度和对人生的崇高追求，是高校实践以人为本的教育理念的客观需要，也是回归教育本质的必然选择。

第二，开展大学生生命教育是贯彻党的教育方针的需要。我国的教育方针是培养德、智、体、美全面发展的社会主义事业的建设者和接班人。大学生是祖国最为宝贵的财富，把他们培养成全面发展的栋梁之材，是教育者的神圣职责和崇高使命。这就要求高等教育不仅要使学生获得知识和技能，更重要的是要以学生的成长发展为本，促进他们的素质提升和人格完善，帮助他们在人生中更好地成长。

第三，开展大学生生命教育是适应形势发展的需要。随着社会生活的不断变化，各种思想文化相互激荡、相互冲击，全球化、网络化、信息化的快速发展，在为大学生了解世界、增长知识、开阔视野提供更加便利的条件的同时，一些有害信息也在影响着大学生的世界观、人生观和价值观的形成。当个人生活遇到挫折时，很容易产生对生命的意义与价值的怀疑，甚至轻视自己年轻宝贵的生命。

第四，开展大学生生命教育是大学生身心发展的需要。大学阶段是人生的特殊阶段，大学生生理发育逐步成熟，但心理发育相对滞后。在此时期，他们往往会出现一系列的矛盾冲突，如独立性与依赖性的矛盾，交往需要与自卑闭锁的矛盾，理想与现实的矛盾等。随着社会的快速发展和科技水平的日新月异，生活节奏加快，竞争更加激烈，加之家庭贫困、学业和人际关系协调困难等问题，特别是当代大学生多为独生子女，社会经验不足，缺乏耐挫力，容易走向极端。大学生身心发展的特殊性，决定了高校教育工作必须正视大学生心理发展落后于生理发展的实际，及时加以疏导，使其向积极的方面转化。

第五，开展大学生的生命教育是促进人的全面发展的需要。健全的人格和对生命意义的正确理解是人的全面发展的基础，没有正确的生命观作为个体的人存在的基础，就没有人的发展，更谈不上人的全面发展和对社会的贡献。生活是美好的，但也充满矛盾和艰难，有了对生命的正确理解，就有了应对矛盾和困难的积极态度，这也是构建和谐社会的坚实思想基础。

（二）大学生生命教育的主要内容

1. 生命意识教育

对生命意识的培养，是生命教育的起点。生命意识教育就是帮助大学生形成科学、正确、完整的对生命的认识，形成对生命的热爱、珍惜、尊重、敬畏、欣赏，并能主动维护生命的权利。

生命意识之一，珍惜生命的存在。只有生命存在，才能谈得上发展和质量问题。不管个体处在什么样的条件下，只要生命还存在，发展的可能性也就存在，生命与发展的可能性永远共存。人最宝贵的是生命，生命属于我们每个人只有一次。生命给我们提供了种种机会，让我们去学习、去工作、去生活，去感受爱与恨，去体验幸福。生命是五彩缤纷的，是充满生机的。每个人的生命是属于自我的，也是属于家庭、社会、国家，乃至全人类的，因此，那种对生命轻言放弃的行为是极不负责任的。

生命意识之二，欣赏生命的美好。自古以来，疾病、战争、灾难等因素都直接威胁着人类的生命。当我们有幸逃避苦难时，都会不由自主地发出感叹：活着真好！活着真美！大学生生命教育要教育大学生用一双发现生命之美的眼睛来欣赏生命，用一颗感受生命之美的心灵来感悟生命。学校要塑造大学生感受生命的心理机制：置身于大自然中，面对小桥流水、花香鸟语、蓝天白云时，能感受到自然之美；站在达·芬奇的《蒙娜丽莎》、罗丹的《思想者》面前，聆听着贝多芬的交响乐、施特劳斯的圆舞曲时，能欣赏到艺术之美；从航天英雄杨利伟的事迹，以及袁隆平的奋斗经历中，能感受到科学之美；从徐虎、李素丽、孔繁森、任长霞等先进人物以及许多平凡人身上，能感受到人性之美。生命充满了美好，充满了诗意，只要你懂得珍惜，懂得欣赏，过上诗意的生活完全可能。

生命意识之三，尊重生命的个性。生命是具体的、独特的，而不是抽象的。鲁迅先生曾指出，生命应是“以己为中枢，亦以己为终极，即立我性为绝对之自由者也”①。每一个生命都有其不同的天赋、兴趣、气质和冲动等。每一个生命都是独一无二的。生命教育要时刻让大学生明白：我是独一无二、与众不同的，世界上没有一个人能替代我！无论我身上有多少缺点和不足，我的生命都是有价值的。我身边的每一个人都是独一无二的，无论他们和我有多大的不同，我都必须尊重他们、悦纳他们。个性成长的过程，是生命表现创造性、生动性的过程，是培养个性的过程，也是一个激发生命的过程。生命是鲜活的，对个性的压抑和束缚，就是窒息生命、压抑生命。

生命意识之四，维护生命的权利。生命权是一种独立的人格权。从法律意识上说，生命是指自然人的生命，生命权是人格权的一部分。生命权的内容随着法律修订的完善，不断加以扩充，但其核心内容是保护自然人的生命安全利益，这是生命权的基本方面，至于维持生命和救济权利则是生命利益应该包含的内容之一。通过生命教育，要让大学生了解生命权的基本内容。生命权的基本内容是生命安全的维护权和有限制的生命

① 参见刘保昌：《道家思想与现代文学的个人主义精神》，载《江苏社会科学》2004年第2期。

利益的支配权。

生命安全维护权主要是指三方面的权利：第一，维护生命的延续权，是指人的生存权利和保护人的生命不受非法中断的权利。公民在年老、疾病或者丧失劳动能力的情况下，有从国家和社会获得物质帮助的权利。第二，自卫权，当有非法侵害生命的行为及危及生命的危险发生时，可以采取正当防卫和紧急避险。第三，请求权，当有危及生命的危险发生时，有请求解除危险的权利。

有限制的生命利益支配权是指人拥有自己的生命利益支配权，但属于不完全的生命利益支配权，或有限的生命利益支配权。因为人的出生和死亡属于不以人的意志为转移的法律事实，但是，人的生命起源于怀孕之时，是否需要怀孕，由父母做主；在怀孕过程中，是否需要终止妊娠也决定于父亲或母亲的意志；就是人的生命出生，也需要父母的精心呵护；能够认识到自己生命的存在和控制自己的行为更需要一个较长的预备时期。另外一些无法预测控制的意外事件，如车祸、疫情流行、安全事故等外在因素的干扰，也证明人无法完全拥有自己生命的支配权。公民享受生命权是权利与义务的统一，相对于自然人个体而言，为国家利益、公共利益、集体利益甚至他人利益需要支配生命权时，公民有义务履行自己的职责。人民警察维护社会治安，这是他们应尽的职责，如果贪生怕死，则可能会造成违法犯罪行为，也会受到法律的制裁。

2. 忧患意识教育

孟子说："生于忧患，死于安乐。"人生的道路不只有鲜花和掌声，没有一个人的人生道路是笔直和顺畅的。人有悲欢离合，月有阴晴圆缺。这里所指的忧患意识并不是"人无远虑，必有近忧"的忧患心绪。通常的忧患心绪只是指人们在陷入困境时心理上产生的焦虑、困惑、烦恼和苦闷。而忧患意识则是指人们从忧患境遇的搅扰中体验到生命的尊严和伟大及人之为人的意义和价值，进而以自身内在的生命力量去突破困境、超越忧患，以达到真善美统一境界的心态。培养大学生的忧患意识，要进行三个方面的教育，即逆境教育、死亡教育和责任教育。

逆境教育。人在生命的历程中不可能没有挫折和矛盾，"挫折无根日日生"，人生之不如意者十之八九。不幸是不能被绝对躲避的，先天的残疾、飞来的横祸、疾病染身可能在人生的某个时刻强加于身，躲避是无用的，消极以待只会让不幸的人生更加不幸。痛苦是人生的炼炉，而不幸则是人生的炼狱，在不幸和痛苦中以自身的积极努力，去改变人生的逆境，去争取实现人生的幸福，这才是积极的人生。我们常常把苦难看作是破坏性的，是人生中应当千方百计地加以避免的，所以，我们从小被教导要排除痛苦，学习讨厌种种不舒服。殊不知，这一系列不愉快的偶然事件，实质是人生的一部分，是属于生命的，是深藏于人类存在的本质之中的，是无法排斥和抗拒的。

挫折教育就是要培养学生接受的态度，并在此基础上培养学生战胜苦难的能力，最终使学生认识到苦难的积极意义，即人在苦难中更能超乎寻常地认识到自己的本质、尊严和力量，并激发自己潜在的活力，唤醒个体的崇高感，激励个体的人格尊严与价值，最终把人对生命的追思与探寻引向深处，孕育人的透彻的生命意识，对生命的珍爱，及对他人生命的同情，拓宽人的生命情怀，丰富人的生命情感，净化人的心灵，提升人的精神境界。只有接受暴风雨的人，才能自由地撑着雨伞在暴风雨里走。

死亡教育。死亡是令人害怕但又不可回避的问题，这是自然规律。但人正因为对死亡的恐惧才会更加留恋、珍惜生命。而在我们的社会中，死亡是个禁忌的话题，不仅世俗百姓忌讳死，名人高士也回避死亡问题。很多人都存在一种挥之不去的死亡焦虑，英雄人物感叹“壮志未酬身先去”，诗人咏道：“无可奈何花落去。”生死是两相依的，有生就必有死。黑格尔在他的《哲学全书》里写道：“生命本身即具有死亡的种子。”恩格斯在《自然辩证法》里的概括更简洁：“生就意味着死。”① 死亡是生命的终结。人们不必躲避死亡、讳言死亡，而应该认识死亡、正视死亡，并由“死”而反思“生”。

死亡教育通过对死亡的思考，可以加深对“生”的理解，使人们意识到自己生存时间的有限，体会到“生”的可贵、“生”的价值，抓紧生命的分分秒秒，为国家、社会多作贡献；使“生”更富内涵、更添风采，提高“生”的质量。总的说来，目前学校对实施死亡教育尚持保留态度，死亡教育尚停留在理论呼吁层面，并没有落实在具体的教学课程与活动中，从大学生自杀、伤人的现象频频发生的事实，可见对大学生进行死亡教育已刻不容缓。

责任教育。责任体现了人的一种社会必然性，对于任何人来说都是不可推卸的。对大学生进行生命责任意识教育有利于促进大学生责任主体的形成。目前，大学生的责任意识困惑表现在三个方面：一是个人在为社会、为集体尽责任时，以索取回报为前提；二是将本属于个人责任内的事情视为无比高尚的行为；三是将为他人、为社会尽责任视为傻瓜的选择。

近年来，大学生自杀、暴力事件时有所闻，情感冷淡与心理脆弱更是德育工作者经常提及的话题。在生命教育中，对大学生进行认识生命、体验生命、珍惜生命的生命责任意识教育，显得十分迫切与重要。因为一个对生命充满激情与希望的人是不会漠视生命和践踏生命的，他一定会积极地追求真善美统一的生活，同时，也能正确对待生活中的假恶丑。换言之，一个珍爱生命的人，他会对自己的生命负责，也会对他人的生命负责，他会自觉地履行对他人、对集体、对社会的责任。

3. 和谐意识教育

江泽民同志代表第15届中央委员会向党的十六大作了《全面建设小康社会　开创中国特色社会主义事业新局面》② 的报告。报告指出，全面建设小康社会，就要使社会更加和谐，努力形成全体公民各尽其能、各得其所又和谐相处的局面。十六届四中全会《中共中央关于加强党的执政能力建设的决定》在十六大精神基础上提出的社会主义和谐是一个非常重要的新概念。这一概念的提出，使我国社会主义现代化建设的总体布局，由发展社会主义市场经济、社会主义民主政治和社会主义先进文化这样的三位一体，扩展成为包括社会主义和谐社会在内的四位一体，从而体现了新的科学发展观的要求。当前，构建和谐社会是社会各界的热门话题，也是每个社会成员最为关注的热点问

① 《马克思恩格斯选集》(第4卷)，人民出版社1995年版，第370页。

② 参见《人民日报·海外版》，2002年11月9日。

题之一。美好与惬意正是生命质量提高的表征与内涵，生命教育就是应该创造一种广泛的和谐，即让学生与自身生命和谐，与周围生命和谐，与大自然万物和谐。《学习的革命》一书的作者戈登先生曾说，教育的最高境界应该是达到以上三个和谐，从而使受教育者在处理人与自我、人与人、人与社会、人与自然的四大基本关系中，能相互适应、相互包容，感到美好与惬意。

和谐意识之一，人与自我的和谐。一个和谐的个体生命，总是身心健康的统一体。大学生不仅要有强健的体魄，还要有健康的心理，因而心理健康教育应是生命教育的一个重要组成部分。随着社会竞争空前激烈，大学生面临的压力也越来越大。有调查表明，大学生的压力主要来自四个方面：情感、学业、就业、经济。适当的压力能促进学生学习，从而变成一种动力；但过于沉重的压力会使学生无所适从，久而久之，容易形成郁闷、压抑、烦躁等不良心理，甚至做出一些极端的事情。在现实生活中，少数大学生情绪飘忽不定，喜怒无常，甚至为了一点小事就与别人大吵大闹、大打出手，为了一点点小事整天闷闷不乐、耿耿于怀，个体生命显得极不和谐。美国学者马斯洛提出人的心理健康的标准，其中之一就是：能适度宣泄情绪和控制情绪。所以，通过心理健康教育来传授或提供各种调适情绪、缓解压力的方法和技巧，是促进大学生身心和谐的重要途径。

和谐意识之二，人与他人与社会的和谐。人的本质是一切社会关系的总和。每个人都处于复杂的社会关系网中，每一个个体的生命都是人类生命的一分子，是社会关系网中的一个点。人一生的成长、发展、成功、幸福，是同其他人的交往和关系密切相连的，人一生的快乐、烦恼、悲伤、爱与恨的情感，也同样是与他人的交往和关系分不开的。在现代社会，人与人之间真诚、理解、和睦相处，构建团结互助、平等友爱、和谐合作、共同进步的人际关系，有助于促进人们的身心健康、事业成功和人生幸福。生命教育必须开展人际交往教育和社会道德教育。陶行知先生曾精辟地指出：教育的目标是培养人中人，而不是人上人、人下人，更不是人外人。生命教育的目标就是要把大学生培养成为人中人。一方面要教育学生掌握人际交往应遵循的基本原则，如平等原则、诚信原则、互利原则、宽容原则，学会理解、尊重、关爱，还要掌握一些处理人际关系的技巧和艺术，以便在社交场合能如鱼得水。另一方面，培养大学生的人文关怀、社会关怀，学会接纳他人、欣赏他人，与社会共融共存，不要成天抱怨自己生不逢时，感叹处于“三自”时代（即专业自选、学业自费、职业自找）是人生不幸，其实这正是时代的要求。

和谐意识之三，人与自然的和谐。自然也具有生命意义，具有自身的内在价值。18世纪法国启蒙思想家卢梭针对工业文明给人类社会带来的日益严重的工业污染和环境破坏现象，曾提出“归返自然”的口号。这个口号其中一个深刻的含义就是要求人们回到大自然，热爱大自然，并以大自然的美丽来批判人类社会的偏颇和人性的丑陋。卢梭认为人与自然界本来就是一体的，不能分开，因为人类生命的源泉就在这里。过去，我们提出要战胜自然，要征服自然，悲剧也就由此产生。这其实是把人与自然界截然对立起来，以“立法者”自居，以“主宰者”自居，那就不可避免地会出现人的生存意义丧失、精神家园失落的现象。因此，生命教育应让青少年学会关爱自然、保护自然，像对待自己一样善待自然。这样，自然就会给我们很好的回报，那就是给我们的生存提供优美的环境、清新的空气，提高我们的生命质量。否则，自然就会给我们恶报，那就是花儿不再美，天空不再蓝，理想的未来不再有。

从诗意人生的角度看，人具有的审美原则应该体现在三个方面：人与自然关系的“天人合一”，人与社会关系的“人我合一”以及人和自我关系的“欲理合一”，这也是对大学生进行和谐意识教育的基本原则。

4. 奉献意识教育

人生价值的教育我们已经相当熟悉，因为几千年的中华文明一直在教诲我们什么样的人生才有意义、才有价值。在各种版本的大学生思想道德修养课本中，都有人生价值的相关内容。我们给学生灌输的思想是人生的价值在于奉献。但是，传统的人生价值观教育是存在一些弊端的。我们曾“强迫”学生根据“伟人”的价值观来欣赏生命，这种人生价值教育授予学生的知识及其在学生心中形成的价值观与现实状况形成极大的反差，以致学生不但不会运用所学的知识来珍惜生命，反而在许多时候为了“生命的尊严”而含恨离世。

进行奉献意识的教育，要注意两个方面：

其一，奉献意识教育是基于“生命”基础上的教育，它不是通过贬抑“肉体”的价值来提高“精神”的价值。根据人本主义心理学创始人马斯洛的需要层次理论，在一般情况下，人只有在生理的需要、安全与爱的需要、尊重的需要等满足后才会去追求人生的价值，才可能实现人生的价值。要让大学生明白，只有拥有强健的身体、健康的心理，才能提升生命的价值。

其二，奉献意识教育并不是推崇单一的价值观，而是尊重价值的多元化。既然社会利益的各个方面是动态的、多元化的，成千上万的大学生也是形形色色、参差不齐的，那么，我们对不同对象的要求和标准也就不可能一样。在进行奉献意识教育时，要把握教育的层次性和针对性。如果把所有的价值行为划分为三个层次：合法的、合理的、提倡的，那么与此相应，我们的教育也可以按照兼顾个人与社会、服从社会、奉献社会这三个层次来进行。进行奉献意识教育是强调高层次的导向。虽然我们承认大学生个体之间的差异，也承认价值导向的三个层次，但我们仍然要把握高层次的导向，提倡大学生的奉献精神。因为大学生本来就是社会上的高层次人才，只有坚持高标准，才能拥有高质量。也只有这样，才能带动全体大学生，乃至整个社会的价值观健康发展。

（三）大学生生命教育的意义

1. 促进大学生认识生命的完整性

生命的完整性可以从三个维度来理解。第一，根据生命存在的不同层次，生命分为自然生命、社会生命和精神生命。目前，大学教育中一直存在着重视社会生命和精神生命，忽视自然生命的现象。教育一般关注的是人的社会文化属性，强调个体的社会价值，当个体存在和社会价值之间产生冲突时，个体被要求牺牲自我，来实现社会的利益。而牺牲的对象包括个人利益之外的东西，甚至生命，这种做法的直接后果就是部分学生轻视自然生命，不珍爱自然生命。生命教育提倡在珍爱生命的前提下，对生命采取负责任的态度，在个人利益与精神自由、社会价值之间发生冲突时，提倡在保持生命完整性的前提下，谋求自然生命、社会生命和精神生命的和谐发展。

第二，生命一般的完整性包括从生到死的整个过程。教育一般比较重视大学生在校的生命发展和完善，强调的是掌握知识、学习技术、训练技能，以便成为某一领域内的专才，忽视了对学生生命整体性的教育，特别是对生命中的死亡的认识、理解和接受。由于传统思想的影响，一般教育很少对学生进行死亡方面的教育，学生在不了解死亡的真相和威胁的前提下，失去了生命存在的动力和紧迫感，失去了对生命的珍惜感。生命教育关注人从生到死的整个过程，重视对学生进行有关死亡方面的教育，传授学生有关死亡的知识，培养学生对待死亡的正确态度，从而使其正确地认识死亡、珍惜生命。这有助于促进学生认识生命的完整性，追求完整的生命。

第三，生命的完整性还包括认知、情感的统一。认知是人的智能的认识活动，情感是对客观事物是否满足自己需要的心理体验。认知与情感虽是不同的心理活动，但二者是紧密相连的。认知是情感产生的基础，没有人的认知活动就不会产生喜怒哀乐的情感，而如果没有情感的推动，人的认知也就不可能发展和深入。认知与情感是相互影响、相互制约、协调发展的。生命教育使人们认识到情感在人的发展中的特殊价值。注重认知与情感的协调发展，在知识教学中，引导学生不断地感悟、体验，有助于知识的理解、掌握和运用。情感教育只有融入知识、智慧之中才会激发理性的生命，真正提升生命的质量。

2. 唤醒大学生的生命意识

现代社会对物质生活的过分追求使部分大学生迷失了人生的坐标，忘却了人生目标，虽然学到了“何以为生”的本领，却忘记了思考“为何而生”。他们把物质财富、技术力量、科学知识作为生命追求的目标，对为什么活着、怎样活着等生命本身带有的实质性问题缺乏深刻的思考。不少大学生对生命感到彷徨、消沉，陷入了前所未有的困境，对生命的存在产生怀疑甚至轻易放弃。因此，生命教育要帮助大学生认识生命的意义。因为只有正确地认识了自己生命的意义，人才能更好地认识生命、珍爱生命。当他面对激烈的竞争、巨大的压力以及人生中的种种失落与痛苦时，才能正确而客观地面对困难，迎接挑战。反之，则容易造成个人的挫败感，一旦遇到困难，就可能选择向困难低头，甚至放弃自己的生命。

（四）当代大学生生命教育体系的建构

当代大学生的生命教育，应该朝着理论化、系统化的方向发展，在当前阶段，大学生生命教育体系要涵盖目标、内容、实践、危机干预等方面，并相互关联，形成体系。

1. 目标体系的建构

生命教育的目标应引导主体在认识生命、理解生命、欣赏生命、尊重生命、珍惜生命的过程中不断体会个体生命的价值和意义，所以，可以建构如下目标体系：

第一，针对自身教育的目标，通过开展生理教育、心理教育和生存技能教育等内容，引导大学生认识生命、珍惜生命，让他们真切感受到拥有生命的骄傲，进而协助学生发展个性潜能，建立自尊与自信。

第二，针对他人及社会的教育目标，通过开展伦理教育、道德教育等，引导大学生重视人与人之间的伦理关系，明白群己关系和社会公德的重要性，关心边缘人和社会弱势群体。

第三，针对自然的教育目标，通过生态环境教育、环保教育等内容，教导大学生尊重生命的多样性，了解大自然的节奏和规律，并形成亲近生命、关怀生命、维持自然生态环境的意识。

第四，针对理想信仰的教育目标，通过关于理想、信仰方面的教育，引导学生思考信仰、理想和人生之间的问题，明确自己的人生方向，设定自己的终极关怀，以宏观的视野把握人存在的意义和价值。

2. 内容体系的建构

生命教育涵盖心理学、伦理学、社会学、哲学、生物学、医学等诸多学科的内容，大学生的生命教育是一项系统工程，通过认知、情感、实践三个层次的教育，传授给大学生必要的心理知识、伦理规范、交往技巧以及应对挫折的策略等，从而使学生珍惜生命，健康成长。

（1）开展生存意识教育。包括生命认知和安全教育，一方面通过学习生命知识，大学生要懂得尊重生命、珍爱生命，了解生命的意义与价值；另一方面加强大学生安全教育，使其注意自身安全，学习生存技能，让大学生具有安全意识，自觉地保护生命，防止意外事件的发生。

（2）开展幸福观教育。幸福观教育旨在拓展学生内在的生命世界，获得美好与幸福的体验，引导学生认识痛苦和苦难是生命的一部分，生命只有在战胜苦难中才会有乐趣，从而更加欣赏生命、珍惜生命，提升生命的意义和质量，正确地对待危机，增强抗挫折的承受能力。

（3）成功和挫折观教育。成功教育旨在充分开发学生的潜能，建立促进学生成功的激励机制和评价标准，帮助学生在已有基础上通过努力不断取得成功，进而用成功的愉悦体验激发他们的学习动机，提高其对自身价值的认识，树立自信心，培养良好的心理品质，不断扩展各方面的优势，争取更多的成功。挫折教育，则是培养大学生战胜挫折的能力和良好的社会适应能力，学习预防和干预心理危机的知识，积极预防和干预心理危机。

（4）责任观教育。学会感激，学会爱和给予爱，负起生命的责任。人活着必须承担起自己的责任，既有对人类的责任，对国家的责任，对家庭的责任，还有对自己的责任。承担责任是个人成熟的主要体现之一。

（5）生命价值与意义教育。人生观教育是生命教育的灵魂，正确的人生观对大学生的成长具有重要的指导作用，没有科学的人生观教育，生命教育就难以达到真正的目的。通过教育，应使大学生充分认识到，生命真正的价值并不仅仅是个体生命的存在，而是其所表现的生命价值。

3. 实践体系的建构

实践环节是提升大学生生命价值的关键环节，社会实践不仅是大学生了解社会、服务社会、巩固知识、增长才干、发展智能的重要途径，而且也是大学生体现自身价值、形成社会责任感的重要手段。通过各种形式的社会实践活动，如组织大学生到养老院、社会福利院、临终关怀医院、打工子弟学校以及贫困地区、地震灾区等地投身志愿者活动，为他人提供帮助，向社会奉献爱心，这不仅能够使大学生把所学的知识回馈社会，服务群众，更重要的是可以使大学生从中发现自身的价值，获取自尊感、成就感和生命的价值感，激发其对生活的积极情感和对社会的崇高责任感，形成积极、自信、乐观、进取的人生态度。

4. 心理危机干预体系的构建

心理危机干预是保障大学生生命安全的重要屏障。建立大学生心理危机的预防与干预机制是呵护每一个年轻生命、保障学生生命安全的重要举措。通过开展大学生心理危机的预防与干预工作，对个别有自杀倾向的学生或大学生进行心理普查，可以为学生提供预防自杀、拯救生命的系统知识，帮助学生及早识别自杀危机，掌握心理危机的发生规律，从而及时进行心理干预，有效挽救学生生命；做好日常心理筛查工作，关注心理危机易感人群，如学业困难的学生、违纪受处分的学生、有重大心理创伤的学生以及身体有严重疾病的学生，进行热爱生命、健康人格的单独或团体辅导；同时在日常工作中，选出一些重点关注人群，建立心理危机档案，制定心理干预及监控措施，为学生的生命安全筑起坚固的防护网。

因此，与其说人是教育的对象，不如说教育是生命不断向上发展的过程中的一个阶段；与其说人是教育的核心，不如说人的生命是教育的核心；与其说教育是对人的关注，不如说教育是对生命的关注。所以关注人的生命才是教育的真正本真所在。教育只有把人的自然生命、精神生命、社会生命、智慧生命有机地融合起来，以培养能够维持生命、认识生命、理解生命并能够提升生命的健全人格作为基本追求，才能充分发挥教育的功能并引导社会和个体的发展并走向光明。

第二章　唤醒意识：大学生生命教育之魂

马克思主义认为，人是有意识的存在物，人可以按照任何一种内在尺度来认识事物。人的意识中包含着理性的和非理性的各种因素，发挥意识的能动性能够极大地激发和调动人的潜能。按照马克思的说法，意识就是“意识到”的意思。而所谓“意识到”，指意识到一定的存在，即意识到主体的存在，意识到客体的存在，意识到主体与客体、客体与客体关系的存在。这用在生命意识上，就是意识到自己生命的存在，意识到他人生命的存在，意识到世界上一切生命的存在，以及这种种生命间的错综复杂的联系和关系。正因为人具有生命意识，他们才会理解生命的价值，从而珍惜生命、保护生命。

一、生命意识和大学生生命意识

（一）生命意识及其内容

生命意识，是指人类对于自身生命所产生的一种自觉的理性思索和感性体验。它是人类思维和文明发展的核心主题，是每一个现存的生命个体对自己生命的自觉认识，其中包括生存意识、安全意识和死亡意识等。人只有认识到某种对象，并具有一定的知识后才有意识。因此，生命意识是人对生命的认识、体验、意志，即生命认识、生命情感、生命意志的统一。生命意识的核心是生命认识。人具有对某一生命对象的意识，总是将这一生命对象纳入客观事物去感知、观察，从而认识到这一生命对象的意义。生命意识不仅包含认识的因素和情感的因素，而且还与人的行为联系着，人的行为是由各种不同的动机决定的，这些动机是为了保证各种需要的满足而产生的。当人类意识到某种需要或愿望时，就会自觉地、有计划地调节和支配自己的行为，生命意志即是在这种活动中产生的。动机是意志行为的内部原因与动力，决定着一个人行为的性质与动力，并且与一个人的知识、伦理价值观有关。在各种关系的相互交往中，既产生了情感，又形成了意志，即形成了有意识的生命。

培养人的生命意识，首先就要明确生命意识的内容。结合国外的理论和生命意识教育的实践，生命意识至少应该包括以下几个方面，一是认识生命的本质。要认识到人的生命的特殊性，人正是以其生命的特殊性而能做到改造自然，独立于天地之间。二是尊重生命的存在。生命的存在是独一无二的，每一个人的生命都由不同于其他生命的特异的基因组成。因此我们既要尊重自己的生命，也要尊重他人的生命。三是体验生命的过程。生命是一个过程，死亡是其终点。死亡也是人的生命的组成部分，要认识和面对死亡，积极谋划自己有限的人生，把握和享受生命的每一分钟。四是超越生命的现状。按照哲学家萨特的说法，人是“存在先于本质”。人的存在只是一个单纯的事实，人要在今后的生活中创造自己的本质。因此人的生命就是一种超越性的存在，它总是不满于存在的现状，从而会不断地超越自己，创造自己新的本质。

人的全部尊严就在于思想，这是17世纪的巨人帕斯卡尔（Blaispascal，1623—1663）在他的遗作《思想录》中所提示的一个命题。① 面对这句话，若你感到更绝望，那说明你的生命意识正在减弱，若你会努力告诉自己“生命掌握在自己手中，人生是否荒谬、无意义完全看自己的付出”，那你的生命意识便经得起挫折和磨难的考验。

（二）大学生生命意识的主要内容

近年来，大学生自杀事件屡屡发生，同时大学生行凶、残害他人生命的事件也让人惊叹。当人们回头去追究具体原因时，人们感受到的只是更加的悲痛和不解，因为那些在我们看来鸡毛蒜皮的事让他们选择放弃生命或残杀他人。这些事件让我们不得不回到起点去重新考虑“人应该树立怎样的生命意识”、“大学生应该有怎样的生命意识”的问题。

大学生的生命意识是大学生基于自身体验形成的对生命的体认和理解，首先表现为大学生的生命认识。它直接影响大学生对待生命的态度和行为，制约大学生的生命存在和生命质量。大学生的生命意识包括生命认知、生命情感、生命意志等方面的内容：

1. 生命认知

生命认知就是对“什么是生命”和“生命具有哪些基本特征”的回答，是大学生生命意识的核心和基础。生命哲学认为“生命是世界绝对的、无限的本原，它跟物质和意识不同，是积极地、多样地、永恒地运动着的。生命不能借助于感觉或逻辑思维来认识，只能靠直觉或体验来把握”②。大学生要养成正确的生命意识，首先就要借助先贤的智慧把握生命的本质，认识到生命是我们的存在方式，是个体价值体现和社会发展的基础；认识到人的生命具有自然属性和社会属性，是“自在生命”与“自为生命”的统一体。

大学生要形成正确的生命意识还应该在理解生命本质的基础上认识生命的基本特征；生命的存在性和生命的独特性。生命存在是生命活动和生命价值的基础，是社会发展的前提。正如马克思所说：“全部人类历史的第一个前提无疑是有生命的个人的存在。”③ 个体只有首先保持生命的存在，才能在社会中实现生命的价值和体现生命的意义。大学生必须充分认识到生命存在的重要性，树立生命存在意识，学会有意识地、有效地保全自己和他人的生命存在。生命具有独特性，“每个生命都是独特的，这种独特性以其独特的遗传因素与环境相互作用，并通过其经历与经验、感受与体验体现出来。

① 参见章怡：《人的全部尊严就在于思想》，载《唯实》1996年第5期。

② 葛力：《现代西方哲学词典》，求实出版社1990年版，第124页。

③ 《马克思恩格斯选集》（第1卷），人民出版社1995年版，第67页。

而人又是以其经历而形成的自我经验来感受生活、感受他人、感受世界的，也是基于他的生命感受、他的自我经验来理解生活、理解他人、理解世界的”① 大学生理解了生命的独特性，就能接受生命存在的多样性，就能与他者的生命和谐共在、彼此欣赏、相互尊重。

2. 生命情感

生命情感即个体对自我生命的体认、肯定、接纳、珍爱，对生命意义的自觉、欣赏和沉浸，以及对他者生命乃至整个生命世界的同情、关怀和钟爱。它是个体在生命实践中形成的对生命的态度，是个体直面生命时的内心体验。大学生的生命情感首先表现为对生命的接纳，能接纳自己的生命状态，积极提升自己的生命质量，也能以开放的态度接纳他者的生命。其次表现为对生命的热爱，即对生命有积极的、肯定的内心体验，对生命绵延有强烈的渴望，对生命的改善有强烈的冲动。最后，表现为对生命的敬畏，牢固树立“贵生”意识，能给予生命足够的尊重和关怀。

3. 生命意志

意志是个体自觉地确定目的，并根据目的来支配、调节自己的行动，克服困难，从而实现目的的心理过程。生命意志是个体为了维护生命存在和追求生命意义而自觉确定人生目标，并克服困难以实现生命价值的心理过程。生命意志是人对生命的主观能动性最突出的表现，它以生命认识和生命情感为基础，同时又推动生命认知的深入和持久，控制生命情绪并使之服从理智。顽强的生命意志可以帮助处于困境中的个体坚守生命，也可以帮助生于平淡中的个体超越生命。大学生常常会面临理想与现实的冲突，顽强的生命意志可以帮助他们勇敢地面对困难，并积极地克服困难，帮助他们发现生命之美，享受生命之乐，满怀希冀地走向未来。

4. 生命意义

狄尔泰认为：意义就是生命的体验。其实，意义是生命充盈、发挥和表现自身的自足感和自由感，是生命向死亡痛苦，向一切摧残伤害自己的力量抗争的不屈感、悲壮感，总之，它是生命的本质力量在克服一切障碍，创造属于人的世界中的自我肯定与自我确证。“人是不会满足于生命支配的本能的生活的，总要利用这种自然的生命去创造生活的价值和意义。人之为人的本质，应该说是一种意义性存在、价值性实体。人的生存和生活如果失去意义的引导，而成为‘无意义的存在’，那就与动物的生存没有两样，这是人们不堪忍受的。”② 对生命意义的追寻是人的生存方式，充盈于个体生命绵延的全过程，人在追求意义的过程中能获得精神生命的超越和心灵的安顿。有正确的生命意义观，大学生就能激发和生成对自身、他者生命的尊重、敬畏，从而实现生命的丰

---

① 胡凯、蒋阳飞：《基于生命关怀的高校现代德育模式建构》，载《中国高等教育》2009 年第 8 期。

② 高青海：《人就是“人”》，辽宁人民出版社 2001 年版，第 213 页。

满和发展。

5. 生命责任

人一来到这个世界，就不可选择地处于一定的社会关系之中，其生命不仅属于他自己，也属于其家庭、社会，个体生命的价值也只有在与他人、与社会的关系中才能得以形成与展现。因此，人之生命不仅是一个有机体的自然发展过程，更是一个完善道德、履行责任的过程。大学生应该具有生命责任意识，自觉地担当生命过程中应尽的责任，多为他人和社会着想，而不是一味地追求个人的享乐。“一个人不能去寻找抽象的人生意义，每个人都有他自己的特殊的天职或使命，而此使命是需要具体地去实现的。他的生命无法重复，也不可替代。所以每个人都是独特的，也只有他具有特殊的机遇去完成其独特的天赋使命。”① 有生命责任意识的大学生就能自觉地以“人类一分子”或“社会公民”或“父母之子”的姿态反观自己的生命，努力地生活。

6. 死亡意识

死亡是生命固有的一种现象，没有死亡，生命的整体性和有限性就无从体现，人生意义和价值的大小也无从估量。“对于人生的绝大多数时光而言，生命是平淡的，这种平淡往往掩盖了生命意义的真实显现。因此对于一个一帆风顺的人而言，只有当他面临死亡时，才会从内心深处真正领悟到生命对自己的意义。所以启迪人的经验或令人发现生命的意义，常常是在生命受到威胁之时或者是在经历极不平常事件之时。”② 人只有意识到自己的死亡，人才会对生命充满敬畏、热爱。大学生只有具有死亡意识，才能“向死而思生”，才能开始真正意识到自己在宇宙和世界上的位置，才能完成精神上的“断奶”，从而走向生命的自强。

二、当代大学生生命意识的现状

（一）对于生命意识的基本内容有一定程度的认识和理解

第一，对生命现象已形成基本认识，但对于死亡现象存在一定程度的认识偏差。但凡生命都是有始有终的，对生命现象的基本认知就是对生与死的认知。据不完全统计③，对于死亡现象，有近七成的大学生认为“人死了，生命就结束了，不会再活过来”，有近四分之一的大学生认为死亡是“在这个世界消失，去了另一个世界”，甚至还有少数大学生认为“人能死而复生”。大学生虽然已经成年，有了一定的生存能力和

---

① ［澳］维克多·弗兰克：《活出意义来》，三联书店1991年版，第84页。

② 刘翔平：《寻找生命的意义——弗兰克尔的意义治疗学说》，湖北教育出版社1999年版，第7页。

③ 数据来源于连淑芳、魏传成：《当代大学生生命意识状况调查报告》，载《思想理论教育》2007年第3期。

自我保护能力，然而，当今世界经济、社会、科技的发展，使大学生面临着前所未有的发展机遇，也使他们陷入了前所未有的生命困境。有的大学生由于缺乏对生命应有的热爱、尊重和珍惜，一旦遇到挫折和委屈，就会做出极端行为，甚至走上人生的不归路。调查显示，当遇到不顺心的事情时，有近三成的大学生会有“自杀”的念头；当遭到别人的严重冒犯时，也有近三成的大学生有“杀死别人”的念头。①

关于自杀的原因，大学生认为从高到低的因素分别为“生活压力大”、“看不到前途”、“学业压力大”、“失恋”，甚至有近一成的学生认为是“其他”偶然事件的影响。大学生是处于成熟与不成熟、独立与不独立之间的特殊群体，特定的时代背景使他们承受着更加尖锐的挑战：他们必须努力完成学业，同时还要关心所学知识能否适应未来需要；必须掌握最基本的专业知识，同时还要具备信息时代获取新知识的基本素质；必须拥有创新意识和创新能力，同时还必须塑造能够融入和谐社会的健全人格。诸如此类的高期望值，必然给他们带来心理上的紧张感和压力。

第二，大部分大学生对自己持积极肯定的态度，具有比较明晰的学习动机，对生命价值有所体验与感知，但层次较浅、视野较窄，缺乏自觉和主动意识。悦纳自我，喜欢自己，是自信的基础。有统计显示②，近七成的大学生喜欢自己，对自我有充分的肯定。有约五分之一的大学生不置可否，明确表示不喜欢自己的大学生只有不到百分之十。是否自信，还体现在遭遇挫折时是否能相信自己并愿意努力克服困难。对于“当你把一件事情做得很糟糕时，你会如何”的问题，超过六成的大学生的态度较为积极，认为“没关系，下次会努力做好”；也有近三成的大学生会因此否定自己，觉得自己“无用”。人际交往，尤其是同龄人之间的交往，也是体现自身存在的价值的一个重要方面。几乎所有大学生都有好朋友，并且好朋友的数量较多，超过三分之一的大学生拥有超过 10 个好朋友，有近七成大学生拥有超过 3 个好朋友。交叉分析表明，具有较多好朋友的大学生经常产生自杀念头的比率为 1. 80%，而没有好朋友的学生经常产生自杀念头的比率却高达 26. 10%。因此，培养大学生积极乐观的性格，营造良好的人际关系，有利于缓解大学生的压力，减少大学生自杀的几率。

第三，大学生基本具备了承受生活压力、经受挫折的能力和耐力，拥有积极向上的心态，但生活质量有待提高。生活质量又称生存质量、生命质量，它是在 WHO（世界卫生组织）提倡的健康新概念的基础上构建的，是医学模式由生物医学模式向“生物—心理—社会”医学模式转变的体现。大学生的生活质量是指大学生现实生活经历的客观状态及其主观感受。快乐在很大程度上决定生活质量。美国心理学家威斯曼用“个人感受”量表测量得出：快乐被感受为生活是充实的体验。快乐能激励人前进，积极向上；快乐能使人精神振奋，对未来生活充满信心；快乐能激励人努力完成任务；快乐能使人承受生活的压力和负担，提高经受挫折、克服痛苦的能力和耐力。快乐的人善

① 数据来源于连淑芳、魏传成：《当代大学生生命意识状况调查报告》，载《思想理论教育》2007 年第 3 期。

② 数据来源于连淑芳、魏传成：《当代大学生生命意识状况调查报告》，载《思想理论教育》2007 年第 3 期。

于适应困境，能在黑暗中寻求光明、等待光明。一个人快乐与否，取决于他的心态是否积极。生活中并不缺乏快乐，而是缺乏发现的眼睛和感受快乐的心。快乐和生活的满意度是直接联系的，是否拥有快乐积极的心态会对大学生的生活质量产生直接的影响。

据不完全统计表明，当前大学生的烦恼主要来自四个方面，首先，最大的烦恼是“对自己的某些方面感到不满意”。如对自己的外貌不满意，个子矮、太胖、鼻子塌等；或是粗心马虎；再或是身体或个性方面的某些欠缺，如性格孤僻、不爱说话、太笨、结巴等。当然，这些不满意都是大学生的主观感受，与他们的客观实际情况并无绝对关联。其次，烦恼与学习有关。学习是大学生群体最基本的任务，尽管这一压力的强度有张有弛，并非永恒不变，但由于持续时间很长，其影响之大不可低估。尤其是大学生为了适应社会激烈竞争的需要，必须进一步创造条件，做出进一步努力。他们或是拼搏于考研，或是参加各种技能的培训班，为的是努力获取各种“证书”。过多的学习头绪、过重的学习任务都给大学生带来了巨大的压力。再次，烦恼来自人际交往，主要包括和同学闹矛盾、被人冤枉或嘲笑、受委屈、被人欺负、没人玩、没有朋友、怕孤独等。最后，烦恼来自家庭，主要包括父母处处干涉自己、和父母交流困难、父母不了解自己、父母关系不好等。

（二）部分大学生生命意识缺失

第一，漠视生命。人的生命的产生本身就是一个奇迹，生命的存在就足以构成我们热爱和珍惜它的理由。人的整个身体，比任何人为设计物复杂而和谐得多，它是千万次进步的成果，而且每一次进步都是偶然的。生命的重要性和十分不易由此可见。但在当代大学生中普遍存在着漠视生命的现象。如同学之间、师生之间不能正常交往、和谐相处，无视交通规则而乱过马路，学生之间经常出现打架斗殴的事件等，都在一定程度上反映了大学生不尊重自己和他人的生命，不能理解生命存在的意义。有些大学生非常爱惜自己，但却看不起别人，对别人不屑一顾。表面上看，是很热爱生命，其实是漠视生命。因为只有尊重别人的生命，才是真正的热爱生命，个体生命的存在与他人生命的存在互为前提和条件，漠视他人的生命也就是漠视自己的生命。漠视生命，也必然会带来个人情感经验的缺失，造成人格的扭曲和人性的缺陷，严重的甚至会发展到采取极端的方式去否定生命。

第二，否定生命。既然生命具有神圣的品质，我们就应该充分肯定生命，在实践中去实现生命的价值，彰显生命存在的意义。但所发生的大学生自杀和杀人事件却反映了大学生因为缺乏生命意识而导致对生命的否定。大学生自杀事件是大学生对自己生命的否定。恐惧死亡是人的本能，一般人是乐生而恶死的。有些大学生选择自杀，其原因多少有些可笑。有的是因为活着没有意思而自杀，有些是因为失恋而自杀，而有些大学生仅仅是因为成绩不好就自杀。对于这些大学生来说，生命本身不是目的，而是达到其他目的的工具，当其他目的达不到的时候，他们宁愿选择毁灭生命来表达一种最强烈的抗争。大学生杀人事件则反映了大学生对他人生命的极端否定。大学生之间存在着很多如学习、生活、恋爱、交往等方面的矛盾，这些矛盾的存在是客观的，也是可以通过和谐的方式加以解决的。但个别大学生却选择用杀死他人的方式来解决这些矛盾。无论是自杀还是杀人，都说明了大学生生命意识的缺乏。由于缺乏生命意识，大学生认识不到生命存在的基础性、唯一性和创造性，认识不到生命的至高无上性，也就自然会表现出不珍惜和不热爱自己及他人生命的行为，而这种行为的极端表现就是去毁灭自己或他人的生命。

第三，游戏生命。生命存在的意义就在于它能创造价值。生命有通过人的实践活动去超越生命的能力，人的生命过程就是不断地去创造、发展、壮大生命本身的过程。这也正是人的生命与动物的生命根本不同的地方。动物的生命是给定的，在动物的一生中，它是不可能改变和超越自己的生命的，而只有人例外。有些大学生在进入大学后，不是努力学习能充实自己的知识，并通过知识来改变命运、创造和超越生命，而是不思进取，在游戏中虚耗自己的生命。很多大学生把时间都浪费在网吧，整天上网聊天；有些大学生则沉醉于爱情的美梦之中；还有些大学生整天无所事事，东游西荡，浪费时间。凡此种种，都是缺乏生命意识的表现。游戏生命，说明大学生迷失了生命的本质和创造性，是对生命的不负责任。

第四，丧失生命成就感。生命成就感是人对通过实践活动获得的成果的感悟和体认。它体现为人的实践成果对他人、对社会的正向价值，是人对生命创造性的认识和肯定。当代大学生一般是独生子女，习惯了被安排、被给予的生活模式，生命对于他们来说就是不停地从他人和社会去获得。其实生命的本质在于通过把创造性的实践活动成果奉献给他人和社会，从而证明自己存在的价值和意义。一方面，科技、社会的发展带来的物质生活的丰富，极大地提高了大学生的生活质量；另一方面，大学生生命成就感的迷失导致他们对生命的本质、价值和意义缺乏深刻的认识，从一定意义上说又使得大学生生存质量有下降的趋势。面对生命在现实生活中的这种矛盾，要求大学生具备一定的生命意识，找回生命成就感，在社会实践中创造性地去实现生命的价值和意义。

三、大学生生命意识缺失的原因

生命意识缺失使大学生及其家庭、学校和社会付出不同程度的代价。我们必须反思其原因，大学生的生命意识缺失既有社会环境的原因，也有教育环节的原因，还有大学生自身的原因。

（一）社会环境：精神家园的失落

现代社会的变迁，文化的冲突，对利益最大化的追求，都加重了精神的危机、人性的迷失和生命意义的沉沦。我们常常可以看到人们对他人生命的漠视和冷淡，体会到世态的炎凉，见死不救、围观起哄、为私欲伤害他人，种种生命意识的异化撞击着大学生的心灵，使得部分大学生变得自私、冷酷、脆弱、迷茫，他们对生命的存在、生命价值的意义产生怀疑。再加上社会竞争的激烈及就业形势的严峻，使得部分大学生们面临着空前的压力，他们很现实地追求着功利性的物质生活，忽视精神家园的建设。热心公益、奉献爱心、扶贫济困等在以自我为中心、极度膨胀的物欲面前失去了重心。

1. 西方价值观的负面影响

受西方价值观念的影响，金钱、权利、利益几乎成为判断一个人价值的唯一标准，特权与不公现象时刻冲击着人们的视听，导致一些不良的风气和不健康思想，如个人主义、利己主义、拜金主义等冲击着校园，给一些大学生带来了极大的负面影响。他们追求自由，却认为为达目的可以放弃一切；他们追求成功和利益，却认为只要达到目的就可以不择手段；他们捍卫自己的荣誉却对他人狠下毒手；他们践踏生命却认为权与钱可以摆平一切。在人人追逐权力、利益、财富的社会中，诸如此类的漠视生命的现象也影响着大学生，使他们模糊了对生命的本体认识，丧失了对生命价值的追求。

2. 现代人面临的精神危机

现代人正面临着前所未有的精神危机。随着社会生活节奏的加快，竞争不断加剧、人际关系日益复杂、观念多元多变，这些都大大加重了人们的心理负荷，容易使人失去安全感、稳定感，陷入焦虑、不安、压抑和担忧中，变得茫然和无所适从，甚至引起精神病态反应乃至变态行为，严重影响生命质量。环境因素直接或间接地使大学生也同样面临着精神上的“无家可归”。一些大学生原本就缺乏对生命意义的理解，加之，社会追逐利益的潜移默化影响，容易导致心灵的空虚和对生命诉求的漠视，对生命产生模糊、不当的观念和行为。此外，社会上各种淡漠生命的现象也冲击着大学生的心灵，使他们感到迷茫、失落、痛苦、心理混乱，甚至在这种冲击下迷失方向，生命感知日渐麻木，生命情感日益僵化和干涸，生命意志日益消沉，生命价值逐渐失落。

3. 暴力文化的日益泛滥

现代文化观念的多元混杂，尤其是暴力文化的日益泛滥对大学生的生命意识有着潜移默化的影响。暴力文化在现代已成为一种社会现象，它“通过各种文化的样式和表现手法，肆意渲染美化暴力行为”①。近年来，国内外某些媒体对自杀、暴力伤害等事件的大肆渲染和不恰当报道，潜移默化地影响着还缺乏足够的识别能力和抵抗能力的大学生，严重影响了大学生健康生命观的形成。某些媒体不负责任、过度渲染暴力伤害事件的报道，也容易使大学生产生暗示、模仿心理，强化其潜在的心理危机及不当行为，由此可能诱发生命意识缺失现象。随着影视、网络等传媒深入人们的生活，暴力文化也借助这些载体在全社会泛滥。暴力图片、暴力影视、暴力游戏等暴力信息在网络中随处可见，特别是在大学生酷爱的网络游戏中，漠视生命、践踏生命的行为在虚拟世界中变得微不足道。研究表明，长期接触暴力文化将产生麻木效应。长期处于暴力文化氛围中的人对于生命的感知、认识和情感也会变得麻木不仁，在他们的头脑中，暴力意识慢慢模糊了生命意识。②。因而，暴力文化的日益泛滥也是导致大学生生命意识缺失的一个

① 廖莎莎、韦毅嘉：《暴力文化对青少年价值观的影响及其预防措施》，载《四川理工学院学报》2005 年第 1 期。

② 李翠新：《试论当代大学生生命意识淡薄的原因及对策》，载《青年探索》2006 年第 3 期。

重要原因。

（二）教育环节：生命意识教育的欠缺

1. 家庭教育忽略生命成长问题

家庭作为与个体成长关系最密切的环境，可以给人带来基本的安全感以及社会支持，因此，生命意识的形成与早期经历、家庭环境有着密切的关系。在家庭教育中，“望子成龙”、“望女成凤”在中国人的思想观念中根深蒂固，成绩成了大多数家长评价自己孩子的唯一标准，至于孩子的烂漫天性、纯善人格和健全心智，则往往被忽略。中国学龄儿童学习乐器的比例远高于西方国家，但绝大多数家长将此视为一种投资，或开发智力的手段，而不是陶冶性情的方式。另外，父母教育方式的失误，如专制、暴力和过分溺爱以及家庭成员本身的恶习或家庭结构的剧变，也容易使学生产生性格上的畸形：自私、压抑、专横、任性，为达目标不择手段。

如果成长过程中有一些不愉快的经历，比如家庭暴力，幼年受父母关注太少甚至受人虐待等早期经历，都容易对大学生个体造成心理创伤，形成不健全的生命观，对其心理发展和生命意识带来不利影响。对此，精神分析学家弗洛伊德、阿德勒、霍妮等人都进行过深入分析。弗洛伊德认为，人的早期经验可能影响一个人一生的情感反映方式，某些人对死的眷恋，对生命的毁灭冲动，是早期情感阴影所致。因此，在不良家庭环境中成长的大学生，往往缺乏基本的生命安全感，如果在现实中遇到情感等方面的挫折，容易唤起以前的创伤性记忆，不知不觉中会造成其消极情绪和过激行为，严重的甚至会走上自杀、杀人的绝路。

2. 学校教育缺乏生命教育内容

教育的终极目标是使每一个人都健康快乐，成为融入社会的因子，成为有健全的人格和生存能力且有创造性的人。然而在逐渐物化的社会大环境下，教育的着眼点违背了教育的初衷。教育学专家刘济良曾指出：就我国现实的教育来说，其存在的最大问题是过于追求知识、技能和技术，而忽视了引导青少年去追求智慧、认识人生、完善生命。我们的教育中最大、最多的内容是知识的传授、技能的培养。在这种技术理念的指导下，不少大学生觉得大学生活机械而乏味，对生活理想迷茫，生活目的不明确而感到失落，觉得生命没有意义。

虽然生命教育的价值日益凸显，但遗憾的是，我国高校至今仍缺乏生命教育的氛围，缺乏系统的生命教育内容，很少有高校开设生命伦理课等关于生命教育的课程，忽视大学生生命意识的培养。长期以来，教育的目中无“人”和对生命意义的淡漠，不仅使学生体验不到生命中的乐趣，感受不到生命的意义，还导致学生既不尊重他人的生命，也不珍惜自己的生命，漠视他人和自己生命存在的意义和价值。① 学生的情感、心灵和个性受到忽视，甚至被压抑，他们的知识增长以情感的麻木和冷漠为代价，最

---

① 兰小云：《生命教育：从青少年自杀现象谈起》，载《江西教育科研》2003年第8期。

终导致了他们对生命价值与意义的怀疑与幻灭。为此，我们必须反思我们的教育，使教育重新承担起拯救生命、唤醒生命意识的责任和使命，这就是时代急需的生命教育。

由于学校教育、家庭教育的错位导致一些大学生是非观念模糊，价值观念不清，对生活享受的关注大于生命本身，这是生命意识教育缺失导致大学生生命意识淡薄的集中体现。大学生本该在大学接受知识技能锤炼的同时，陶冶情操，守护精神的一方净土。然而教育的功利性、实用性往往让大学生们掌握了“何以为生”的本领，却丧失了“为何而生”的思考。在这样的教育下，部分学生只学会谋生的知识和技能，他们没有快乐的自我体验，不能自我欣赏，不能发现他人的价值。正如弗洛姆所批判的：我们现在教育的目的，主要在于造就对社会机器有用的公民，而不是针对学生人性的发展。

（三）大学生个体：精神迷惘和心理危机

受传统教育的影响及自身心理的不成熟，大学生常因失恋、学业受挫、经济困难、人际关系不良等形成心理障碍。根据一项以全国 12.6 万大学生为对象的调查显示，约 20.23%的人有不同程度的心理障碍。清华大学从事心理健康研究的李虹博士认为：目前大学生普遍存在心理压力大的问题，一方面，社会、家庭和学生自己都有很高的期望；另一方面，学生本人期望过高和达成期望渺茫之间的矛盾也就很大。其中学业压力是大学生自杀的第一个原因，其他还有人际关系（亲情关系、师生关系）冲突、缺乏积极的人生理想和目标等。外界的压力和内心的空虚不断地冲击学生的心理，导致严重的心理问题。如果这些问题得不到及时解决和疏导，会导致大学生对于生命存在的意义与价值日益迷茫与困惑，从而做出极端的行为。

1. 生命认知和生命信仰的缺乏

首先，大学生缺乏积极的生命价值观是导致生命意识缺失现象发生的重要思想基础。西方思潮中的虚无主义和悲观主义对一部分大学生产生了消极的影响，认为“人生就是烦恼”、“人生就是悲剧”。一个人生态度悲观消极的人很容易在挫折面前一蹶不振，甚至放弃生命。研究发现，自杀的人缺乏对生存的重要信仰和价值的认识，当遇到较大的压力时，往往会放弃解决问题的努力和尝试，而选择轻生。①

缺乏对生命足够的反省，缺乏对生命意义的认识及缺乏积极的生命态度，就有可能被生存的空虚感所笼罩，产生内在的挫折感。值得注意的是，由于受西方价值观念的影响，有一种生命观正在对大学生产生影响。一些大学生在重视生存权利的同时，也将放弃生命视作自身的一种权利，他们认为自己有选择生或死的自由。② 即认为生命属于自己，其对自己的生命拥有绝对的权力，生死是个人的选择，他人无权干涉。因此，一旦遇到生活中的应激事件或感到痛苦和压力时，他们就可能轻易选择结束自己的生命。

① 樊富珉、王建中：《当代大学生心理健康教程》，武汉大学出版社 2006 年版，第 275 页。
② 马建青：《青少年自杀与生命教育》，浙江大学出版社 2004 年版，第 188 页。

其次，“心理断乳期”的精神迷惘和自我认同的危机也与生命意识缺失现象有关。大学生正处于心理学家埃里克森所说的“自我认同的危机阶段”或者说“心理断乳期”，容易陷入对自我价值的迷惘和认识不足中，也容易陷入对生命的无知和对生命方向的茫然中。大学生生命认知的偏差和生命信仰的匮乏使他们无法正确理解生命存在的意义及生命价值，心灵空虚迷茫，以至寻找无聊刺激，虚度光阴，自暴自弃，他们既不尊重他人的生命，也不爱惜自己的生命。

2. 心理素质和耐挫能力的缺陷

从生理角度来说，大学生所处的年龄段是一个自杀概率最高的年龄段，从生物学的角度来说，是处于生物医学所划定的“青春期危机”时期。由于身体机能发育的原因，在整个时期会导致心理不平衡、冲动性高亢，一旦遇到心理动力或社会条件，容易发生自杀行为。从心理角度来讲，大学生自身存在的种种心理健康问题也是导致大学生生命意识异化的一个重要因素。当代大学生面临着学业竞争、与人交往、情感维系等诸多需要自己去思考、去适应的问题。部分大学生在这样的问题面前，没有正确地去应对，而是将自己封闭起来，形成孤独的心理空间，或沉迷于手机、网络等媒介，不愿走出自己的小天地，不愿意让他人走进自己的世界，逐渐形成悲观厌世、不会承担、不会交往、自卑孤独的心理状态。长期在这样的心理状态下，一旦遇到某些特殊的事情发生，这部分学生自身无法释怀、无法去面对，只能自以为是地选择死亡来结束生命，或者极端地戕害其他生命来发泄自己的情绪。

个体心理素质的缺陷是导致生命意识缺失现象发生的内在心理动因。2013 年 4 月，上海复旦大学医学院研究生黄某遭他人投毒后死亡的案件具有代表性。该案件发生于复旦大学枫林校区，犯罪嫌疑人为被害人的室友林某，投毒药品为剧毒化学品 N–二甲基亚硝胺。该案 2014 年 2 月 18 日上午在上海市第二中级人民法院一审宣判，被告人林某犯故意杀人罪被判死刑，剥夺政治权利终身。类似的诸多事例都说明生命意识缺失现象的发生与个人的心理素质，特别是挫折承受能力密切相关。在当前这一“心理重负的时代”中，大学校园中的各种压力也无处不在，应激源和负性生活事件逐渐增多，大学生往往容易陷入精神疲惫和心理危机中。一些心智尚未成熟或心理承受力弱的大学生无法承受某些心理压力时，便可能出现生命意识缺失的行为表现。值得高度注意的是，目前大学生中心理素质存在严重缺陷的比例较高，而且还有一部分大学生存在不同程度的心理疾病。他们的认知方式僵化和非理性，行为的选择消极和易走极端，生命变得异常脆弱。当他们遭受挫折，既不能克服又无法逃避时，就有可能将攻击性的冲动指向自身或他人。当这种倾向十分强烈时，便容易导致自杀、杀人或伤害其他生命等极端行为。因而，大学生的心理健康状况与生命意识缺失现象之间有明显的关系。

大学生生命意识缺失与社会、家庭、学校等众多外因的影响有关，但最直接、最根本的影响还是来自大学生自身的内因。生命意识缺失现象是多种因素交互作用的结果。大学生出现生命意识缺失现象，是因为他们承受着生命中不能承受之“重”，即精神失衡之“重”、教育偏差之“重”、心理危机之“重”。

四、唤醒大学生生命意识

（一）树立教育的生命意识和全人观念

长期以来，机械的教育观将人的教育按照机器的生产方式标准化、成批量地进行，强迫所有儿童接受同样的文化知识模式，而不考虑个人才能的多样化。这种观念下的教育使培养出来的学生仅仅会机械被动地背诵一些知识，却很少主动思考人生的意义、价值和尊严。这种机械教育观严重违背了教育的目的。因此，教育应该唤醒学生的生命意识，充分认识到学生个体生命的健康成长、个体生命质量的提升是社会发展的动力和社会发展的标志。

当教育仅仅作为学生获得知识和生存竞争的工具时，生命教育和全人教育很自然地会成为教育的盲点：一些学生缺乏基本的生命意识，不知道珍惜自己和他人生命，或只能从功利的角度来审视生命和把握生命的价值。树立教育的生命意识和全人教育的观念，就是要求把学生视为有思想、有情感、有需要的活生生的人，而不仅仅是学习的机器和生存竞争的工具，使他们在身体、智力、道德、精神、人格等方面都得到全面的发展，成为一个真正的人、一个有尊严和价值的人。1996 年，国际 21 世纪教育委员会在向联合国教科文组织提交的题为“教育——财富蕴藏其中”的报告中指出：教育应当促进每个人的全面发展，即身心、智力、敏感性、审美意识、个人责任感、精神价值等方面的发展。当前我国的学校教育，尤其是大学教育，必须转变观念，树立尊重生命和培育全人的理念，使每个人都能够借助于青年时代所受的教育，形成一种独立自主的、富有批判精神的思想意识，以及培养其判断能力，使他自己去确定在人生的各种不同的情况下应该做的事情。只有这样，才能使他从学习和生活中感受到生命和人生的意义。

（二）培养大学生的生命关怀能力

大学生生命意识淡薄的根本原因是缺乏对生命的基本信念以及生命关怀相应的情感和能力。关怀伦理学家内尔·诺丁斯认为，人的关怀能力来源于被关怀时的体验。这种积极的德性要求具有两种而不是一种感觉。第一种感觉是自然关怀，它是原始的、最初的感觉。所有人都具有无须做出伦理努力的完全自然关怀的时候。母亲为了孩子的利益做出的努力通常不被看成是伦理的，而是自然的。第二种感觉是伦理关怀，它来源于第一种感觉，根源于对第一种感觉的记忆。如果人们自身想为他人而行动，就是一种自然关怀时的感觉。当人们没有这种感觉时，就会回想起自己关怀和被关怀时的感觉，这种感觉是一种我应当要求当事人对他人的痛苦作出反应的体验。自然关怀与伦理关怀是不同的，后者必须做出前者并不需要做出的努力。但是这并不意味着伦理关怀的地位要高于自然关怀；相反，伦理关怀要依赖于自然关怀。如果我们从出生后即浸润在关怀的关系中，就会很自然地对他人施以关怀。当我们需要进行伦理关怀时，也会从曾被关怀的记忆中滋生出关怀的思想。

生命是宇宙创造的奇迹，世界上最珍贵的宝贝只能是生命，这个简单的事实应该作为一切的基本点。当我们和任何生命相遇时都必须有尊敬的心情，不可有玩弄的意图，必须敬畏生命，把生命的尊严看成最高价值，也就是说生命是有尊严的，没有比它更高贵的价值。当生命与生命直面时最基本的伦理应该是相互尊重。

人不同于动物，人活着是有意义的。如果人生无追求无理想，只能算苟活的话，那么若无肉体生命的存在，连生存都谈不上，更谈不上对生命的意义的追求。关注生命，首先要珍惜生命。德国思想家阿尔贝特·史怀哲提出：善是保持生命，促进生命，使可发展的生命实现其最高价值；恶是毁灭生命，伤害生命，压抑生命的发展。当生命与道德发生冲突时，社会应该允许当事人自我牺牲，同样也允许拒绝这种牺牲。这才是关注生命个体的基本点。现实中出现的学生自杀、随意伤人、伤害动物、破坏自然的现象都是因为不懂得爱惜生命、敬畏生命。不管是教育者和管理者，都应当将大学生视为一个复杂的生命个体加以关注，尊重生命个体的发展需要，有一定规范但不束缚他们，走进大学生的日常生活，了解他们的思想状况，解决实际问题，更多地给予他们精神上的动力和支持，让他们的生命能量在创造活动中得以释放，从而提升他们自身对生命个体的关注和热爱。

学校要培养人格健全、具有生命关怀能力的人，首先需要给予受教育者以生命关怀。要深入他们的学习生活、交往生活和日常生活，关注和研究他们的心事，帮助他们在日常的学习、交往、衣食住行和喜怒哀乐中体验到活着的意义，并通过生活不断地揭示生活世界的意义。因此，学校教育应重视学生的精神生活和精神需要，让每个学生都能感受到来自学校、教师等方面的关爱，感受到自己在这个世界上的重要性，知道该如何去面对生活的挑战。有必要增进教师与学生的良性互动，吸引更多的教师关心学生的成长，从制度上把教书育人工作落到实处。

（三）培育大学生的生命智慧

智慧是人辨析判断、发明创造的能力。生命智慧则是在对自然、社会和人类社会发展普遍规律的提炼基础上产生的一种融会贯通、发明创造的能力。由于生命智慧与一个人的世界观、人生观、价值观及理性能力紧密相连，所以有必要将生命智慧教育融入各学科教学中，尤其是要注重发挥人文、社科和思想政治理论课程在生命教育中的作用。在学科知识传递的同时引发学生对生命的思索，理解生命的尊严，懂得生命的价值及生命间的相互依赖性，学会自我生命的调适。同时，学校要开展丰富多彩的心理健康教育、生命伦理等生命关怀活动，使学生在实践活动中感悟生命，体验生命的珍贵，理解生命的意义和价值。

（四）进行个体生命的社会价值教育

生命意识也是一种自我意识。自我意识是个体生命意识，尤其是个体生命价值意识的基础，个体生命意识随着个体自我意识的发展也在不断地发展。在大学阶段，大学生的自我意识明显增强，主要表现为独立意向的发展、自我评价能力的提高、自我体验的丰富和深刻等。尤为突出的是，大学阶段个体的自我意识发展出现了一个新的转折，那就是自我意识明显分化，分化后的自我意识既体现了个体的主观愿望和设计，也体现了对人际交往中他人评价的重视。在此基础之上，个体生命价值意识才能通过家庭和职业的相互作用，达到较为稳定和持久的发展。生活在21世纪的大学生，他们的生命意识中表现出一种新的生命价值取向、价值评价，使个体生命意识带上了浓厚的功利色彩。时代已经要求高校必须走出仅仅以人的本质、人性、崇高的理想、信念、人生目标等传统理论灌输理想教育的旧模式；要从生命的本体出发，既提倡珍惜生命本体，实现自我价值，又要认识到人的生命价值从属于社会价值的需要，社会价值高于个人价值。

（五）丰富生存感受和培养生命情感

体验是一种心理过程和心理状态，是一切心智活动的前提和基础。体验就是用全部心智去关注、感受、欣赏、评价事物、思想，从而把陌生的对象变成融于心智的存在。在生命意识教育中，要重视形成个体感受生存的体验环境。生存感受是指个体对自身存在及其价值的自我体验和感性认识。拥有丰富而又深刻的生存感受的人才能够真正体会与直面生活的悲欢离合，领悟生活真谛与意义，体验自己生命的存在意义。生命情感是指个体对生命意义的自觉、悦纳、沉浸，以及对他人生命乃至整个生命世界的同情、关怀和钟爱。从某种意义上说，大学生生命意识的提升更是一种实践教育，可以通过多种形式的实践活动，使大学生在实践中掌握生命知识，形成正确的生命态度、生命意识。引导学生直面死亡的话题，直面生活中的死亡现象，体验生与死的不可避免性。例如，组织大学生参观看守所、戒毒所或一些戒毒、预防艾滋病的展览，树立法律意识，增强学生自我防范意识，维护生命的尊严；组织与人类终极状态有关的教育活动，如参观丧葬礼仪，组织学生到敬老院、医院重危病房等，对临终老人或病人进行身心照顾，开展临终关怀活动，促使学生反思和完善人生追求，从而能够正视死亡，树立科学的死亡观。在这个基础上，树立超越死亡的意识，在死亡没有到来之前，认认真真地活好人生的每一天，以自己真实的生命存在藐视死亡的威胁，以自己丰富的人生意义贬损死亡的恐惧，以自己伟大的生命价值否定死亡的羁绊，以自己辉煌的人生成就超越死亡的毁灭，使自己的生命更富内涵、更添风采。

交往与活动是每个人生活中重要的实践，人的一切品质都是在一定的交往和活动中形成的，也是在一定的交往和活动中体现出来的。倡导生命教育就要充分重视交往与活动的作用，在交往和活动中创设体验情境，利用各种可能的手段，通过各种可能的途径来培育学生的生存感受能力和生命情感。如通过现代多媒体技术让学生了解人体内部构造，在生物层面上了解生命的产生和成长过程，从而让学生更好地善待自己和他人的生命，通过学生间的相互交往与交流，培养他们富有爱心、宽容、豁达等美好品质；通过音乐、美术、舞蹈、文艺制品等多种形式，让学生体验幻想和幸福的感受，培养他们对美好生活的向往与追求；通过野外活动，如探险、露营等，增进学生对苦难的体验，让他们有意无意地去面对人生的负面状态的意义与价值，从而更加珍惜自己的生命，珍惜他人的生命以及全人类的生命。

（六）塑造生命型教师

传统的教师是知识的传播者，所谓“传道、授业、解惑”，这是典型的知识本位观念下的教师职责与角色。在这种情形下，教师作为无可争辩的知识权威和知识源泉，把知识存放在学生那里，就像投资者把钱存放在银行一样。其实，教书只是一种手段，大学生是教师教育的对象，他们不是书，他们是活生生的人，是具体的生命。传授知识是教师工作的重要环节，但传授知识不仅仅是目的，知识是生命发展的工具，教育的目的是促进人的全面发展。教书不是教师的目的，育人才是目的，教师应该是生命的缔造者。从根本上来说，教师关注的应该是个体生命，这才是人类灵魂工程师的真实写照。生命型教师是用一个智慧生命来唤起若干个智慧生命，用一种人格去影响另一种人格，使大学生在教师的指引下，不断挖掘生命价值的意义，关爱生命、富于人文关怀、充满生命活力、充满智慧和创造、专业持续发展的教师能不断体会生命的意义，提升大学生更强烈的生命意识。

五、大学生生命意识教育的路径选择

生命意识教育旨在追求从生理、心理和伦理三个层面对大学生进行和谐人格、人文精神和科学思想的教育，帮助大学生适应与处理人生几对重要的关系：人与自我的关系、个人与他人的关系、个人与环境的关系和个人与社会的关系等。生命意识教育可以有效地培养大学生强烈的生命意识，尤其是大学生关注生命、热爱生命的激情；培养大学生尊重、爱护、珍惜生命，开发生命潜能、构建生命意义的能力，使他们的身心得到自由、和谐的发展，成为充满生命力并具有健全人格、鲜明个性和创新精神的新世纪大学生。

（一）回归生活与德性：生命意识教育的起点

生命意识教育从目的意义上来说，是培养人的生活能力、生存能力与幸福能力；就其过程来说，它本身就应该是一种生活、一种幸福。虽然不能说生命意识教育偏离了它的轨道，但不能否定的是，在今天的生命意识教育中，这种背离生活与漠视德性的现象是大量存在的，这种生命意识教育在一定程度上异化了自己的本质，忘记了自己的使命。正如威廉·格拉斯尔博士在《没有失败的学校》中所描述的，在学生心目中，他们在学校所做的事与他们的课外世界完全分离了。生命是非常有限的，生命意识教育的初衷是想花上一段时间，让受教育者理解生命的可贵并自觉升华生命的价值。生命意识教育回归生活就是要让大学生体验生活、感悟生活并理解生命的本质，从而珍惜生命、珍惜时间。只有回归到生活过程中，大学生才能从社会整体系统的视角理解自己的行为，而不是仅仅从自我感受的视角对事情做出武断的决定。正如刘次林在《幸福教育论》中指出的，一个企图自杀的大学生如果能体会父母从十月怀胎到含辛茹苦抚养子女到大学阶段的曲折经历，以及该行为给家庭和社会带来的伤害，他就不会把自己的痛苦看作是越不过的大山。①

此外，生命意识教育必须回归到德育为先的轨道上来。当前生命意识教育将生命意

① 刘次林：《幸福教育论》，人民教育出版社 2005 年版，第 87 页。

识的核心价值张扬为成功与致富，这使得道德修炼的衡量标准显得空洞，放弃自我生命与剥夺他人生命的大学生在学习方面无疑是成功的，但其自爱与爱人之心的缺失正揭示了生命意识教育对道德修养的忽视。

（二）幸福感受力的培养：生命意识教育不可或缺的内容

幸福虽然是一种主观的情感体验，但是它对个体的生命质量、对社会的进步都存在显著的影响。如果说幸福观教育主要是提升大学生对幸福的认识水平，为培养大学生感受幸福打下良好的基础的话，那么，对大学生追求幸福能力的培养更应是生命意识教育的重要使命。幸福是人生追求的永恒主题，追求幸福是人的内在需要，是人的一种潜能，这种潜能的开发与唤醒必定需要生命意识教育发挥作用。

生命意识教育要培养“90后”大学生的幸福感受力。现实生活中并不缺乏激发大学生产生幸福感的物质和精神条件，然而一些大学生却缺乏幸福的感受，或者说因感受幸福能力的低下而丧失幸福感。就“90后”大学生而言，他们生活在比父辈优越得多的物质环境与精神环境中，生活几乎能够提供其所需的一切，然而许多大学生不仅不能感受自己所处的幸福情景，有的反而滋生郁闷、沉重与负担感。原因是多方面的，幸福感受力的有待提高是其中的原因之一。正如赵汀阳指出的，“是否能够获得幸福很大程度上取决于是否能够敏锐感到幸福之所在，在这种意义上，幸福是一种能力”①。幸福感受力可以通过生命意识教育来形成和改善，幸福感与对幸福的感知及感知能力具有一定的关联，弗洛姆指出：“幸福和生命力、情感强度、思想及生产性的提高相关联；不幸则与这些能力和功能的衰退相关联。”② 现代生活中物质主义、享乐主义、非理性主义、金钱关系、钱权关系等畸变的生存状态在一定程度上遮蔽了当代大学生对真的幸福生活的感知，钝化了大学生的幸福感，这在某些“身在福中不知福”的“90后”大学生身上尤为明显。生命意识教育有责任担负起彰显“90后”大学生幸福生活的重任，使学生形成感受幸福的能力，只有这样，才能进一步促进学生去追求幸福。

（三）优化教育生态：改善生命意识教育的环境

杜威认为：“一个人的活动和别人的活动联系起来，他就有一个社会环境。”③ 社会环境通过个体活动，塑造个体行为、智力和情感倾向。对于生命意识教育而言，也存在一个生态环境。生命意识教育的社会生态环境循环互动可以看作是家庭、学校、社会三位一体的循环互动体系。

1. 家庭环境：生命意识教育的细胞

家庭环境直接影响生命意识教育的结果，不同的家庭环境对生命意识教育效果的影响是不同的。家庭环境由家庭经济条件、家庭结构和家风等构成。优化影响生命意识教

---

① 赵汀阳：《论可能的生活》，中国人民大学出版社2004年版，第152页。

② ［美］弗洛姆：《弗洛姆文集》，改革出版社1997年版，第35页。

③ ［美］杜威：《民主主义与教育》，人民出版社2001年版，第17页。

育的家庭环境一方面要改善家庭经济条件，另一方面不能仅为了经济条件的改善而忽视家庭的团结和睦，营造完整友爱的和谐家庭。家庭的分崩离析往往是子女生命意识偏激的源头。此外要维持家庭成员的基本结构和情感交流，减少长时间的家庭成员的距离隔离，营造民主平等议事且内含社会道德的家风。

2. 学校环境：生命意识教育的社会连接点

根据生态系统自然平衡、协调进化的思想，生命意识教育必须营造宽松有序、求实进取、和谐的学校环境，以促进生命意识教育社会生态的健康发展。一是要营造大学生自由成长的生态环境。二是要树立正确的生命观，欣赏大学生生命的灿烂，让教师从师道尊严的圣坛走向人人平等、自由民主的教与学。三是要创设尊重生命、珍爱生命的校园文化氛围，陶冶大学生情操，构建大学生健康人格，全面提升大学生生命质量。

3. 社会环境：制约着生命意识教育生态的发展方向

社会环境将生命意识教育对象置于一个宏观的教育背景中，它不仅引导着生命意识教育的环境，同时也制约着整个生命意识教育生态的进化方向。社会环境通过强调精神层面的环境来影响受教育的生命主体，它与家庭环境、学校环境相互渗透、牵制。社会环境对塑造大学生生命意识的价值取向起着重要作用。优化生命意识教育的社会环境一方面要营造“老吾老以及人之老，幼吾幼以及人之幼”的社会道德气场；另一方面要通过法律对漠视生命、践踏生命、污染环境的恶劣行为予以约束。

开展生命意识教育，唤醒大学生的生命意识，体现了以人为本、关怀为首的教育思想，有利于促进大学生身心健康发展。可以说，生命意识教育的开展和生命意识的唤醒，既是生命教育的灵魂，同时，也是实现民族复兴的根本保证，是教育应对社会环境冲击的迫切要求，是填补生命意识教育缺失的现实需要，是当代大学生实现生命价值的必然要求。

第三章　直面过程：自然生命必须承受之重

生命是一个过程，任何人都无法超越。

人类生命的发生、发展、衰老、死亡的全过程，是生物界的普遍规律。一个人的生命历程从精卵结合开始，经怀胎而诞生，此后又经历了幼年、少年、青年、壮年及老年的各个时期，这些时期均按年龄段划分，实际上是依据人体的解剖、生理的特征加以概括。无论你出生于豪门深宅还是穷家陋室，向人世间报到的第一声必是嘹亮的啼哭。从咿呀学语到蹒跚学步，你必须在大人的帮助下，完成属于你的生命初始阶段的探索；从风华正茂的青年到成熟的中年再到壮心不已的暮年，每个人的生命历程必然要被时间轮船载着驶向不同的港湾，这个过程是不可逆的。所以有圣人感叹：逝者如斯夫，不舍昼夜。所以有哲人高呼：当机会迎面扑来的时候，你牢牢抓住它，你就是天才。作为常人，最重要的是把握自己。当生命的过程临近尾声时，回首自己走过的路，你只要说一句：我努力过，奋斗过，此生无悔。你的生命便结出了也许不丰硕但却饱满的果实。

从这个意义上说，过程比结果重要得多。

人的一生，既是一种自然的过程，又是一种主观能动的生存过程。这个过程虽说有数十年，或百余年，它既是漫长的，又是短暂的（与宇宙演化、人类发展史相对而言）。而在每一个人的生命过程中，既有对家庭亲人、友人、社会的必然依赖（尤其幼年、童年、少年、老年阶段），更有对家庭、亲人、友人、社会的责任和担当（这是由自然与社会的内在必然规律性所决定的）。

在人的生命过程中，既有阳光灿烂的日子，又有风雨交加的天气，更有无法预知的挑战和机遇。面对生命过程中的诸多课题，每一个人在生活学习中练就与积累形成的“内功”至关重要。其中人生的理想、信念、目标、知识，以及积极乐观理智的人生态度，是维持生命全过程的原动力。正是这种动力铸就了保尔·柯察金和他感召世人的精神与钢铁般的意志；铸就了张海迪和她坐在轮椅上创造的奇迹；铸就了一代又一代为人类进步和福祉前赴后继、不断奋斗的仁人志士；铸就了丰富而灿烂辉煌的人类文化宝库，激励着全人类在艰苦卓绝中推动波澜壮阔的历史前进——从猿到人，从旧石器时代、刀耕火种到科技高度发达的现代化的今天。我们有充分的理由相信：无数个积极人生过程的汇聚，正开创着人类更加辉煌美好的明天！

一、生命责任感是大学生生命历程的必需

（一）责任、责任感、大学生生命责任感

1. 责任

责任是伴随着人类社会的产生而产生的，有社会就有了责任。在中外思想史上，众多思想家曾探讨过责任问题。在中国，儒家从人伦关系和伦理生活出发，规定了不同角色的相应责任。如孔子讲的“孝悌”，汉代董仲舒的“三纲五常”，诸葛亮的“鞠躬尽瘁，死而后已”，岳飞践行的“精忠报国”，顾炎武高唱的“国家兴亡，匹夫有责”，李大钊讲的“铁肩担道义”等，都是对责任的具体探讨。

在西方思想史上，古希腊人苏格拉底认为责任是“善良公民”对于国家和人民应具备的本领和才能。后来伊壁鸠鲁和亚里士多德等人进一步阐述了责任是人应对自身选择的行为所产生的后果负责的思想。古希腊伦理学家德谟克利特第一次把责任纳入了伦理学范畴。培根对责任的理解是维护整体利益的善，他指出，“力守对公家的责任，比维护生存和存在，更要珍贵得多”①。康德是从纯粹理性主义出发，否认了以利益、经验或神的意志对责任的界定，他认为，责任是以理性的相互关系为基础，而不能以情感和爱好为基础。黑格尔认为责任是人之为人的本质。

责任的内涵在不断扩大，并随着人们认识的深化而更加明确具体。《现代汉语词典》对责任的解释有两种：一是分内应做的事，如尽责任；二是没有做好分内应做的事，因而应当承担的过失，如追究责任。②

由此看来，责任指的是一个人对自我、对他人、对家庭、对社会、对国家和民族应尽义务的自觉状态。责任有三重含义：一是使人担当起某种责任，二是分内应做之事，三是因做不好分内应做的事而应承担的过失。责任分为道德责任、法律责任、社会责任、家庭责任、生命责任，等等。

2. 责任感

对责任感的含义，不同研究领域有不同的说法，《现代汉语词典》的解释为：责任感是自觉地把分内的事做好，也说责任心。③

有人定义为“责任感是指个体对自身在人类社会和自我发展中所承担的责任的一种意识，是对自己在道德活动中完成道德任务的情况是否满足其道德需要而产生的情感

---

① 周辅成：《西方伦理学名著选辑》，商务印书馆 1964 年版，第 552 页。

② 《现代汉语词典》（第 5 版），商务印书馆 2005 年版，1702 页。

③ 《现代汉语词典》（第 5 版），商务印书馆 2005 年版，1702 页。

体验"①。

这是从道德角度给出的界定，认为责任感是道德责任的表现。心理学家给出的定义是："责任感是指个体对自己在承担人类社会和自身发展的责任中做出的行为选择、行为过程及后果是否符合内心需要而产生的不同态度的情感体验"②。也有学者提出："责任感，是指责任主体在一定责任认识的指导下，对责任对象履行一定的责任，并由此得到相关的内心情感体验，它是相统一的过程"③。还有人对责任感作了这样的界定：责任感作为一种社会传统美德，是指个人对自己和他人、对家庭和集体、对国家和社会所承担的义务，以及与之相应的自觉态度，是个人以精神需求和人生价值的体现为主要对象的一种自我感受和内心体验，它反映着个人的精神境界和思想品德。

综合各种观点，我们可以把责任感界定为主体对于责任所产生的主观能动意识，也就是责任在人的头脑中的主观反映形式，这种主观意识与人的成长环境和所受的教育有很大关系，也可以说，责任感是主体对自己、对自然界和人类社会，主动施以积极有益的作用的精神。

责任和责任感有着本质的区别，责任是人分内应做之事，同时需要一定的组织、制度或者机制来促使人尽力做好，所以"责任"就有被动的属性；但责任感是一种自觉主动地做好分内和分外所有有益事情的精神状态。精神是指人的意识，还有思维活动和一般心理状态，它的范围要比表示情绪、感情状态的"心情"一词宽泛得多，能够涵盖责任感的丰富内涵。在心理学界，责任感与一般的心理情感有所不同，是思想道德素质的主要内容，是属于社会道德心理的范畴。人的责任感的形成和增强，除了受到意识形态和文化环境的影响外，主要靠教育。责任感从本质上看，是要对自己、对他人、对社会、对国家、对事业、对家庭都有利，而且当自己的利益同国家、社会和他人的利益相矛盾时，能够以国家、社会和他人的利益为重。

3. 生命责任感

从文学的角度讲，生命就是性命，就是活命。从生理学角度讲，生命必须有心脏跳动、呼吸、大脑活动等条件。从法律上讲，生命是指法律主体始于出生、终于死亡的整个过程。从医学角度讲，生命就是活着的状态，具有新陈代谢、生长、繁衍以及对环境的适应所表现出来的特征。《辞海》对生命的解释是：由高分子的核酸蛋白体和其他物质组成的生物体所具有的特有现象。能利用外界的物质形成自己的身体和繁衍后代，按照遗传的特点生长、发育、运动，在环境变化时常表现出适应环境的能力。④

从共性上可以描述为：人的生命是自身繁衍、生长发育、新陈代谢以及与环境进行

---

① 段志光：《大学生社会责任感研究中的理论问题探讨（上）》，载《山西高等学校社会科学学报》2002 年第 2 期。

② 段志光：《大学生社会责任感研究中的理论问题探讨（上）》，载《山西高等学校社会科学学报》2002 年第 2 期。

③ 林凌：《论当代大学生的责任感教育与培养研究》，载《今日科苑》2008 年第 12 期。

④ 《辞海》（缩印本），上海辞书出版社 1989 年版，第 1944 页。

物质和能量交换、遗传变异和对刺激的反应等复合现象。它既有自然属性，又有社会属性，是两者的统一体。

生命责任感，就是尊重生命、关爱生命，并提升所有生命价值的一种自觉的责任意识。这种自觉意识，不单是对自我生命、他人生命，还包括了对所有有生命的物质的自觉责任意识。

4. 大学生生命责任感

大学生作为社会的一个特殊群体，必须承担一定的责任，而且，他们的心智已比较成熟，可以用所学知识来分析一些问题。相对来说，他们的学习压力不再那么大，这就使得他们有一定的时间去开阔眼界，去关注社会，去体味生命的真谛。因为他们是知识分子，是未来社会建设的主要承担者，所以社会各界普遍对大学生的生命责任感有较高的期待。简言之，大学生的生命责任感，就是大学生这一特殊群体、这一特殊的责任主体对自我、对他人、对社会、对国家和民族的自觉的生命责任意识。

（二）大学生生命责任感的主要内容

大学生的生命责任感，其内容是多方面的，可以从个体本身分析，也可以放到更加宽广的领域，从个体与群体、个体与社会、个体与国家、民族的关系中去把握。这就具有狭义与广义之分，广义的生命责任感也就具有了社会责任感的意味。

从狭义上看，对大学生在个体生命历程中所必需的考验和经历，构成大学生生命责任感的主要内容。

（1）深厚的生命意识。生命意识淡漠必然导致生命责任感的缺乏，所以，培养大学生的生命责任感，首先要从培育大学生的生命意识开始。如前所述，生命意识是每一个生命个体对自我生命的自觉认识，其核心是尊重、珍惜和热爱生命，其中包含着对生存、安全和死亡的自觉意识。大学生的生命意识教育，不仅是生命知识教育，也是大学生对自我生命和他人生命认识的教育。通过对大学生的生命意识教育，帮助大学生理解生命的含义，认识生命的本质，形成正确的生命观，进而培养正确的生命责任感。现在有少数大学生，没有理想，缺乏信仰，没有生活动力，没有人生追求，迷恋游戏，漠视生命，忽视生命的价值，其深层次的原因，就是他们没有树立深厚的生命意识。

从生命本身来看，地球上的生命活着就是为了展现生命能够展现出来的最佳姿态。从生命活动所产生的影响来看，地球上的生命活着就是为了让世界变得更美好。这就是生命的价值。地球上的生命依靠地球得以生存，地球养育生命，目的就是为了让这些生命以最好的姿态展现于世。在地球生命中，最特殊的就是人类了。人类的特别在于人类会思考，人有情感，人更加具有自我实现的需要，自我实现是人类生命的特别价值。无论渺小或伟大，生命都有着自己的灿烂和辉煌。生命存在的价值在于它创造的价值，创造是比生命本身更大的价值。而实现人生价值的前提，就是对生命的科学意识。

（2）健全的生命历程。生命历程大体是指在人的一生中随着时间的变化而出现的，受到文化和社会变迁影响的年龄、角色和生命事件序列。它关注的是具体内容、时间的选择，以及构成个人发展路径的阶段或事件的先后顺序。生命历程教育，是针对大学生生命过程中各个不同阶段和不同需要而开展的教育，是教育大学生面对生命“应该如何”的生命教育。生命过程不可能一帆风顺，挫折与困难会伴随生命始终，有时还会面临致命的打击，这是生命的不幸，同时也是对生命的考验，是成长的机会，是生命走向成熟的必经阶段。没有这些经历，生命将缺乏深度与广度，只会显得苍白。生命历程教育就是要引导大学生正确看待生命历程，不管是幸运或是不幸，同时帮助他们体会生命历程的意义，学会在生命的每一个阶段寻找积极的人生价值。

（3）科学的生死观。正确对待生死，就是要当代大学生学习中西方合理的生死观，树立科学的生死观。

生与死的问题是伴随人类的永恒问题，但人们往往是乐谈生而讳谈死，特别是在我国，人们对“死亡”一词往往讳莫如深，死亡被人们理解为不吉利，中国人往往不愿意提及“死亡”一词。在古代，中国人不能够科学、客观地对待死亡，本能地恐惧死亡，也会有意无意地回避死亡。但是，回避不等于可以不面对，一个回避死亡问题的人，永远不会真正地成熟；一个不能面对死亡问题的民族，也永远不能深刻，自然也就无法真正解决生存的问题。人既然无法回避死亡，生与死是相对又相伴的，所以，正确地看待死，是为了更好地生。

马克思主义生死观既承认人的有死性，又确认人有不朽性，生与死体现出来的是死亡的必然性与人生的自由的辩证统一，个体生命的有限性与群体生命的无限性的辩证统一，个体死亡价值与人类社会发展走向和人类解放事业的辩证统一。个体生命是有限的，人从出生就面临死亡，在有限的生命中，为社会创造的价值越大，个体生命就越有价值和意义。持科学生死观的人，正是因为明白生命的有限性，所以才会尽可能利用有生之年为社会创造价值，这就是对生的尊重。持有科学的生死观，才能正确对待生死，才会珍惜生命。

从广义上看，大学生的生命责任感包含着如下内容：

（1）对自己的责任。人对自我负责，即对自己的人生历程负责，其基本的要求就是珍惜生命并追求有价值的生命。具体来说，可概括为“自爱、自尊、自律、自强”。自爱，即爱惜自己的身体、人格和名誉，这是人生自我责任的基础。自尊，是与自爱紧密联系在一起的一种自我肯定的态度，表现为承认和重视自我在社会中的存在价值，喜欢和热爱自我的情绪以及接受自我的意向。自律，表现为主体自觉地按照“应当如何”的要求对自己的行为所产生的约束力，体现了一种深刻的理性精神。要真正做到自爱、自尊，就必须能够并且善于选择自己的行为，自觉地约束和控制与责任目标不符合的行为。只有达到了自律，才会成为一个有教养的、高尚的人。自强，是自爱、自尊、自律的升华。它既是人对自己能力和行为所产生的信任和感情，也蕴涵着一种不满足的现状、不断向上的奋进精神，是行为者对自己提出的内在要求。正是因为有了这种积极奋进的精神，才使得自我责任处于一种自觉的、积极的状态中。因此，在履行人生的自我责任的过程中，自强不仅包含深刻的自我批评精神，同时，也为我们实现自我责任提出了新的目标，并要求个体为此作出不懈的努力和奋斗。

（2）对家庭的责任。西塞罗认为家庭是情感之国，是公民政府的基础，家庭包含了一种在其他任何地方都难以找到的幸福因素。如果要把责任分出主次的话，“首先是国家和父母，为他们服务乃是我们所负有的最重大的责任。其次是儿女和家人，他们只能指望我们来抚养，他们不可能得到其他人的保护。最后是亲戚，在日常生活中他们往往能与我们和睦相处，而且其中绝大多数人都能与我们同舟共济”①。如果一个人对自己的家庭都不负责，我们怎能相信他会对整个社会和国家负责？

我国传统儒学对“孝”、“悌”、“慈”、“敬”、“恭”等家庭道德规范作出了深刻的阐述，中国的道德形成是以家庭为起点的。虽然在现代社会中古老的传统被赋予了新的含义，但其中的思想核心却不会过时。结合中国传统的伦理道德进行归属教育，培养大学生孝敬父母、尊敬长辈的基本人伦意识，是目前值得注意的一个基本问题。随着我国独生子女的增多，如何教孩子学会关心家庭、孝敬父母，已经成为一个日益普遍的社会问题。现代家庭模式使孩子越来越习惯了被关心、被重视，权利意识膨胀，却忽略了应有的感恩和关爱。这种责任与权利的失衡必然会随着孩子的成长而扩展到更加广泛的社会生活领域中。家庭，在一定意义上是各种社会问题的起点，家庭责任教育也成为培育社会责任感的一项重要内容。

（3）对他人的责任。这里的“他人”是指除个人和家庭成员之外的个体。人不是孤独的存在，在其周围还有众多生命存在。我们要帮助周围的人，教育他们，使自己完善，也使别人完善。个人能够在社会中生存，是因为有他人的存在。人与人的相互依赖性，决定了人与人之间必须相互承担责任，每个人的生存都依赖于他人对其负责，是他人对其负责的结果。同样，个人的发展必须依赖他人的帮助，个人的成长进步是受惠于他人对其负责的结果。因此，任何人也都有责任帮助他人发展。

对他人的道德责任的具体要求就是：个体应具有热爱他人的情感，尊重他人的品格，理解他人的能力，乐于助人的精神；应养成尊重他人、热爱他人、帮助他人的心向，养成自觉履行自己诺言的习惯；学会明辨是非，学会正确处理个人与他人的关系，对自己所接触的人负责，使个体在适应环境和人际关系中达到外在和谐，也使自己达到身体、智力、情绪的内外和谐。

（4）对社会的责任。在现代社会里，任何人都不可能游离于社会生活体系之外；合群性是人天生具有的一种社会本能。人一旦进入了人类共同生活和相互作用的系统之中，社会生活的共同规则与秩序强加在他身上的那种责任便自行启动了，他几乎可以说是没有选择不负责任的余地，因为他不可能逃脱出这一先定秩序的框架。

大学生在社会中的责任首先表现为遵守社会公德。社会公德是指为维护社会公共生活正常有序地进行，每个公民在社会交往和公共生活中应当遵守的最起码、最简单的行为准则和道德规范。

大学生虽然能分辨是非，但如果仅仅把维护社会公德停留在认识这一静态层次上，不能形成一种自觉的行为，那么生活中不可避免地会出现自由散漫、违反公共规则、不遵守公共秩序、破坏公物等现象。社会公德的约束实质上是赋予大学生对社会的一种道德责任。其次，在大学阶段，大学生不仅从生理和心理上走向成熟，在法律上，也开始达到法定年龄阶段，由限制行为能力人变为完全行为能力人，这意味着大学生将独立地

① ［古罗马］西塞罗：《西塞罗三论》，徐奕春，译，商务印书馆1998年版，第116页。

行使宪法和法律赋予自己的权利，同时，也要履行相应的义务，并对其所做出的行为承担相应的法律后果。权利的行使、义务的履行、后果的承担说到底都是责任的体现，法律责任的存在要求大学生不断增强法制观念，做到知法、守法、护法，模范遵守宪法和法律，坚决同违法行为作斗争。

（5）对国家的责任。西塞罗认为国家是一种联合体，联合体意味着国家的存在与发展是符合个体需要的，因此个体应自觉以国家成员的要求规范自己的思想和行为，把各自的个人利益与整个国家的利益融为一体，这应当是所有人的主要目标。

大学生社会角色的特殊性突出表现为，他们是青年之中具有较高科学文化素质的群体，必然是国家的希望和民族的未来，因而他们身负的责任是重大的。大学生对此认知的强烈与否将关系到我国社会主义现代化建设进程，关系到中华民族伟大复兴的“民族梦”的实现，关系到人类的进步与繁荣。这就要求大学生具有远大的政治理想，心怀天下，将自己的前途和命运与祖国和人民的利益紧密联系在一起，始终与党、人民和祖国保持高度的一致。这就是当代大学生所要承担的政治责任。

对国家的责任要求大学生明确如何使个人利益服从国家利益，培养大学生具有热爱祖国的信念、情感及保卫祖国、维护祖国尊严的意识，具有为国家社稷之“大我”而克制个人之“小我”的大志之气；教育大学生个人利益要服从民族与国家的利益，勇于参与社会改革，树立“天下兴亡，我有责任”的信念，而不是停留在泛泛的“匹夫有责”的一般认识上。爱国主义和民族自豪感是较高层次的责任感的表现，是社会责任感的核心。培养大学生对国家、对民族的责任感，就应让大学生对国家与民族的过去、现状有比较清醒的认识，树立爱国的精神支柱。要让大学生在各种活动中经历对国家、对民族责任感的体验，形成对国家、对民族负责的能力，对大学生进行社会责任感的培育。

（三）当代大学生生命责任感不足的表现

由于各种原因，当代大学生的生命责任感存在明显的不足。

1. 对自我生命责任感的迷惘

个体对自我的生命责任感，是个体对家庭、对他人具有生命责任感的前提与基础。然而，近年来大学生自杀事件屡屡见诸媒体。一般情况下，求生抗死是人的本能，任何人都没有权力随意结束自己的生命。当代大学生对自己生命的随意性处置，从本质上说，是这个群体对生命责任和价值的一种否定。生命一旦产生，就将承担一定的责任。古人语：“身体发肤，受之父母，不敢毁伤，孝之始也。”爱护自己身体的每个部位，是出于孝的理念，更是对生命的关爱与责任。人生的价值，在于承担的责任，责任越大，价值也越大。任何人都不是独立的个体，都与外界有着千丝万缕的联系，终结个体生命是很简单的事，但是对于自己的亲人，对于所有关心爱护他的人则是莫大的痛苦。个体在结束自我生命的时候，忘记了对自我的责任，逃避了对他人的责任。据报道，2005 年中国内地大学生自杀事件 116 起，2006 年是大学生自杀“高发年”，大学生自杀事件增加到130起之多。①

搜狐新闻网曾报道，一份对广州部分高校大学生的调查结果表明，10.71%的大学生表示当遭遇挫折时，想到用结束生命的方式来解决，28.6%的大学生“偶尔有”或“经常有”自杀念头，5.79%的大学生认为死亡是解决一切痛苦的办法。②

生命责任感的迷惘，导致人生没有目标和方向，也没有担当，所以，一旦遇到挫折，就容易产生轻生的念头。

2. 对挫折的容忍力不够

人对挫折的容忍力有很大差异。有的人在面对挫折、挑战时，坚韧不拔；有的人则悲观失望、精神崩溃。心理学上把人能承受打击的能力称为“挫折容忍力”。挫折容忍力强的人，在遇到挫折时能保持心理健康，能发挥自己良好的适应能力。因此，挫折容忍力是保护人的心理健康的一道防线。

人的一生会遇到很多挫折，有的短暂、轻微，容易克服；有的长期、严重，难以克服。能否战胜挫折，很大程度上取决于个人的态度。心胸开阔的人，性格乐观、自信，能百折不挠地向挫折挑战，直至取得最后胜利。心胸狭窄的人，忧心忡忡，性格内向，一遇挫折就会一蹶不振，甚至行为错乱，从而失去应付能力。

挫折容忍力受多因素的影响，一是生理因素。身体健康、正常发育的人，对挫折容忍力要高于体弱多病的人。精力充沛的人更能够胜任各种工作。二是过去受挫折的经验。通过学习与锻炼可以提高挫折的容忍力。经受过挫折并善于积累经验，就会提高容忍力。从小娇生惯养，或者很少遇到挫折，且一遇挫折便逃避，就会失去学习和处理挫折的机会，挫折的容忍力必然不高。三是对挫折的知觉判断。同一挫折因客观情形不同会出现不同感受与判断，所造成的压力和打击也会不同。四是预见性的高低。对没有预见的挫折，其容忍力相对较低。五是其他个人素质，也与容忍力密切相关。挫折是有累积现象的，即使是一个充满自信的人，也难以经受一而再、再而三的打击和失败。它会一点点地侵蚀容忍力，也会蓄积着，在某一刻因某一导火索而引爆。

现实和理想总是有差距的，人们随时随地都有可能面临挫折。虽然挫折在某方面也有有利性，比如，可以引导个体对认知产生有利的变迁，使人经历锻炼、增长才干，探索新的解决途径和方法以提高能力；但挫折对大学生也有诸多不利的影响，比如直接导致人情绪低落、心情不佳、疾病增多、行为偏差、学习没动力没目标、逃课增多、纪律松弛，还有可能出现对抗老师、损害同学、漠视集体、危害社会等严重问题。

总体来说，挫折对于人是弊大于利。人不经历挫折是不可能的，当遇到挫折时，关键是怎么去应对。我们可以采取以下方式来应对：树立正确的人生观、世界观；树立崇高的理想和远大的抱负。用积极的、进取的眼光去看待社会、看待生活的人，往往能遇难不馁，具有较强的挫折容忍力，对困难和失败有充分的思想准备。人生之路不平坦，

① 莫振达：《近十年来我国生命教育研究综述》，载《教育探索》2007年第5期。

② 《大学生自杀率高　生命教育刻不容缓》，http://news.sohu.com/20080121/n254779765.shtml，2014-11-11。

失败后要冷静分析原因，总结教训，跌倒了爬起来再前进，还可以尝试改变一下使自己受挫折的环境。

不能有效科学地处理挫折的大学生，一旦迈不过这个坎，就很容易情绪低落、意志消沉，轻则影响学习，重则失去人生信心，漠视生命，放弃生命责任。

(四) 培育当代大学生生命责任感的原则

1. 自爱和爱人相结合

之所以要坚持“自爱”与“爱人”相结合的原则，是因为“自爱”是“爱人”的前提，“爱人”是“自爱”的拓展与延伸，是“自爱”的完善与补充。在生命伦理学中，“自爱”是最基本的生命态度，是生命责任感最基本的前提，是生命责任感的源发性、根源性范畴，表达着人的一种最重要的基础美德。“自爱”就是对自己的爱，是人对自己的一种感情和意识，是人在道德生活中对自己的存在、权利、利益、价值、人格尊严、主体性的尊重与爱护，它体现着自我管理、自我维护的精神，体现着个体责任感的意识。这种精神和意识是促使人们自强自立、积极进取、创造价值的动力，对人的道德生活发挥着主体的积极作用。罗尔斯说：“自尊是一个基本的善。没有自尊，那就没有什么事情是值得去做的，或者即便有些事值得去做，我们也缺乏追求它们的意志。那样，所有的欲望和活动就会变得虚无缥缈，我们就会陷入冷漠和犬儒主义。”①

因此，“自爱”原则是培养大学生生命责任感的首要原则。人是肉体和精神的统一，“自爱”就包含了对肉体生命和精神自我两方面的爱。对肉体生命的爱是指生命自保，古人称之为“贵生”；对精神自我的爱是自我人格的独立，是维护自我尊严以及对生活的热爱和追求。“爱人”是生命责任感的主要内容，没有“爱人”之责，就没有生命之责。孔子曰：仁者爱人。这是说不只爱自我，不只爱我的亲戚朋友，还爱所有的人。以仁心待人，就是爱人。“爱人”是“自爱”的具体体现，是对“自爱”的补充、延伸和升华。没有“爱人”的责任，“自爱”就不完整，“自爱”与“爱人”统一于一个人的爱心之中，可以看出一个人人格的高低。巴巴拉·乔丹说：“世界不是游乐场，而是一所学校；人生不是假日，而是上学，有一课是我们每个人一生都要学习的：我们怎样才能更好地爱他人。”② 所以，“爱人”是人生价值的主要体现形式，从一定意义上讲，“爱人”比“自爱”更能体现人生价值。因为人是不可能独立存在的，个体总是与他人同时存在，人与人之间需要相互的爱。“爱人”的表现形式主要有：对他人的理解与尊重，关心与呵护，体贴与信任，帮助与同情，宽容与忍让。

因此，培育当代大学生的生命责任感就必须坚持自爱与爱人相结合，在爱护自己生命的同时，拥有独立的自我人格，维护好自我尊严，对生活充满热爱和追求。同时，对他人宽容，关心、帮助他人。

---

① ［美］约翰·罗尔斯：《正义论》，中国社会科学出版社 1988 年版，第 427 页。

② ［美］约翰·马克斯·坦普尔顿：《发现人生定律》，国际文化出版公司 2003 年版，第 30 页。

2. 理论认识与道德实践相结合

实践是理论的来源，理论又为实践提供指导和基本方法论，没有理论指导的实践是盲目的，没有实践的理论是空洞的，二者相互连接、不可分割。大学生生命责任感的培养应该坚持理论认识与道德实践相结合的原则。培养大学生的生命责任感，有着坚实的理论基础。生命教育由来已久，从有“教育”开始，生命教育就相伴而生。古希腊哲学家苏格拉底为了追求真理而献出了自己的生命，生命教育就已是当时的课题。亚里士多德讲，“吾爱吾师，吾更爱真理”，这是以追求真理为人生目标。后来的西方哲学家对生命所持观点虽不一致，但对生命的重视却是一致的，概括起来可表述为：享受生命和生活的乐趣，追求生命的快乐与幸福，凡此，都需通过个人的不懈努力与奋斗，才能最终实现。热爱生命是中国哲学的共同精神，生命教育的思想在我国有着更为深厚的基础：儒家讲仁者爱人、以人为贵；道家讲贵己重生；佛家讲普度众生，在此基础上，更有“死有重于泰山，有轻于鸿毛”的说法。这些为高校培育大学生的生命责任感提供了理论依据，但依照道德认知和实践的规律，理论认识和道德实践是一个动态的反复的过程，只有在多次反复中才能相互影响、相互促进，从而达到理论指导实践，实践又反作用于理论的效果。

培养大学生的生命责任感，除了提高大学生的理论认识水平外，更应该把理论认识与道德实践结合起来，贯彻到大学生的道德实践中，进一步增强大学生的“执行力”。因为当代大学生道德实践具有明显的特征，即认知支配道德行为，利益选择道德行为，法律调节道德行为。因为主客观因素的影响，当代大学生的理论认知与道德实践往往有偏差，普遍表现为大学生的理论认知水平较高而道德实践能力较低，特别是在缺乏他律的情况下。

3. 自我实现与社会发展相结合

歌德说得好：“你若要喜欢自己的价值，你就得给世界创造价值。”人生在世，能为他人带来幸福，能为社会作出贡献，这就是人生的意义和价值，人生的价值在于创造出比自身价值更大的价值。

人的生命价值是自我价值实现和促进社会发展这两者的有机结合。自我价值的实现就是自我需要的满足，个体为了满足自己的需要，才会有所追求，有追求，才能满足需要。自我价值的实现应该尽可能与社会价值结合起来，实现两者的统一，这样实现自我价值的同时才能促进社会的发展。

实现自我价值之所以要与促进社会发展相结合，是因为在社会生活中，自我价值的实现不仅仅是个人的事情，还影响着他人和社会的发展。实现自我价值，首先要服从社会利益，自觉服务于社会利益，才能够为社会多作贡献，实现为人民服务的认识目的。个人对社会的贡献越大，得到社会的尊重和满足就越多，也就是对社会的贡献越大，自我价值越高。

生命价值的大小，不仅取决于自己的每一天能否好好地活着，更取决于生命过程中付出的多寡。付出的越多，生命的价值就越大。生命的价值不在于生命的长短，而在于对社会贡献的大小。

个人的发展与社会发展是一致的，互为前提和基础。个人的发展离不开社会，自我价值的实现最终取决于社会的发展程度。同样，社会的发展也是建立在个人对社会的贡献的基础上的。如果每个人都能最大程度地实现自己人生的真正价值，那么社会也会不断发展和进步。生命的意义也在于实现自我价值及促进社会发展，只有把二者有机结合生命才能完满，所以，培养大学生健全的生命责任感，必须坚持自我价值的实现和促进社会发展相结合的原则。

二、挫折是人生的重要财富

所谓挫折，是指人们在某种动机的推动下，在实现所要达到的目标的过程中所受到的障碍和因无法克服而产生的紧张状态与情绪反应。挫折对人的心理的影响具有两面性，一方面可以给人以打击，给人带来痛苦，使人沉沦，另一方面也可能催人奋进，使人受到磨砺和锻炼，使人更加坚强、更加努力不懈。

（一）大学生面临的人生挫折

大学生作为社会中的一个特殊群体，正处于人生特定的成长阶段，在这一时期，大学生在心理上将逐渐从对父母的依赖，而走向独立和成熟；在人格上逐渐从少年向成年人过渡，从而建立起健全的人格结构。但是，由于受到我国现实生活中存在的各种不良思潮的影响，对于大学生来讲，要顺利完成这些转变并不是一件容易的事情。在大学生成长成才的过程中将会遇到各种困难和挫折，概括起来，主要有以下几个方面：

1. 环境地位改变导致的挫折

很多大学生在高中时期是学习尖子，跨入大学后是以竞争的胜利者、时代的宠儿的姿态出现，受到来自父母的祝贺、师长的赞扬、朋友的夸奖，自我感觉良好。来到大学后，大学这个广阔的新天地展现在我们面前的则是人才济济、群英荟萃。在这个集体中，许多的同学发现原来在中学的种种优势不复存在了，而面临的是重新分化组合的严峻现实。有的同学从鹤立鸡群变成了平庸之辈，这种从中心角色向普通角色的转变，使不少同学产生了一种失落感、自卑感和焦虑感。

2. 理想与现实之间的差异导致的挫折

进入大学前，许多同学把大学想象得过于神秘，想象中的大学是玫瑰色的生活乐园，是人世间的神圣殿堂，好像大学都是风景如画，处处欢歌笑语，充满了诗情画意，以为大学为他们创造好了实现自我成才的一切有利条件。但是，来到大学以后，他们很快就发现，现实中的大学与自己想象中的大学相差甚远，存在不少问题。如：有的大学生活设施不够理想，师生、同学之间的关系不大融洽等。有些同学由于思想认识上的片面性，会产生消极情绪，认为上大学不过如此。有的同学对自己所学专业的兴趣不浓厚，思想上开始产生动摇，不安心专注于所学的专业。有的同学所学的专业是被父母逼着报考的，自己根本没有兴趣，学不进去。这些理想和现实的矛盾，影响了同学们的学习和生活，如不及时解决克服，这些同学就会陷入深深的苦恼之中。

3. 人际适应不良导致的挫折

进入大学后，有的同学感到最困难的就是人际关系，为此产生了迷茫感。有些同学由于性格比较内向孤僻，缺乏自信，在人际交往中表现出自我封闭、沉默寡言、不善于交往的特点。他们在人际交往中处于一种被动状态，将自己的思想活动封闭起来，不愿主动与他人进行交流沟通，不喜欢参加集体活动，知心朋友少，多是独来独往，这在一定程度上造成情感困惑、无所寄托、受人冷落的挫折心理。

4. 学习方式不适应导致的挫折

中学阶段的学习普遍比较注重的是对基础知识的记忆，学习方法欠灵活。进入大学后，由于知识量的激增及学习要求的变化，老师讲课速度变快，沿用中学的学习方法很难适应大学的学习，导致一些同学听课效果差，学习效果不理想。大学到底应该怎样学习，成为令少数同学苦恼和困惑的新问题，部分学生由此陷入自我否定、自我怀疑的困惑中，如果得不到及时的解决和克服，就会形成学习上的挫折感。

5. 恋爱方面的挫折

现阶段，大学生的年龄大部分在18~22岁，处于这一阶段的大学生正在青春期，对恋爱的需求和渴望非常强烈。但部分同学往往由于恋爱观尚未成熟，自控力较差，容易遭受种种挫折。尤其是面对单恋或失恋时，对人的精神打击是最大的。在这种情况下，他们就会表现出绝望、颓废、烦躁、焦虑、悲伤等消极情绪，有的甚至走上违法犯罪的道路。

（二）大学生遭受挫折后的情绪和行为反应

大学生在主观上感受到挫折后，常常会表现出消极、妥协或积极反应，而消极妥协反应远远多于积极反应。具体表现形式有以下几种：

①焦虑反应：指个体遭受挫折后基本的情绪反应。如初入学的大学生由于难以适应新环境的变化和人际关系等原因，便感到紧张、不安、忧虑、恐惧、茫然不知所措，内心常处于一种渴望理解与自我封闭的矛盾中。

②攻击反应：指将由挫折引起的愤怒或者敌对情绪发泄出去而采取的过激行为。

③压抑反应：指个体受到挫折后，由于害怕由此引起的冲动会造成行为过错，而采取的一种个体心理压抑。压抑反应是既想排除痛苦、忘却不愉快，又想保持自身行为的适应性，但压抑的结果往往适得其反，有时会造成个体行为紊乱，严重者甚至会造成精神疾患等。

④防御反应：指个体受到挫折以后，为了减轻挫折压力，保护自己而采取消极的防范行为。有的采取逃避态度，把自己封闭在个人的情感世界里；有的采取自我安慰的方法，对于遭遇的挫折，会用种种理由来原谅自己，以求得自我心安。

⑤冷漠反应：指个体在遭受挫折后表现出的对挫折情境漠不关心和无动于衷的态度，也是比反击更为复杂的一种挫折行为。有些大学生在遭受强烈的挫折后，过度冷漠、孤独、离群索居、沉默不语、精神恍惚、表情呆滞，表面无动于衷，内心深处则往往隐藏着很深的痛苦，严重危害身心健康。

⑥退化反应：指个体在遇到挫折时表现出与自己年龄、身份不相称的幼稚行为。有些大学生由于学业和能力竞争失败等原因，或纵情发泄、大吵大闹、挥拳相斗，或蒙头大睡、装病不起、拒食拒医，以此来发泄心中的不满和博取别人的同情与关注。

⑦自杀行为：指个体遭受挫折后的极端反应。有些大学生或因失恋，或因人际关系遭受挫折等原因对自己失去信心，自残轻生，采取吃药、割腕、跳楼等行为，以此来寻求解脱。

⑧进取行为：指个体受到挫折以后，不妥协不放弃，变阻力为动力，认真总结经验教训，调整自己的行为目标和情绪，充分发挥、挖掘自己的优势和潜能，在以往失败的基础上争取更大的成功。

（三）在挫折中磨炼意志

挫折教育是培养大学生正确对待生活和学习过程中所遭遇的挫折的人生态度，并通过挫折磨炼，培养大学生坚韧的毅力和坚强的意志，增强学生耐挫能力的教育内容和方式。挫折教育的本质就是引导受教育者正确地认识失败，辩证地看待失败，将失败带来的负面效应降到最低，并从中汲取积极的养分，为最终实现成功打下坚实的基础。

1. 丰富挫折教育的内容

第一，培养大学生积极的个性品质。乐观的孩子不是没有痛苦，而是能很快从痛苦中解脱出来，在黑暗中看到光明和希望。这些积极的心理品质是挫折承受能力的坚实而稳定的基础。20世纪末兴起的积极心理学思潮，就是关注人的积极心理品质的发展，主张用正面的积极力量从根本上解决人们的心理问题。

积极心理学主要关注人类美德、人格力量等积极品质，它认为心理学应该把正常的、健康的、普通的人作为研究对象，重视人性的优点，积极心理学的研究领域包括积极的、有价值的情绪体验，如对过去的幸福感、满足和满意，对现在的知足和快乐，对未来的希望和乐观。积极心理学提倡以积极的视角来解读正常人的心理，发挥人类内在的积极力量和优秀品质，使个体的潜力最大程度地被挖掘出来，帮助个体学会掌握美好生活的方法。

积极心理学理论的发展为大学生挫折教育提供了一个新的视角，美国心理学家马丁·塞利格曼（Martin E. P. Seligman）提出积极心理学的主要应用是进行积极预防，所谓积极预防就是希望发挥人性中的优点，培养积极的人格力量，使他们能够克服困难，教育的核心意义在于从原来过于关注学生所存在的问题而转向关注学生的积极体验和积极品质。

学校的挫折教育应该从根本上提高大学生抵抗挫折的心理能力，通过学习，发掘大学生自身的潜能，掌握抵抗挫折的办法，促进大学生生活质量水平的提高。

第二，帮助大学生正确认识自我，确立恰当的奋斗目标。大学生的很多心理挫折源于其不能正确地认识自我，或不能很好地接纳自我。有的学生不顾条件的限制，不顾自己知识经验和能力的不足，为自己确立了过高的目标，虽然付出很大努力，却不能顺利实现目标，从而遭受不必要的心理挫折。因此引导学生全面、客观地分析自己并愉快地接纳自我，才能使其避免因盲目追随、羡慕或嫉妒别人或者因目标值过高而导致的心理挫折。

第三，重点抓好高危人群的挫折教育。大学生中的高危人群主要指新生、毕业生和贫困生。新生刚刚走入大学校园，由于大学里强手如林，其往日的光环、优势不再，自信心、自尊心会受到一定的打击，容易出现心理挫折问题；即将毕业的大学生面临巨大的就业压力，当考研、考公务员或应聘失败时，往往备感受挫，容易产生心理问题；贫困生由于家庭经济条件很差，背负很大的经济压力和精神压力，是大学校园里最容易产生心理问题的高危人群。

2. 拓宽挫折教育的途径

传统的挫折教育包括开展心理咨询、各种讲座以及宣传等途径，这些形式都起到了很大作用。但面对新形势，还应探索一些大学生喜闻乐见的新方法，尤其是那些能真正提高大学生应对挫折的技能的训练，使挫折教育真正发挥实效。

第一，开展心理剧活动。通过角色扮演，让大学生将内心的心理冲突和不良情绪呈现在舞台上，从而宣泄情绪、消除压力，将已经掌握的应对挫折的陈述性知识在实践中得以发挥、体会和运用，使这些知识变成技能，增强自身适应环境和克服危机的能力。

第二，开展拓展训练。拓展训练的内容很多是对自我的挑战和超越，当参加者克服困难、顺利完成课程要求以后，能够体会到发自内心的胜利感和自豪感，获得难得的人生高峰体验。因此，通过开展拓展训练，可以使大学生充分认识自身潜能，增强自信心，克服心理惰性，磨炼意志力，激发想象力与创造力，提高解决问题的能力与责任心。

第三，成立大学生心理自助组织。为了充分发挥大学生的主体作用，可以引导学生成立心理协会，动员大学生参与其中，大家互相帮助，以“朋辈咨询员”的身份解决同学间各种简单的心理问题，形成一种心理自助和互助机制，在帮助别人的过程中，自己的心理也能快速成长。在班级中设立心理委员，以观察员、宣传员和心理健康维护员的角色深入到班级同学当中，及时了解信息，尽早进行危机干预，减少心理问题的发生。

第四，充分发挥心理咨询中心的作用。一般高校都建立了心理咨询中心或心理健康教育中心。类似的机构应加大宣传的力度，澄清大学生对心理咨询的误解，让更多的大学生在遇到问题时能主动来寻求帮助，使心理咨询中心能真正运转起来并发挥应有的作用。另外，心理咨询中心还应为大一新生建立心理档案，对他们的心理健康状况有一个全面的了解，以便有针对性地进行辅导和干预。此外，还可以开通心理热线，给那些有难言之隐的同学提供一个释放的空间。

3. 积极开展社会实践活动

适度的磨炼对提高大学生的挫折承受能力是非常必要的。人的挫折承受能力主要从实践中来，越是经受逆境磨难的人，往往越能有效地适应环境。因此，高校可通过开展各种主题活动为学生创设挫折情境并磨炼学生，如新生入学时的军训活动、大学生勤工俭学活动、志愿者和义工活动等。这些活动往往需要大学生克服一定的困难、付出很多的艰苦才能完成，可以使他们体验劳动的艰辛和生活的艰苦，认识社会生活的复杂性，锻炼并增强他们应对、战胜挫折与困难的勇气和能力。

4. 引导学生建立强有力的自身社会支持系统

当一个人遭受挫折时，能否从周围获得同情、安慰、理解、鼓励、支持和帮助，将直接影响个体能否经受住打击，或经受打击后能否快速恢复过来。因此，高校应在日常生活和学习中，引导大学生建立和发展一个自己的强有力的社会支持系统，包括家人、朋友、同事、师长以及工作团队等，在需要的时候能够给自己足够的心理支持，增强克服困难的勇气和力量。

总之，大学生挫折教育是一项系统工程，需要学校教育的整体协作与配合。提高挫折教育的实效性，我们可以做的工作还有很多，如完善心理咨询教师和心理健康教育教师的队伍建设，提高他们的专业素质，或将挫折教育渗透到各科教学和学生管理工作中去，建设积极的校园文化等，做好这项工作任重道远。

三、死亡是自然生命完整过程的必然环节

有人问过这样的问题——有谁见过人是笑着出生于人世的？为何人总是以哭声问世呢？难道人终是因“人总是要死的”而注定要成为“伤感的复合物”——悲哀的动物吗？

人生是一条单行道，生老病死是生命的必然过程。人活在世上，风险无处不在，每一个人都会经受死亡的考验。我们无法做到长生不老，但可以用坚强的品质延长生命的长度，用积极进取的精神拓宽生命的宽度，从而活出人生精彩。人们对死亡愈知觉、愈了解，则对生命的看法就能愈积极，愈能合理安排生命过程，且会在生存过程中创造完整的生命意义。随着我国科学技术的发展、卫生保健知识的普及、医疗设备的改进、经济生活的提高，现代人所面临的死亡事件越来越多，感受到的死亡问题越来越显著。我国人口平均期望寿命较过去有了很大提高，这也意味着今后我们在社会生活中，面临死亡事件所带来的冲击与问题的机率大增，死亡教育变得越来越重要与迫切。

（一）中国传统文化正面面对死亡

死亡从古至今都是中国人忌讳的词语，我们从小就知道，与死亡有关的事都说不得。死亡成为禁忌，人们不去谈它，不去想它，也对它加以全盘否认，一想到死，随之而来的都是负面联想——悲伤、恐惧、诅咒。人们以为只要不提起“死”，它就不会来

临。但人人都会死却是千真万确的，古往今来无人可以逃避，任何人永远都无法改变。

终有一死的人渴望永生，渴望永生的人又终有一死。死亡是每个人的必由之路，是必须面对的人生驿站，死亡问题是文化无法回避的问题。儒家和道家文化是中华文化的两大主流，它们的死亡观最能反映中国传统死亡观的特点，一般说中国人怕死，谈“死”色变，但事实上，中国文化并不比其他文化更加忌讳死亡。

1. 儒家文化强调生命质量的重要性

儒家文化的死亡观最具代表意义的是“杀身成仁，舍生取义”。子曰：“志士仁人，无求以害仁，有杀身以成仁。”（《论语·卫灵公十五》）孔子认为，人的生物生命并非最高的善，为了延长生命而违反仁义，虽长寿而不可取。相反，为了坚持及体现仁义而缩短生命，虽死犹荣，就算早死，那也是值得称道的。人应该有素质地活着而不在乎生命的长短，而生命素质的高低是由仁义德性的多寡来决定的。与其苟且偷生地低质活着，不如成仁取义，哪怕杀身、短命也要高质地活着。因此，儒家的生死价值观反对唯生物性的生命神圣论，而赞成生命素质论。为了免受不可忍耐的低水平生命素质的痛苦与折磨，人甚至可以自杀，以好死来对抗坏生。儒家的这类生死价值观是当今生命质量论、价值论的思想理论渊源。

2. 道家文化强调生命过程的完整性

道家文化的死亡价值观最具代表意义的是“视死如归”，把生死视为自然及其规律变化的结果，倡导“法自然”的生死观，认为生命过程是从生到死的完整过程。道家认为“出生入死”不过是自然而然的变化，这种视生死犹如梦觉昼夜的哲学见解及其对死亡的豁达，庄子妻子死时，庄子鼓盆而歌(《庄子·至乐》）最能反映这一态度。道家强调，人要顺应万物的本性而做到自然无为。道家认为：自然和人为是对立的，人为就不自然；另一方面，两者又是统一的，即人在本质和根源上都是自然的，因而人的行为应符合自然之序，保持自己的自然本性。庄子认为“无为而才自然”，“莫之为而常自然”，反对一切有害于人们生命本性的文化行为和经验活动，强调追求自然、无为状态。要自然需无为，要无为需无心，要无心需忘我或利他；忘我而入自然之境，就会在物我两忘的境界中提升自己。道家的法自然、求超脱的人的生死哲学，极深刻地影响了中国传统文化，呈现出一种比儒家生死价值观更保守、钝缓的“以退为进”的生死价值观。

（二）死亡教育是大学生社会生活的必要准备

死亡教育不是一种指向死亡的教育，而是帮助个体认清死亡的现象及其本质，积极地预防和应对各种死亡事件，从而更加珍惜生命、延长寿命的教育。这种教育的目的在于消除人们因挫折、不解、失意、恐惧死亡而带来的悲观、不安、无常和空虚，以鞭策自己更好地理解生活的真正价值，实现更高的追求，不负人生的价值和意义。死亡教育对青少年尤为重要。不对孩子进行死亡教育，并不代表他们已经了解该领域的知识。孩子们通过不正当、不合理的渠道和途径在潜意识里获得的“死亡教育”，注定是不全面的、偏激的，甚至是畸形的。经常玩武打、格斗电子游戏的孩子会对血腥场景麻木不仁，甚至会认为人有无数条生命，可以随意杀之。这势必会使他们在成长过程中的心智受到不同程度的影响和伤害，对他们的成长发展极为不利。针对青少年屡见不鲜的轻视生命、曲解死亡和恐惧死亡的现实，死亡教育的实施有着重要的现实意义。

现代人的生活和工作处处面临着死亡的威胁及感受着与死亡有关的问题。社会的发展，科技的进步，既给我们增添了便利，也给我们带来了诸如汽车相撞、飞机失事、煤矿坍塌、战争死亡等灾难。因此，如何寻求安身立命之道比往昔更重要。死亡教育意义重大，主要体现在以下几个方面：

第一，死亡教育是适应人口老龄化，提高个体生活质量的需要。目前，我国已进入老年型社会，人口的老龄化问题已经引起社会的广泛关注。工作的丧失、生理的变化和社会关系的变迁使得老年人承受着过重的心理负担，许多老年人感受不到生活的意义。除了亲人和社会保障体制的照顾外，老年人自身应学会调节不健康的、趋向死亡的心理，重新认识生命的意义，规划人生。学校教育应该贯彻优生优死的终身健康思想，从青少年开始实施死亡教育，为人口老龄化奠定健康的心理素质。

第二，死亡教育是引导个体消除不良心理、实现心理健康发展的需要。一方面，现代社会使青少年个体参与社会的竞争性和变动性加剧，面临着接受社会规则与被社会接受的冲突。另一方面，学校教育仍过分关注智力的教育和科学知识的教育，忽视对学生恐惧、自卑、虚荣、紧张等不良心理的指导，导致一些学生在挫折和困难面前采取自杀、自我封闭等极端措施。所以，引导学生客观地分析成败，用积极的态度去面对困境、体悟生命的真正价值已经成为各级各类学校不容忽视的教育内容。这是死亡教育的心理学意义所在。

第三，死亡教育是指导个体承担社会责任、关爱他人的需要。勇于承担责任、关爱他人是现代公民的基本素质。作为子女、朋友和团体中的一员，当父母、朋友和身边的人心理郁闷、病危或濒死时，我们应该做什么？我们能够做什么？每个人都有分担朋友的忧愁和照顾亲人的责任和义务，但这些都必须建立在我们掌握了同情的技巧和濒死各阶段体验的知识基础之上。这是死亡教育的社会伦理价值所在。

第四，死亡教育是教化人心的需要。面对当今功利主义盛行、物欲横流的社会，很多人不再怀有创造生命意义、体现人生价值的崇高理想，取而代之的是漠视生命的态度和行为，这是精神或心灵空虚的反映。特别是拥有美好生命及前途的青少年，却有着令人忧心的高犯罪率及自杀率。死亡教育的目的就是教导人们从认识死亡的意义中重新找回人的生命的真义与尊严。

第五，死亡教育是完整教育中不可或缺的一环。接受教育是每个人应有的权利，死亡既然是每个人无可避免的结局，且与日常生活密切相关，生死问题就应予以教导，死亡教育应包含于教育范围内。美国利奥·巴斯卡力博士在 1982 年所著的《人·人生·人性》一书中曾深切地指出："死亡是生命的导师"，而人们对死亡的惧怕起源于对其的无知。如果儿童对死亡产生的好奇、疑惑，无适当的宣泄渠道或处理方法，将使其失去认识死亡意义的机会，而无法体悟生命的真义。传统的刻意回避则只会增添死亡的神秘色彩，从而让儿童徒增莫名的恐惧。因此，人对死亡越知觉、越了解，则对生命的看法就越积极，就会在生存的过程中努力创造精彩的生活。死亡实为生命导师，在生命教育中不可忽视。

（三）国内外大学生死亡教育现状

大学生的死亡教育起源于美国。1963 年，Robert Fulton 率先在明尼苏达州的大学开设死亡教育课程。在随后的五年中，死亡教育逐步在美国各大高校推行。1969 年，Kastenbaum 在韦恩州立大学创建了有关死亡与濒死的研究中心。1970 年，首届死亡教育研讨会在明尼苏达州的哈姆莱恩大学召开。① 1974 年，全美大学学院设有“死亡与死亡过程”等课的达 165 所。1985 年，已有 60%的大学提供至少一个学时的时间对死亡教育进行探讨。1987 年，全美共有 85%的药学专业和医学专业为学生提供死亡教育。② 经历了几十年的发展，美国高校的死亡教育已经全面铺开，课程体系、教学形式和教学方法的研究也已相当成熟。

继美国之后，日本于 20 世纪 70 年代开始关注死亡教育的研究，并逐步在一些学院开展死亡教育。日本上智大学自 1982 年以来一直坚持举办死亡教育讲座。其他西方国家如德国、英国、法国等，也陆续将死亡教育纳入大学教育的课程。到目前为止，世界多数发达国家已开设死亡教育课程，并取得了良好的教学效果。

我国大学生的死亡教育相对滞后。最早的死亡教育的雏形要算段德智教授 20 世纪 80 年代末 90 年代初在武汉大学为学生开设的“死亡哲学”的选修课。随后，少数学者开始对死亡教育的重要性、死亡教育的目的、内容和方法进行理论层面的研究，而死亡教育的实践探索几乎为空白。直至近年来，大学生自杀、杀人等恶性事件的逐年攀升，呼唤人们重新审视死亡、关注生命，死亡教育开始重回高等教育的研究视域。2008 年 1 月，邹宇华教授出版了《死亡教育》一书，并首先在广东药学院开设死亡教育课程。随后，在广东省教育厅的大力支持下，广州大学、华南农业大学等高校也陆续将死亡教育纳入教学内容。继广东各大高校之后，吉林大学第一医院也开设了死亡教育课程。死亡教育开始在我国高等教育领域起步。

（四）大学生死亡教育的作用

1. 明确死亡不是遥远的，积极珍惜生的价值

对于死亡的回避并非只发生在东方文化中，在西方社会也是同样的。一位西方的心理学家在讲到西方缺乏对死亡的研究时认为，现代西方社会对死亡抱绝对否定的态度，死亡成为一个忌讳的课题，大多数人不愿意谈论它，与死亡打交道时，我们文化的一般策略是回避，而不是勇敢地面对死亡。对于大学生来说，生命美丽的画卷刚刚展开，无限的可能会使他们认识不到生命的短暂，从而不知道珍惜年少好时光；也有可能是他们幼稚的心灵因为死之必然而认识不到生命的意义。这两种态度其实都不是正确对待生命

---

① 袁峰、陈四光：《美国死亡教育发展概况》，载《湖北教育学院学报》2007 年第 1 期。

② 罗蕊：《死亡教育理念探讨》，河南大学 2005 年硕士论文。

的态度，也易于导致虚度时光，或者消极厌世的思想，都不利于青少年的健康成长。而死亡教育其实也是人生观教育的一项内容，让青少年了解人生的短暂，激励他们要早日树立人生的方向，找到生活的目标。把死亡呈现在学生的眼前，是让他们思考人生的一个独特而又有效的手段，只有拥有直面死亡的勇气，才会有勇敢生活的动力。而对于死亡的回避，不是一种理性的态度。对于死亡的回避会使人们感觉死亡是遥远的，至少对于青春年少的人来说是这样。但是，对于死亡的回避却并不能真的回避死亡，却可能忽略了生的意义。

死亡是唯一与生存相提并论的主题。不知道生命的脆弱，不理会生与死的距离，也就不会太在意生命的价值。只有那些真正体验了死亡的人才会珍惜生的时光，濒死体验是人们觉醒的信号，但又有多少人会有这样的运气，在死亡的信号灯前调头？与死神擦肩而过，我们才知道死亡是如此的近，生命是如此的脆弱，甚至不堪一击。

2. 珍爱生命，提升生命的质量

人一般是随着岁月的增加才会越来越感到死亡的临近，也有的人是在毫无感觉的情况下被医生告知了其与死亡的距离。死亡是任何一个人都必须面对的，但却并不是任何一个人都能够平静接受的。实际上，那些明白了死亡距离的人也可能会有两种选择，一是及时行乐，二是更加珍惜生命。从心理上来说，死亡意味着意识的停止，思想的终结。反过来看，那种没有思想的生，与死何异？既然每个人都不得不接受死亡的现实，每个人都希望生命历程中少一些遗憾，为什么一定要用最后的时间来弥补呢？因此，心理学家既提倡对老年人进行晚年的死亡辅导，尽量减缓他们濒死时的痛苦，也提倡进行对青年人的死亡教育，使他们及早正视死亡，珍视生的美好。

3. 体现人的社会价值

通过死亡教育来改变人们的思想，使之做一名对社会有用之人。很多人对死亡只字不提，怕一不小心与自己拉上关系。其实，大多数人到了自己真的面临死亡或周围的人死亡的时候，除了感叹，好像也不能做出什么可以让死亡不发生的行动，能做的只有伤悲。为什么呢？原因就是他们都不情愿主动去了解或交流有关死亡的知识。通过死亡教育，我们可以让人们清楚地知道死亡是人生的一部分，是每个人都必须经历的过程，人生的最终结局就是死亡。肉体必然死亡，但精神可以永存。因此，在死亡到来之前，我们应珍爱生命，善待每一秒钟，为社会多作贡献。与其逃避死亡，不如把每一天过得更有意义，起码到了那一天也能说一声：今生无悔。

第四章　和谐关系：社会生命永恒之举（上）

情感为人的生命所固有，没有情感，就没有生命；同样，没有生命，也就没有情感。生命与情感如此不可分割，是谓生命情感。所谓生命情感，就是在肯定、体认、接纳、珍爱自我生命的前提下，还要对他人生命乃至整个生命世界有同情与热爱。生命情感是个体对自我生命的体认、肯定、接纳和珍爱，是对生命意义的自觉、欣悦、沉浸，以及对他人生命乃至整个生命世界的同情、关怀与钟爱。积极的情感能引人振奋、达观、昂扬向上、富有爱心，成为人生的动力和光明的源泉；消极的生命情感则意味着对生命的否定，对生命意义的无望，对他人生命情感的漠视，以及由此而生的生命状态的沉沦或对生命的焦虑。因此，我们要培养学生的生命情感，引导他们建立积极的生命情感，消除消极的生命情感对他们的困扰。要使大学生在敬畏生命、热爱生命的前提下，学会感恩，为人诚信，并且选择科学的生活方式，寻求内心的平衡，感受幸福，进行合理的职业生涯规划，促进自身的和谐发展。

一、感恩：人的基本道德情感

“感恩”一词来源于拉丁字根“gratia”，意思是感激、高尚、给予和接受的美。在历史上第一个对感恩进行分析的人是思想家 Adam Smith，他认为感恩是一种可以推动我们做出回报的情感。古今中外，感恩是被人称颂的品德，在各类文献中，关于感恩的阐释和表达比比皆是；感恩甚至成为一种文化无意识，世代相传，渗透在社会文化的大环境中，构成了一种道德文化的共同体，影响着人们的为人处世，成为衡量个人道德品格的重要标杆。

（一）感恩体现了传统美德与现代社会要求的统一

1. 感恩是我国的传统美德

在中国传统典籍中，对感恩的表述较多，“感恩”一词最早出现在晋代潘岳的《关中》一文中，即“观遂虎奋，感恩输力”；后又在《剪灯新话》中出现“竭力宣忠，感恩图报”的语句，表达的正是感恩戴德、感激等意义。在 2005 年第 5 版的《现代汉语词典》中，对“感恩”的解释是“对别人所给的帮助表示感激”①，这里指出了“感恩”所包含的几个因素，即施恩者、受恩者、感恩行为等，较好地说明了感恩的“认

① 《现代汉语词典》，商务印书馆 2005 年版，第 443 页。

知—情绪—行为”三位一体的特点。因此，有研究者指出，感恩“从认知过程论来讲，它既是一系列的认知过程和心理过程，又是一个行为过程。从道德层面来说，它张扬着人类本体应该具有的最基本的契约规则和道德准则，是一个人应该具有的品质和不可磨灭的良知，也是一种为人处世所应有的工作态度和生活态度”①。如此就构成了感恩的理论与实践系统，同时也可以看出，感恩具有的关系特征，即双向甚至多向特征，符合马克思主义对“人的本质”的定义，是“一切社会关系的总和”。

佛教思想中的“报众生恩、报国家恩、报父母恩、报三宝恩”，即教导人们要懂得对众生、国家、父母和佛法僧三宝有感恩之情，它把家、国、天下与人的心灵完美地融合到了一起，充满了人性的光辉与美好。感恩思想在我国的伦理思想史上一直都是儒家伦理思想核心“仁”的体现，具体主要表现在“忠、孝、节、义”四个方面。

感恩渗透着很多传统美德的元素，第一，孝敬。百行孝为先，“孝”字写的是老人与子女的关系。孝作为一个伦理观念正式提出是在西周，那时的含义大体上是尊祖敬宗、传宗接代。而真正意义上汉传统文化里面的孝是以敬为前提的，敬最好的表达就是顺，所以孝的本质是顺从。孝敬之所以成为感恩的一个首要且重要的组成部分，是因为我们每一个人从出生到终老，都要面对、处理与父母、与长辈之间的关系，要学习感恩就要从孝敬父母、尊敬长辈开始；孝敬是感恩的具体表现，是对感恩最初始的诠释。老人对子女的恩情数不胜数，做子女的理当感激，感激的载体就是孝敬。孔子认为孝敬父母要真心实意，如果单纯在物质上满足父母，尚不足以为孝，更重要的是要敬，使父母得到人格的尊重和精神的慰藉。孝敬是感恩里的一个部分，体现着感恩，诠释着感恩。第二，责任。这里的责任更多的是指社会学的定义，一个人不得不做的事或一个人必须承担的事情，责任就是担当，就是付出。责任感是衡量一个人精神素质的重要指标，狄更斯认为，人能尽自己的责任，就可以感觉到好像吃梨喝蜜似的，把人生这杯苦酒的滋味给抵消了。② 林肯也说过，每个人应该有这样的信心，人所能负的责任我必能负，人所不能负的责任我亦能负。③ 如果说孝敬仅仅体现了对父母的恩情，那么责任不仅仅包含了对父母、对长辈应有的感激回报，还包含着推恩及他人，推恩及自然，推恩及社会和国家，责任是一种更高、更远的感恩体现。一个有修养的人，除了要回报父母的养育之恩，还要意识到自己有责任去回报社会，回报所有人对自己的付出和帮助。责任不是一种外在的要求，它是一种发自内心的愿望，因此，负责任、具有责任意识是人们在品性积累修炼的过程中自然而然地养成的习惯，是不由自主、发自内心的人格表现，也是对感恩自觉的、更高标准的践行。

感恩的性质就是对自身、他人、社会、自然承担责任，尽其义务，也就是说对自身、他人、社会和自然的恩惠予以回报。从伦理学视角而言，感恩的实质是每个人应尽的道德责任或应尽的道德义务。

---

① 陈秀兰：《感恩的缺失与感恩教育的策略》，华东师范大学 2007 年硕士论文。

② http：//zhidao. baidu. com/link？ url=GwwX_T5MuGm57X2JP8XKMD2wKqg-dAiK3i_2j6hapZ1BZs3y8RIu3e29IZIgAyOYBFbuKWIG8FK4W18G4CcF4K，2014-11-11。

③ http：//www. 360doc. com/content/12/1022/04/10097397_242889175. shtml，2014-11-12。

2. 感恩的现代诠释

感恩是一种品质。感恩是社会文明、和谐发展以及人与人之间和睦融洽相处的润滑剂，是个体作为合格社会成员的基本品德，是人之为人的重要品质。在我国悠久的历史中，既提倡“知恩图报”的行为，更推崇“施恩不图报”的善行。“知恩不报非君子”、“滴水之恩当涌泉相报”的古训，都在某种程度上说明了感恩是社会上每个人都应该有的基本道德准则，是做人的起码的修养，更是人之常情。不会感恩或者感恩缺失，既是缺乏修养的表现，又是缺乏人文关怀、情感冷漠、缺少人情味的表现。

感恩是一种处世哲学。感恩是生活中的大智慧，人生在世，不可能一帆风顺，种种失败、无奈都需要我们勇敢地面对、豁达地处理。这时，是一味地埋怨生活，从此变得消沉、萎靡不振？还是对生活满怀感恩，跌倒了再爬起来？生活就是一面镜子，你笑，它也笑；你哭，它也哭。你感恩生活，生活将赐予你灿烂的阳光；你不感恩，只是一味地怨天尤人，最终可能一无所有！感恩，使我们在失败时看到差距，在不幸时得到慰藉，获得温暖，激发我们挑战困难的勇气，进而获取前进的动力。如果换一种角度去看待人生的失意与不幸，对生活时时怀一份感恩的心情，则能使自己永远保持健康的心态、完美的人格和进取的信念。

感恩是一种生活样式。感恩不纯粹是一种心理安慰，也不是对现实的逃避，更不是阿Q式的精神胜利法。感恩，是一种歌唱生活的方式，它来自对生活的爱与希望。如果在我们的心中培植一种感恩的思想，则可以沉淀许多的浮躁、不安，消融许多的不满与不幸。感恩，使生活变得更加美好。

感恩是对自我价值的一种超越。自我价值是社会对个人的尊重与满足，而社会价值则是个人对社会的责任与贡献。人首先是感性的存在物，有着丰富的情感欲望。可以说，追求情感欲望的满足是一个人的行为的原初动力。当个体的社会财富积累或创造财富的能力达到一定程度时，个体的各种需要的满足将不再受到物质条件的限制。社会学家认为，个体收入在充分满足人的需要有一定的难度时，幸福感会随着财富的增加而增强；当个体收入使各种需求都可以得到较充分的满足时，人的幸福感并不随着财富的增加而有所增强，因为此时财富的增加与自我价值的实现已无多大意义。因此个体必须寻求新的价值目标，从追求自我价值向追求社会价值的转换，从而提升人生的价值与品位，开拓更高的人生境界。否则，会由于迷失人生方向而导致各种精神的和心理的疾病。回报他人与社会就是感恩情怀的具体表现。

3. 感恩是一个和谐的系统

感恩是道德情感中最基本的情感，感恩是源于一个人对自身、对他人、对社会、对自然的一种真挚情感。因此，感恩系统应该分为四个子系统：自身身心和谐系统，自身与他人和谐系统，自身与社会和谐系统，自身与自然和谐系统。

第一，自身身心和谐系统，每个人都有身和心两个基本方面。身指人体的生理组织以及身体的机能；心指人的心理或称精神活动，通常用知、情、意来概括。人们通常用身心健康或“身心疲惫”来形容身心的状态。一般说来，身（生理）是心（心理）的物质基础，心为身的精神机能，二者相互作用，作为有机统一体对人的生活实践产生影响。一个健康的人，不仅要有健康的生理，还要有良好的心理，即所谓的“身心健康”，要能够协调身心关系以及身心与外部环境的关系以保证人自身系统的健康和活力。一个人自觉地调适心理，保持心理健康，能够为人生价值的实现创造良好的自我环境。保持自身身心和谐的方法有：树立正确的世界观、人生观、价值观；掌握应对心理问题的科学方法；合理调控情绪；积极参加集体活动，增进人际交往。

第二，自身与他人和谐系统。我们每个人都生活在社会中，在社会中的活动必然与他人打交道，与他人结成各种各样的关系。个人与他人的关系是每个人都必须面对的，是人与社会关系的直接而具体的体现。明确个人在与他人关系中的定位，促进个人与他人的和谐，才能为人生价值的实现创造良好的人际环境。处理好个人与他人的关系就是要处理好个人与他人的利益关系。促进自身与他人的和谐应该坚持：平等原则，这是促进自身与他人和谐的前提；诚信原则，这是促进自身与他人和谐的保证；宽容原则，这是促进自身与他人和谐必不可少的条件；互助原则，这是促进自身与他人和谐的必然要求。

第三，自身与社会和谐系统。人生的内容是由复杂多样的社会关系和社会活动构成的。个人与社会不可分离，社会是个人生存和发展的基础，个人是构成社会的前提。正如马克思所说：“人是最名副其实的政治动物，不仅是一种合群的动物，而且是只有在社会中才能独立的动物。”① 个人与社会既是对立的又是统一的。只有科学地把握个人与社会的辩证关系，促进自身与社会的和谐，才能为人生价值的实现创造良好的社会环境。这就要正确认识个体性与社会性的统一关系、个人需要与社会需要的统一关系、个人利益与社会利益的统一关系、享受个人权利与承担社会责任的统一关系。

第四，自身与自然和谐系统。在漫长的物种进化过程中，人从自然界中脱颖而出，成为当之无愧的“万物之灵”。但生物无论如何进化都改变不了这样的事实：人来源于自然界又依存于自然界，人永远是自然界的有机组成部分。物质资料的生产和再生产以及人自身的生产和再生产，都是以自然界的存在和发展为前提条件的，没有自然界就没有人本身。只有做到自身和自然的和谐，人类才能更好地改造自然，服务于人类。

（二）感恩教育是大学生的人性教育

1. 大学生感恩教育是人文教育

感恩情怀、意识的培养和形成需要教育。宁波大学陶志琼教授指出：“感恩教育是教育者运用一定的教育方法与手段、通过一定的感恩教育内容对受教育者实施的识恩、知恩、感恩、报恩和施恩的人文教育。”② 一般来讲，感恩教育是指教育者遵循人们思想品德形成、发展的规律，用一定的思想观念、道德观点，对受教育者施加有目的、有计划、有组织的影响，培养他们识恩、知恩、感恩、报恩以至于施恩的社会实践活动，

① 《马克思恩格斯选集》（第2卷），人民出版社1995年版，第2页。

② 陶志琼：《关于感恩教育的几个问题的探讨》，教育科学出版社2004年版，第4页。

体现感恩教育的价值关怀和人文情怀的人性教育。感恩教育属于德育的范畴，其宗旨就是培养人的感恩意识，陶冶人的感恩情怀，培养高尚的人格。感恩教育应以活动为载体，让人们通过实践体验感恩，并回归到生活中来，从自我点滴做起，在生活中实践感恩，在感恩中学会生活。感恩教育包括三个层面：一是认知层面，感恩教育要教会大学生识恩、知恩，并清楚地知道自身受到外界的恩惠，在内心认可这些恩德；二是情感层面，感恩教育要引导大学生捕捉日常生活中的小恩小惠，在认知基础上，唤起大脑中的情绪记忆，产生温暖的幸福感，转化为自觉的感恩意识，产生回报恩情的自觉愿望；三是实践层面，感恩教育要教会大学生把内心的感恩意识转化为报恩或施恩的实际行动，并形成习惯。

2. 大学生感恩教育的本质

大学生感恩教育是指高校根据客观实际，系统地发挥其应负的教育职能，传授基本的感恩知识和原则规范，帮助大学生提高感恩认知、陶冶感恩情感、锻炼感恩意志、确立感恩信念，最终形成感恩行为和习惯的过程。大学生感恩教育概念是“大学生”与“感恩教育”的结合，就教育的对象而言，是专门针对大学生的感恩教育；就教育的领域而言，是与大学生的活动场所密切相关的感恩教育。因此，大学生感恩教育的内涵十分深刻，而外延又十分广泛。

第一，感恩教育是一种道德教育。感恩自古就是一种美德，感恩教育的目的就是使大学生养成良好的品德和行为习惯，培养大学生与人为善、胸襟开阔的品质，使大学生在处理“自我”、“物我”和“他我”的关系时，形成正确的道德信念，同时，在这种感恩教育活动中，让大学生认识到感恩的人文价值，彰显人性，使知恩、感恩成为一种品德并得到普遍的认同。

第二，感恩教育是一种情感教育。苏霍姆林斯基曾说过：“情感是道德信念、原则性以及精神力量的核心与血肉，没有情感，道德就会变成枯燥无味的空话，只能培养伪君子。”① 感恩教育实质上也是一种情感教育，只有拥有高尚的情感，人才会变得有道德，有责任心，才会感恩周边的人。感恩教育在进行过程中，也以感情交流为主要手段，它关注学生的态度、情绪、认识和信念，是一种教育工作者通过情感的作用，让大学生在感动中来达到潜移默化的影响效果，从而促使大学生们实现自我提升，以及正确客观地认识社会的能力的提升。

第三，感恩教育是一种生命教育。生命是生物体最重要的东西，是一切活动得以进行的基础，感恩教育应当从教会大学生尊重生命开始，人只有学会珍爱自己的、他人的生命乃至自然界的一切生物，才能心存慈悲，才能懂得关心周围的人和事，才会体会恩情，才会懂得用宽容的心态去帮助需要帮助的人，才不会迷失自我，才能让人间充满恩泽的美好。

---

① ［苏］苏霍姆林斯基：《和青年校长的谈话》，赵玮，译，教育科学出版社 2009 年版，第 48 页。

3. 大学生感恩教育的特征

第一，大学生感恩教育的内容具有广融性。大学生感恩教育要收到应有效果，内容上就应当广泛包括各方面、各领域、各层次的感恩实践活动中的道德要求。在大学生感恩教育中，如果只专注于某方面、某层次、某阶段的感恩要求，而舍弃其他方面、其他层次、其他阶段的道德要求，就会出现感恩行为的失衡。作为全面的大学生感恩教育，在教育内容上应当把大学生各个方面、层次、阶段的感恩原则和要求都包括进去。

第二，大学生感恩教育的环节具有兼进性。作为科学研究，把大学生感恩教育的各个环节分别抽取出来，置于特定条件下加以考察，揭示各个环节的连贯性，是完全有必要的。但是，在实际的大学生感恩教育过程中，则往往需要使各个环节兼行并进。如果单纯地从某一环节施加教育和影响，或者不问具体情况，机械地按照感恩认识、感恩情感、感恩意志、感恩信念、感恩行为和感恩习惯的顺序来施行大学生感恩教育，难以收到应有的教育效果，甚至根本不能奏效。

第三，大学生感恩教育的起点具有多样性。提高感恩认知是整个大学生感恩教育过程的前提和起点，但这并不意味着任何时候、任何情况下的大学生感恩教育都必须从阐述感恩的基本原则和主要规范开始。就整个大学生群体来看，由于大学生活的复杂性和变化性，大学生的感恩水平在不同学习阶段、不同活动领域是不同的。就不同的大学生个体来看，由于大学生个体所处的社会环境、所受的社会影响以及生活经验和个性特征不同，各个大学生的感恩水平也不尽相同。因此，在不同时期、对不同类型的大学生进行感恩教育，应该是在调查研究的基础上，根据他们的具体情况，选择最需要解决又最能奏效的方面，作为当时大学生感恩教育的开端。

第四，大学生感恩教育的进程具有重复性。大学生感恩教育不仅仅是传授感恩知识，就形成大学生完善的道德人格和感恩素养来说，更重要的是培养大学生良好的感恩信念和正确的感恩行为习惯。因此，与其他单纯的知识教育、健康教育以及审美教育相比，大学生感恩教育更艰巨、更困难和更复杂。没有连贯反复的教育过程，大学生感恩教育是很难收到良好效果的，或是无法巩固其良好效果的。

第五，大学生感恩教育的成果具有效能性。大学生感恩教育具有效能性，如果不承认这一点就难以理解大学生感恩教育存在的合理性与价值。大学生感恩教育是一种潜力巨大的教育资源，对个人而言，大学生感恩教育与大学生学业和事业发展关联重大。有人认为，一个人事业能否成功，只有15%是由于他的专业技能，另外85%要靠他的人际关系。而人际关系的良好与否，是否懂得感恩起到了很大作用。就学校而言，感恩是高校和谐发展的重要精神因素，如果一个学校的感恩氛围不浓、师资员工之间彼此尔虞我诈、钩心斗角，就会使成员离心离德，严重损伤学校的综合竞争力。

4. 大学生感恩教育的主要内容

感恩教育的主要内容：从施恩的角度看，恩情主要来自父母、老师、社会（他人）、党和国家、大自然等方面（需要指出的是，一旦感恩形成良好的社会风气，施恩者和受恩者的边界便会消失，呈现为网络状态，每个个体则是网络的节点，共同作用并推动感恩的实施，为传承美好品德、构建和谐社会作出贡献）。因此感恩教育的内容设置必须充分考察上述五个主要方面对于感恩的必要性。

第一，对父母养育之恩的感恩。母爱似海，父爱如山，以血缘为基础的亲情是人一生的感情基础。从襁褓婴儿、蹒跚学步到长大成人，父母的养育与教育之恩影响至深，在这一过程中，个体的意识从缺失到实有，情感的形成和完善，均是来自父母含辛茹苦的养育及教育，并由此建立起日后的行为准则。有学者认为："儿童教育心理学证明，婴幼儿的意识具有极大的可塑性。他们富于模仿的特点，加上他们生活上特别是心理上对父母的依赖和爱慕，使得家长的举止言行容易在他们幼小的心灵刻上深深的烙印，在日后的成长和学习中往往以此为基础并作为判断的参照系。"① 事实证明确是如此，因而，也就不难理解感恩父母的养育之恩、教育之恩在中外感恩文化中占有根本性地位，被当做人伦的至高境界、立德之本传诵至今。所谓"亲亲"的封建伦理教育在这个层面上讲，并非是封建思想将儿女束缚在家的圈子内，它具有一定的德育的合理性，对此科学认识，可以视之为道德实践的基点，进而发展到对他人、国家和社会等方面的感恩。

第二，对学校和老师培育之恩的感恩。当个体进入学校，在老师的启迪下开展智力方面的学习后，父母的教育从显性过渡到隐性，更多意义上成为智力教育的辅助。尤其在大学阶段，学生离家住校，父母的教育方式随之改变，大多以电话和网络的联系方式进行教育，学生价值观和智力的长足发展较多地依靠教师。因此，老师的意义凸显出来："教员之教授，职员之任务，皆以图诸君求学便利，诸君能无动于衷乎？自应以诚相待，敬礼有加。"② 蔡元培在就任北京大学校长时的就职演说中如此说，他指出了莘莘学子对待老师时应有的态度。此外，《荀子·礼论篇》中清楚地写道："礼有三本：天地者，性之本也；先祖者，类之本也；君师者，治之本也。无天地焉生？无先祖焉出？无君师焉治？三者偏亡，无安之人。故礼，上事天，下事地，宗事先祖，而宠君师，是礼之三本也。"③ 荀子把师长和天地、先祖置于一起，认为三者缺一不可，否则人们就无法得到安宁，并把三者视作礼义的根本，由此出发，不少家庭的神龛上立有"天地君亲师位"的牌位，老师作为精神信仰和象征符号之一供人供奉。在社会主义阶段，尊师重教则成为社会主义精神文明建设的重要指标，是一个国家、民族文明的标志，主要在于教育直接关系到一代代人的成长，关系到现代民族国家建设的成败，关系到个人的幸福生活，尤其是在知识经济时代下，个人的发展与成功离不开教师。由此，感恩教师一方面是提升教师职业幸福感的主要方式，另外也是知恩图报的内容，两者势必构成和谐的师生关系，有利于教育的发展和国家的发展。

第三，对社会和他人帮助之恩的感恩。个体的发展离不开他人的帮助和良好的社会环境，感恩教育的内容设置应该将此涵盖在内。这可以从世界范围内的慈善行为中获得

---

① 张耀灿、陈万柏：《思想政治教育学原理》，高等教育出版社 2001 年版，第 217 页。

② 蔡元培：《就任北京大学校长之演说》，http：//www. ljedu. gov. cn/html/dmz_ 980_ 31506. html，2014-10-05。

③ 《荀子》，安小兰，译注，中华书局 2007 年版，第 161 页。

证明。慈善，一般被理解为最悠久的社会传统之一，它借由金钱的捐助和其他服务，来提升人类的福祉。作为以帮助他人为目的的社会事业，慈善并没有附加要求，相反，捐献者能从慈善中获得快乐，获得满足。对受捐助者而言，在受助中意识到感恩存在的价值，采取多种方式进行感恩，可以是参与慈善，可以是努力工作与学习，自觉进行回报。基于慈善业的广泛性，感恩行为无法有具体的指向，因而积极参与公益事业，回报社会就是感恩社会，感恩无数身怀爱心的人。当代大学生生活在具有浓厚感恩氛围的社会环境中，他们的生活与慈善活动密切相关，培养这种对社会和他人的感恩之心，具有良好的社会氛围。

第四，对党和国家再造之恩的感恩。伟大的祖国给了我们接受教育的基本物质条件，伟大的党塑造了当代大学生的灵魂，给了我们更加宝贵的政治生命。当代大学生是生在新社会、长在红旗下的一代，受着党的阳光普照，沐浴在党的雨露中，党的关怀滋润着他们，使他们在学习上不断进步，思想上不断成熟，意志上更加坚强。因此，当代大学生要感恩我们伟大的祖国，伟大的党，要了解我们的国情、党情，不断增强民族自豪感和自信心，不断激发“感恩党、报效国”的热情。中国共产党自成立之日，一直以人民的福祉为奋斗目标，全心全意为人民服务是我党的宗旨，尤其在改革开放以来，在党和政府的领导下，全面提升了我国的经济水平，改善了我国广大人民的物质和精神生活水平，并着力构建和谐社会，为实现全面小康继续奋斗。国家的长足发展，为个体的发展和价值的实现提供了良好的环境，使之在每个岗位上均能人尽其才，实现自我的理想与抱负。假若没有党和国家倾尽全力的付出，也没有其殚精竭虑地为人民谋福利，深思熟虑地为人民创造条件，努力营建健康和谐的稳定局面，则个人的发展将面临诸多困境。党和国家对教育的投入极大地改善了教育条件，为个体的成人成才打下了坚实的基础，使广大学生充分享受到了改革开放的成果。对此，我们没有理由对党和国家的恩情漠然处之。

第五，感谢自然环境的赋予之恩。自然环境是我们赖以生存的空间，是我们每个人的共同家园。自然环境赋予我们充足的空气、良好的环境，没有自然环境的赐予，我们就不可能生存。我们吃的、穿的、住的、用的，每时每刻都离不开大自然给予我们的恩赐。有了这些恩赐我们才得以生存下去，离开了这些物质生活条件，我们就无法存活。所以我们要感恩自然，它像父母一样给予我们生命。因此，感激自然环境的赋予之恩，是感恩的又一重要内容。当前，我国人与自然的矛盾十分尖锐，人类对自然的开发利用和过度索取，超过了自然的承受能力，造成生态破坏和环境恶化，感恩自然的最好方法就是合理利用资源，保持生态健康平衡发展，保护大自然。因此，我们应节制自己的欲望，约束自己的行为，珍惜资源，爱护家园，与大自然和谐相处。

（三）大学生感恩教育的过程

感恩教育是学校德育的重要内容，对大学生的身心发展具有良好的导向作用。当代大学生享受到许多恩泽，有大自然的赐予、国家的培养、父母的养育、老师的教诲、亲友的关爱、困难时好心人的救助等。大自然是人类一切财富的源泉，当代大学生只有学会感恩，才会懂得善待自然、爱护自然，促进人与自然的和谐相处；我们从出生就享受到国家提供的各种公共资源和服务，当代大学生只有学会感恩，才会懂得报效祖国、回报社会，促进人与社会的和谐相处；我们生存和发展的每一个阶段都离不开父母、老师及他人的帮助和支持，当代大学生只有学会感恩，才会懂得尊重他人、善待他人，促进人与人之间的和谐相处。感恩教育的实施，有利于树立知恩感恩的社会风范，让当代大学生懂得自己享受到的一切并非理所当然，而是需要用一颗感恩的心来回报这一切；还有利于实现人与自然、人与社会、人与人的和谐相处。

1. 大学生感恩教育的首要教师是父母

对于当代的大学生来说，感恩意识绝不是简单地回报父母养育之恩，它更是一种责任意识、自立意识、自尊意识和健全人格的体现。加强大学生的感恩教育，基础在家庭，父母是第一任教师。

第一，引导大学生识恩、知恩。王守仁说："知是行的主意，行是知的工夫；知是行之始，行是知之成。"① 家庭对大学生进行感恩教育也该如此。首先，家长应该引导大学生识恩。学会感恩的重要前提就是识恩，父母要让大学生意识到"天上不会掉馅饼"，除非是经过自己的艰苦努力，同时还伴随着父母和他人的默默奉献。在对自己的孩子进行感恩教育的时候，首先应该让他们明白他们所获得的一切并非很容易就能得到，而是要付出努力才能获得。事实上，每个人从出生的那一刻起，就已经沉浸在他人、父母、社会的恩惠的海洋中了。因此，要激发大学生的感恩情感，让他们学会重视、尊重和感激别人对自己的付出。还有，父母在引导孩子识恩、知恩的过程中，应该建立平等对话，细心倾听孩子的心声。父母应该尊重他们，他们有选择自己生活的权利，有追求自己所喜好的价值的权利。只有尊重他们的权利，他们才能真正成为一个独立自为的人，成为一个完整的人。父母应该努力去理解他们的要求，即使不能理解，也应当给予恰当的宽容。家长在对孩子进行感恩教育的过程中，应该适当地给予孩子心灵上的慰藉。如果一个人的心理是不健全的，那么你无论采取什么措施给他灌输感恩意识，也只能是白费。所以家长应该不定期地去关心那些情感饥渴的孩子，把他们当做具有独立人格的人，而且要细心地关怀他们，尽最大努力满足他们的需求，只有这样才能更好地去引导他们识恩、知恩。

第二，培养大学生的报恩情感。"慈母手中线，游子身上衣"，父母对孩子的付出是无私的、毫无保留的，学会感恩首先要以感恩父母为突破口。父母在对孩子进行家庭教育时，应该合理、适当地给大学生补充"感恩营养"和适时适当地注射"感恩疫苗"，这对大学生成长至关重要。父母在给予孩子丰富的物质享受的同时不要忘记给予他们精神教育，要教导孩子在享受家长、社会给予自己的恩惠的同时不要忘记报恩，并且激发他们有所作为。同时，父母也要从自身做起，要言传身教，为孩子树立良好的典范。家长应该适时地、合理地培养孩子的报恩情感，陶冶他们的道德情操。父母应该让大学生了解到知恩图报不单单是物质上的回报，还包括精神上的回报，要让他们认识到望女成凤或望子成龙的良苦用心。

---

① 参见 http：//www. gs. xinhuanet. com/eyuedu/2003-12/13/content_ 1338220. htm，2014-10-12。

第三，教育大学生施恩不图报。感恩从原则上讲，它不是等价交换物。感恩从本质上讲应该是不求报酬的。感恩的基础在于自己自觉的要求。真正讲感恩只是我应该这样做，按中国老话讲，我对得起我的良心。真正的感恩行为并不考虑我这样做能有什么报酬，能有什么回报。感恩应该是超功利的。在现实活中，家长恐怕自己的孩子吃亏，平时在对孩子进行教育时，总是灌输一些不能吃亏的信息，其实有些时候“吃亏就是福”。失之东隅，收之桑榆，实际上，“施”是比“受”更有福的。一个具有高尚道德的人，有坚定的道德责任感的人，应该是在社会中的多数人都不提供道德服务时，他仍能坚持自己的道德信条。

学会适当地施恩，并且不求回报，这应该是建设和谐社会的需要，如果人人在帮助别人的同时脑海中总是想着能够得到别人的回报，这样他所做的一切都没有什么价值可言。“谁知盘中餐，粒粒皆辛苦”，家长要教育孩子懂得知恩图报，施恩不图报，不断地向孩子灌输感恩思想，转变其观念，培养其感恩意识，进行感恩教育，做到言传身教，为孩子树立良好的感恩典范，让孩子能够在轻松融洽的感恩氛围中受到潜移默化的影响，树立高尚的品格。

2. 大学生感恩教育的基本过程

大学生感恩教育作为一个不断协调、不断优化的动态过程，就其发展阶段而言，教育的主要过程包括提高感恩认知阶段、陶冶感恩情感阶段、锻炼感恩意志阶段、确立感恩信念阶段、规约感恩行为阶段和养成感恩习惯阶段六个阶段。

第一，提高大学生的感恩认知。大学生感恩教育的这个环节，主要是帮大学生正确了解和掌握感恩的原则、规范、范畴等。在提高感恩认知阶段，感恩教育的重要任务是促进大学生解决两方面的矛盾，其一是解决从不知到知，从片面的知到全面的知的矛盾，其二是解决正确的知识与错误的知识的矛盾，通过这两方面矛盾的解决达到提高大学生感恩认知的目的。荀子认为：今人之性固无礼义，故彊学而求有之也。性不知礼义，故思虑而求知之也。所谓“彊学而求”是指通过不懈的努力学习从而获得关于礼义的知识。大学生感恩教育的过程也是一个“彊学而求”的过程，“彊学而求”包括向书本学习，学习感恩的基本原则与规范；向群众学习，学习感恩人物与身边平凡人物的感恩经验和感恩事迹；向实践学习，积极在各种感恩、施恩实践活动中获取并提高自己的感恩认知。

第二，陶冶大学生的感恩情感。大学生对于感恩的基本知识有了认识，并不一定能真心实意地按照这种知识的要求去进行感恩、施恩行为，这里有一个情感问题。大学生感恩教育中的陶冶感恩情感阶段，主要的任务是使大学生形成与正确感恩认知相一致的感恩情感。在大学生感恩品质形成的过程中，感恩情感具有比感恩认知更大的稳定性，形成或改变某种感恩情感，比起形成或改变某种感恩认知要更长久，也要更困难。使大学生形成或改变某种感恩情感，不但要依靠大学生的理性，更要依靠大学生在感恩实践中的长期历练。

第三，锻炼大学生的感恩意志。一个大学生有没有顽强的感恩意志，既是他是否具有某种感恩品质的重要方面，也是他能不能具有这种感恩品质的重要条件。大学生践行感恩原则和规范，并不总是畅行无阻的，相反，往往需要作出或大或小的自我牺牲，还需要克服来自自身的能力限制、某些个人欲念的冲突，以及情绪状态的干扰等。在这些情况出现时，如果没有顽强的感恩意志，就有可能在感恩实践时放弃初衷。所以，在大学生感恩教育中，必须引导大学生锻炼坚强的感恩意志。

第四，确立大学生的感恩信念。大学生在接受感恩教育和积累感恩实践经验的基础上，对于感恩的道德义务及其行为要求，会逐步达到相应的感恩认知、感恩情感和感恩意志的有机统一，形成并确立起正确的感恩信念。大学生一旦牢固地确立了坚定的感恩信念，不仅能以强烈的感恩责任感自觉自愿地按照感恩原则与规范的要求，去践行感恩、施恩行为，而且能够以坚韧不拔的毅力，排除一切艰难险阻，使感恩、施恩行为持续进行，并取得良好效果。

第五，规约大学生的感恩行为。大学生感恩教育既要帮助大学生从认识上弄清感恩道理，更要在感恩实践上身体力行。在古代，人们就十分注重知行合一的重要性，《论语》中讲道："君子耻其言而过其行"，"听其言而观其行"。也就是说，只说不做、言行脱节，是道德虚伪的表现，是羞耻的事情。孔子主张评判一个人的道德好坏不在于他的言辞，而主要看他的行为。在加强感恩知识学习的同时，必须引导大学生积极参与各种感恩、报恩、施恩的实践活动，把大学生对感恩的认知融于报恩、施恩的实践当中，引导大学生把感恩的基本原则运用于学习生活、家庭生活、公共生活等大学生活动的主要领域，在感恩、报恩、施恩实践中检验、深化对感恩知识的认识。

第六，养成大学生的感恩习惯。从一定的意义上说，大学生感恩教育要达到的最终目标，就在于使大学生真正养成按照感恩要求去进行感恩、报恩、施恩的行为习惯。良好的感恩行为习惯影响着大学生的性格、情感、意识、思想，进而对大学生感恩水平的提高起到重要作用。所谓"积土成山，风雨兴焉；积水成渊，蛟龙生焉。故不积跬步，无以至千里；不积小流，无以成江海"，"善不积，不足以成名；恶不积，不足以灭身。"只有不断地去积善，才能养成良好的感恩、报恩、施恩的行为习惯。

二、诚信：社会人的立身之本

（一）诚信是社会道德秩序稳定的保证

1. 诚信

诚信作为基本的道德范畴，在人类发展史上一直有着重要的地位。在我国古代，诚与信原是两个分立而又有着紧密联系的道德范畴。"诚"字在很长一段时间中的定义主要是指真实而不虚妄。在古代的语言中，"诚"的解释意义是非常丰富的，在不同的句子中有不同的含义。概括起来主要有以下几个方面：实在、真实、审慎、不自欺、不欺人、真心真意。"诚"是指人对客观实在的态度，承认并忠实于事物的真实存在，是诚所具有的初始意义。因而我们在日常生活中说话办事都要实实在在、真心真意、实事求是地去完成每一件事，履行自己的诺言，严格要求自己，把"诚"作为自己的道德原则、道德行为的根本，承担自己的责任，不自欺也不欺人，这样才能成为一个有成就的人。

“信”在中国古代，是社会交往的精神纽带。“信”最早出现在金文上。晚商到春秋时期，“信”字就作为一种行为规范出现在了金文上，金文铸刻在青铜上，即钟鼎文。中山王鼎上刻有“余知其忠韵（信）也”这样的文字。随着时间的推移和关于“信”的认识逐渐系统化，关于“信”的记载出现在了我国最早的文献资料上，《易传·系辞》上有“言出乎身”，意思是说，人们说话的言语就是从我们人的身体里发出的，人在说话后就要身体力行，就要去兑现自己说过的话。中山王鼎上的金文“信”字就是由言和身组成的，这就体现了“信”的思想。

“诚”与“信”是紧密联系在一起的。“诚”是“信”的基础，“信”则是“诚”的外在表现。但“诚”更多地是指“内诚于心”，是向内的、向善的内心追求，是对道德主体的单向要求，侧重于对道德主体品格、境界的内在评价。“信”则偏重于“外信于人”，是向外的、向真的外在表面追求，更多地侧重于对道德主体的个人诚实品格以及接受考验的外在价值进行评价。通过以上古代先哲对“诚信”的详细论述可知，“诚”与“信”的协同作用，它们在本质上都要求我们为人做事必须诚实无欺、信守诺言，才能够保证我们社会道德秩序的稳定。

2. 诚信的特点

第一，重视和要求实事求是的精神。实事求是指对待客观存在的一切事物要按其固有的规律进行分析，研究它们的内在本质。它最主要的内容和最基本的要求就是一切从实际出发，即求真、求实，这和诚信在内涵上是一致的。诚实守信作为做人的基本道德准则、做事的基本行为规范而升华为人的精神品质。诚信得以建立的基础是“求真”、“求实”，如果做不到这些，就是毫无意义的空谈。

实事求是是诚信的思想前提，同时也是诚信道德观中最重要的思想内涵。在社会主义核心价值体系建设和完善的过程中，在不断发展社会主义市场经济的过程中，特别要恪守诚信的这个特点。因为两者在一定意义上就是社会信用体系的基本内容。

第二，以善为标准，追求正当的诚信价值，辩证地对待诚信。善是一种行为，更是一种品德，无论是善行还是善性，都是中国传统道德体系中的重要内容。对于诚信而言，善是它的一种标准。讲诚信社会，讲信用经济，讲古今中外优良的诚信风尚，那么，是否要求我们对一切人、一切事不加区分地都讲诚信？当然不是！只有对追求正当价值基础的人与事才能讲诚信，否则反倒会违背诚信道德原则。孔子认为，乡邻里的一些要求，是养成良好德行的大敌，会使人不能坚持原则。在现实生活中，如果至爱亲朋出卖国家利益，损公肥私，贪污受贿，欺压良善，就要求我们能守住善，坚持道德对诚信的制约性，提倡善的诚信，反对不正当的行为。

第三，具有鲜明的时代性、全球性。诚信作为传统的道德规范，在经济全球化的今天，具有鲜明的时代性和全球性。随着时代的变化，诚信的内涵经过发展，走出了古代社会小团体的诚信意识。随着人们交往范围的扩大，世界各国在经济、文化等领域的联系更加紧密，跨国公司发展壮大，经济全球化使诚信规范在一定意义上对全世界的人们都具有约束力。诚信自古以来就是重要的人伦规范，在研究西方国家的发展道路和推进我国现代化发展进程的背景下，诚信具有更深刻的经济意义。规范的市场经济是公平而竞争有序的、守信用的。市场经济中的诚信问题解决得好，对全社会的诚信建设会有巨大的推动作用。

第四，具有内发性和扩展性。道德在于主体自为，从这个特性上讲，道德主体的诚信对于成就理想人格具有非同一般的意义。道德主体诚信向善，并付诸实施，就是做到了诚信。这种诚信是发自内心的，是主动的，即诚信的内发性，它是履行各种道德规范的前提。另外，这种发于主体内心的诚信，具有触类旁通的作用，可以扩展为其他理想道德人格的起点，这就是诚信的扩展性。

第五，具有可操作性。诚信是一种品德，主要靠教育和个人修养来培养。在诚信的培养过程中，它又可以通过人与人的互动、相互影响发生变化，这种发生在群体间的互动与影响表明了它的可操作性。同样，个人修养的培养说明它具有个体的可操作性。此外，可操作性还可以通过多种教育方式来体现：可以通过学校教育来培养；可以通过制度建设优化社会诚信环境，严惩不诚信者；可以通过教育者和家长良好的道德言行来影响学生和子女；可以通过建立社会信用保障机制和公民个人信用档案来约束等。

3. 诚信的现代内涵

我们理解诚信应当以中国传统的诚信思想为基础，今天我们讲的诚信有现代内涵。在《现代汉语词典》中对“诚”和“信”、“诚信”的解释分别为，诚，第一，（心意）真实；第二，实在，的确。① 信，第一，确实；第二，信用；第三，相信。② “诚信”的意思是诚实、守信用。其中诚实就是一言一行跟内心思想一致（指好的思想行为），说话办事不弄虚作假。

可以说，诚信在中国的现代内涵就是诚实与守信。这里的“诚实”就是一种行为，要求人的行动必须传达真实的信息。要求我们真心诚意，对他人对自己一定要真实，说老实话、办老实事。既不自欺也不欺人，达到心诚、言诚与行诚的统一。所谓“守信”，《大辞海》中解释的意思是“遵守诺言，有信用”③，就是我们一定要遵守自己的诺言，一旦自己许下承诺就要想尽一切办法克服困难，实现许下的诺言，这样别人才能够信任自己。

诚实与守信是辩证统一的，二者存在着内在的逻辑关系。诚实是守信的基础，守信是诚实的外化，诚实注重人的内在道德品质修养，守信则注重人与人之间的伦理关怀。

对于诚信的理解，我们应该意识到：

首先，诚信是一种规范。它约束着人们的行为，在人们日常交际中有着重要的协调作用。思想家王夫之在《尚书引义·洪范三》中写道：“诚者，实也，实有之，固有之。”诚信表现于人们的内心忠诚，外化于行，言出必行。大学生诚信教育作为对大学

① 《现代汉语词典》（第6版），商务印书馆2012年版，第167页。

② 《现代汉语词典》（第6版），商务印书馆2012年版，第1451页。

③ 夏征农：《大辞海》，上海辞书出版社2011年版，第3197页。

生行为的一种规范教育，不仅是为了规范同学之间的人际关系，而且对大学生在学习、就业和未来发展中广泛的人际关系的建立与发展，具有重要的规范和约束的作用。

其二，诚信是一种制度制度，即人们在社会中的行为模式。将人们的行为方式和人际关系模式制度化，能够使诚信思想更加持久。诚信是一种政治制度和道德制度。《管子·枢言中》中写道："先王贵诚信。诚信者，天下之结也。"认为天下人团结一致的保证在于坚持诚信。韩非在《韩非子·外储说左上第三十二》中认为"小信成则大信立"，将日常小事上的诚信与治国的大诚信结合起来看。在市场经济发达的当代社会，诚信也是一种经济制度，经济市场中的信用制度，就是以诚信制度作为思想道德的基础和支柱的。

其三，诚信是一种人品。诚信是一个人的人品修养和做事的准则。《论语》中孔子提出"民无信不立"。荀子认为君子以缺乏诚信为耻，以不被信任为耻。以此确定君子的道德标准。在当今社会，我们应该把诚信作为提高人们的精神追求和个人道德品德的核心，而不应该将诚信用来作为交换的手段和急功近利的工具，因为诚信在社会生活中是人们必须遵守的自然义务，而不是以获取利益为目的。在现实生活中往往存在一些"伪诚信"现象，很多人将诚信当成一种策略，一种达到目的敲门砖，但是一段时间以后，目的达到了，就将诚信抛在脑后。用人单位新聘请的员工，表现得很积极很努力，待人接物十分勤勉积极、谦虚诚挚。但随着时间的推移，一旦他们在单位站稳脚跟，就渐渐现出了原形。与把诚信当成一种手段不同，诚信的最高境界应该是将诚信当做最终目的来追求和享受。

（二）改革开放以来我国大学生诚信教育的发展

改革开放前，大学生诚信教育一般作为学生思想品德教育中的一项内容而存在，没有单列。诚信道德教育内容主要表现在日常行为规范上，如提倡拾金不昧、见义勇为等。随着改革开放的不断深入，大学生诚信教育经历了逐渐深化的过程。

1. 大学生诚信教育制度初建时期（党的十一届三中全会—党的十二大前）

改革开放后，我国逐渐恢复了尊师重教、科教兴国战略，对于人才培养、大学生德育建设的探索不断深入，关于大学生诚信教育的教育内容和措施及制度建设也提上议事日程。1978 年 12 月 22 日通过的《中国共产党第十一届中央委员会第三次全体会议公报》，确立了解放思想、实事求是、一切从实际出发、理论联系实际的原则，体现的是共产党人如何实践马克思主义的诚信品格和作风。该公报指出："会议一致认为，只有全党同志和全国人民在马列主义、毛泽东思想的指导下，解放思想，努力研究新情况新事物新问题，坚持实事求是、一切从实际出发、理论联系实际的原则，我们党才能顺利地实现工作中心的转变。"因此，十一届三中全会标志着我党关于思想、理论问题的研究态度重回实事求是、诚信务实的优良作风，这为以后大学生思想教育中各种规章制度的建立奠定了思想基础。

1980 年 4 月 29 日，教育部和团中央联合颁布了《关于加强高等学校学生思想政治工作的意见》，确立了大学生思想教育的内容和重点，为大学生诚信教育的实施奠定了理论基础。在该意见中，提出"必须坚持进行共产主义道德品质教育。培养学生热爱祖国，勤奋学习，热爱劳动，关心集体，助人为乐，诚实谦虚，文明礼貌，遵守法纪，艰苦奋斗，英勇对敌等革命风尚"。教育部共青团中央印发《关于加强高等学校学生思想政治工作的意见》的联合通知（1980 年 4 月 29 日），可见，此期间大学生的诚信教育目标主要是理想信念教育，忠诚于祖国和人民。在此期间，国家还下发了关于加强医学院学生思想政治教育的相关文件，鼓励他们到祖国最需要的地方去工作，全心全意为人民服务。同时，也出台了系列文件，对于大学生诚信教育干部队伍进行了明确规定。高校的思想政治教育工作重新由教育部政治理论教育司负责指导，确立了高校学生工作的领导体制、干部体制、队伍建设等。对于思想政治教育队伍的培养、待遇等问题都做了明确的规定，大学生诚信教育的体制基本确立。

2. 大学生诚信教育制度逐渐确立（党的十二大—党的十四大）

党的十二大确立了建设有中国特色的社会主义的伟大目标，开始了全面开创社会主义现代化建设的新局面。社会生产力的发展催生了社会文化的需求，特别是对于诚信机制的需求。

首先，诚信课程建设不断健全。随着高校课程体系的不断健全，大学生诚信教育课程体系建设提上日程。1982 年，教育部明确了对大学生进行思想品德和形势与政策教育，并确定为必修课。该课程成为对大学生进行诚信教育的重要渠道。为加强课程建设，教育部又下发了三个关于马克思主义理论课的文件，规范了思想政治教育的教学体系，对大学生思想理论课程内容进行了详细的部署。要求大学生具备守时的习惯和信守信誉，使大学生诚信教育的内容不断丰富。

其次，大学生诚信评价制度逐渐规范。在 1983 年 1 月 20 日国家教育部下发的《全日制普通高等学校学生学籍管理办法》中，明确了对于德育的考核方式。"对学生德育的考察，主要通过鉴定，采用写品德评语的办法。"第三十四条规定，"对学生的政治觉悟、思想意识、道德品质的考察，主要采取作鉴定的办法。学生一般两个学年作一次个人小结，作出品德鉴定"。第四十六条规定，"学生毕业时作全面鉴定。其内容包括德、智、体三个方面。着重点放在对政治觉悟、思想意识、道德品质以及学习、劳动态度和健康状况等方面，作出评语"。文件规定了对学生进行品德评价的办法，并就学生考试作弊的处理进行了明确规定，作弊科目成绩以零分计，并不准补考，视其严重程度给予处分。在 1989 年 11 月 17 日国家教育委员会下发的《高等学校学生行为准则（试行）》中，提出对个人品德修养评价要"实事求是"。此后下发的相关文件都提出在对学生进行品德鉴定时，其方法和程序要坚持诚信原则，促进了大学生诚信评价制度的逐步规范。

3. 诚信教育体制逐渐完善（党的十四大以来）

首先，大学生诚信教育内容逐渐完善。党的十四大以后，国家从宏观上对大学生诚信教育的内容和体系都有了更加明确的规定。1995 年颁布的《中国普通高等学校德育大纲》把"诚实守信"作为德育目标的具体内容；2001 年颁布的《公民道德建设实施纲要》把“明礼诚信”作为公民道德的基本规范之一，同时确定了“诚实守信”的职业道德要求。这是中华人民共和国成立以来首次把诚信教育列入社会公民教育体系之中，是对我国传统诚信教育的传承和发展，具有重要的时代意义。党的十六大报告明确指出：公民道德建设要“弘扬爱国主义精神，以为人民服务为核心，以集体主义为原则，以诚实信用为重点”①。2004 年中共中央、国务院颁布了《关于进一步加强和改进大学生思想政治教育的意见》（中发〔2004〕16 号文），提出要教育大学生“以诚实守信为重点”，开展道德教育，引导大学生自觉遵守“明礼诚信”的道德规范，积极开展道德实践活动，把道德实践活动融入大学生学习生活之中。该文件对大学生德育教育的内容体制等方面都做了具体的规定，是新时期高校德育工作的纲领性文件。教育部于 2005 年 4 月 20 日下发的《关于整体规划大中小学德育体系的意见》规定了“加强法制和诚信教育”的大学德育内容，这是第一次明确把“诚信教育”列为大学的德育内容；2005 年 3 月 25 日教育部下发了《高校学生行为准则》，其中第五条提出“诚实守信，严于律己”，把诚信教育也列为高校学生管理的重要内容，并对于大学生如何做到诚实守信进行了解释，“诚实守信，履约践诺，知行统一，不作弊、不剽窃”；2006 年在胡锦涛总书记提出的社会主义荣辱观中，“以诚实守信为荣”成为其中的一项内容，党中央要求青少年自觉践行社会主义荣辱观，这是大学生诚信教育内容的进一步深化。党的十八大和十八届三中全会直接对全社会的诚信建设、教育和践行提出明确要求：倡导富强、民主、文明、和谐，倡导自由、平等、公正、法治，倡导爱国、敬业、诚信、友善，积极培育和践行社会主义核心价值观。“富强、民主、文明、和谐、自由、平等、公正、法治、爱国、敬业、诚信、友善”这 24 个字是社会主义核心价值观的基本内容，为培育和践行社会主义核心价值观提出了基本要求。富强、民主、文明、和谐是国家层面的价值目标，自由、平等、公正、法治是社会层面的价值取向，爱国、敬业、诚信、友善是公民个人层面的价值准则。中共中央办公厅印发的《关于培育和践行社会主义核心价值观的意见》（中办发〔2013〕24 号）明确指出“把培育和践行社会主义核心价值观融入国民教育全过程”，“要从小抓起、从学校抓起”，“适应青少年身心特点和成长规律，深化未成年人思想道德建设和大学生思想政治教育，构建大中小学有效衔接的德育课程体系和教材体系”，这凸显了党对社会诚信建设和诚信教育的高度重视。

其次，大学生诚信教育制度的逐渐确立。大学生诚信教育内容逐步完善的同时，与诚信相关的制度要求也渐趋完善。教育部于 2002 年下发了《关于加强学术道德建设的若干意见》，对大学生的学术诚信做了具体规定，要求高校“引导学生树立良好的学术道德，帮助学生养成恪守学术规范的习惯”。劳动和社会保障部办公厅 2004 年 3 月 15 日颁布的《诚信教育大纲（试行）》把诚信教育作为一门课程进行设置，提出开设该课程的目的是帮助学员增强“市场经济是信用经济、法制经济”的观念，增强“诚实守信意识”。2004 年 5 月教育部颁布的《国家教育考试违规处理办法》规定了各项国家教育考试的违规处理办法，将考生可能发生的违规行为具体分成“违纪”9 种和“作

① 《十六大以来重要文献选编》（上），中央文献出版社 2005 年版，第 30 页。

弊”14种，并提出了具体的处理办法，成为目前从严治考、依法治考的有效依据。不少高校还结合本校实际情况制定了相应的诚信考试规定。

最后，社会征信体系的建立促进了大学生诚信教育体系的完善和发展。全国统一的征信系统于2006年正式建设，并实现全国联网运行。国家规划在“十二五”期间，要加大社会征信体系的建设和完善力度，建立健全覆盖全社会的征信系统。因此，从社会治理模式到个人行为选择，都将因为征信体系的建立而发生变化。

党的十七届六中全会提出，要“把诚信建设摆在突出位置，大力推进政务诚信、商务诚信、社会诚信和司法公信建设，抓紧建立健全覆盖全社会的征信系统，加大对失信行为惩戒力度，在全社会广泛形成守信光荣、失信可耻的氛围。”① 2011年10月19日，温家宝总理在国务院会议上提出，“要对本地区各部门、各单位的信用信息要进行整合，形成统一平台，实现对失信行为的协同监管；建设覆盖全国的征信系统”②。社会征信体系的建立进一步促进了大学生诚信教育体系的建立。目前，部分高校已在建设大学生诚信档案，与社会征信部门对接，把大学生诚信教育纳入社会化管理的平台。

（三）诚信教育：大学生健全人格培养的必要手段

人格（Personality），来源于拉丁文“演员在舞台所带的面具的含义”。人格不仅包括性格，还包括信念、自我观念等。人格是个体在行为上表现出的内部倾向，反映了个体适应环境时在能力、情绪、需要、动机、兴趣、态度、价值观、气质、性格和体质等方面的综合特征。人格具有一致性和连续性，是个体在社会化过程中形成的独特身心组织。马克思认为，人格具有两方面特征。第一，人格是可以改变的，由人自身决定。第二，人格就是做人的规定。人格通俗地指个人在不同的社会环境下形成的，受社会环境影响的意识倾向性和心理特征的总和。大学生优秀的人格基本范畴大体可归纳为良好的人际关系、较强的社会适应能力、积极向上的生活态度、客观的自我意识、优秀的自我控制能力等。大学生只有培养优秀人格、学习相应的社会技能和拥有足够的智慧才能在学校生活中与人融洽地交往，在社会生活中适应激烈的竞争环境。特别是大学毕业生走向工作岗位，在社会竞争中必须具备最基本的生存素质。在社会生活中能够生存并得到相应的认可，才能发挥自己的才能，释放能量，从而实现对社会的贡献，被社会接受和容纳。人格的塑造是一个不断持续的过程，诚信是大学生人格形成的前提条件，大学生诚信教育有助于培养大学生健全的人格，具体包括培养大学生的责任能力、平等意识、自主人格、遵守规则等几个方面。

1. 诚信教育有助于培养大学生的责任能力

诚信教育对培养大学生较高的责任能力具有重要作用。大学生的责任能力，主要包括两个方面：第一个方面是指道德意义上的责任感，指大学生保证自己良好的人品和情

---

① 《中共中央关于深化文化体制改革　推动社会主义文化大发展大繁荣若干重大问题的决定》，新华网，2011年10月18日。

② 《国务院严批当前诚信缺失　部署征信体系建设》，《新京报》2011年10月20日。

操的能力；第二个方面是指大学生实现自己承诺的能力，即大学生满足和履行契约规定的责任和义务的能力。总的来说，大学生的认知能力、实践创造能力等智能要素是培养责任能力的基础，决定着大学生能否具有较高的责任能力。诚信教育对培养大学生言行一致、遵守诺言等优良品质具有重要意义，有利于大学生责任能力的培养和提高。

2. 诚信教育有助于培养大学生的平等意识

大学生的平等意识，是指大学生对平等意识的认识、心理、观念，结合信用经济时代的规范，用负责任的成年公民的标准去塑造自己、规范自己。大学生应该通过自身实力的增长，创造自己的价值，在竞争中把握平等的机会，维护自己应有的权利和利益。大学生诚信教育包含着培养大学生认同平等、追求平等的精神。伦理世界的肯定平等和追求平等与市场经济所弘扬的诚信行为有着密切的关系。诚信教育将平等原则灌输给大学生，使大学生拥有真正意义上的市场经济中的公平意识。在当代市场经济行为中，平等意识不仅具备了深刻的道德意义，从法治的角度看，也具有十分重要的意义。

3. 诚信教育有助于培养大学生的自主人格

人格教育体现了德育对人完善自身的要求。大学生诚信教育工作者在帮助大学生树立正确的诚信道德观念的同时，不能忽视和扼杀大学生对自我个性独立的需求，大学生个体的自由是大学生确立正确的诚信道德观念的前提。大学生具有追求自主人格的权利，在当今社会，没有自由竞争和个性的独立，就没有与诚信相适应的责任范围。大学生的人格自由总是与责任相联系，没有责任，就没有相对的自由。大学生诚信教育培养大学生具备一定的自由独立精神，在人际交往中遵守承诺、履行诺言。在大学生活中，少数大学生在群体中出现的没有秩序、做事杂乱的现象，也正是他们没有达到自身权利和责任的辩证统一的结果。大学生对个性的张扬的需求，作为一种权利，必须以相应的责任作为约束，脱离责任的权利是社会文明进程的退步。

4. 诚信教育有助于培养大学生对学习和工作的虔诚意识

大学生群体作为具有高素质且有待成熟的一个特殊的社会群体，如果能虔诚、认真地对待自己的专业知识和未来的工作，就会产生提高效率的动力，就会有信用。随着现代社会进程的飞速发展，效率已经成为人们最关注的主题之一。效率是一切公平得以实现和提升的历史物质基础。大学生具有渴望成才、积极向社会作贡献、实现自我的强烈愿望，要想得到他人的尊重、信任和认可，必须对自己所处的社会环境、自己所从事的职业、社会交往的规则保持一种虔诚、认真的态度，把职业规则和责任规则作为权威来看待。市场经济发展对效率的需求决定每个人都要靠自己优秀的敬业精神和良好的职业能力来获得社会的尊重和大家的信任。对大学生而言，建立个人信用首先需要对诚信原则有敬畏的态度，把诚信当做自己为人处世的基础，尊重规则，加强自省的意识和能力，注重自己的举止，努力培养完善的人格。

5. 诚信教育有助于大学生形成良好的人格魅力

大学生真诚待人、恪守信义是在社交生活中赢得人心、受人尊重的必要前提。在校大学生在认真学习文化知识的同时，如果能够待人诚实守信，就能获得更多的信赖和支持，能与他人更好地合作，获得更多的成功机遇。大学生努力完善人格的最终目标，就是形成和拥有良好的人格魅力。人格魅力是个人品质的吸引力，是能使周围人聚集在自己身旁的个人精神和品德的内在属性。大学生诚信教育力图完善大学生人格，使大学生拥有良好的人格魅力。大学生人格魅力的基本要素就是真诚，完善的人格可以使大学生拥有受人欢迎的人格魅力。

（四）大学生诚信教育的特点

1. 诚信教育和大学生诚信教育的内涵

诚信教育，总的来说是一种世界观教育。诚信教育的内涵大体可以从四个方面来讲。

第一，诚信教育是一种人格教育，诚信是构成人格的重要因素。第二，诚信教育是道德教育的重要组成部分。诚信教育培养的是学生的诚信品质，是一种传统美德。第三，诚信教育是一个过程，是社会群体影响或完善个体诚信品质的过程，具有全面性和实践性。第四，诚信教育的目的就是让教育者传授给受教育者诚信的含义，帮助受教育者将诚信内化为自己的思想品质，培育诚信的意识，树立诚信的观念，使受教育者在实践中把诚信转化为自己的实际行动。

诚信教育可以从受教育者和教育者两个角度来分析。从受教育者的角度分析，诚信教育就是受教育者本身对诚信的认知、认同以及相应的内化、外化的过程。从教育者的角度分析，诚信教育就是教育者对受教育者进行针对诚信的有关讲解、劝服、指导以及监督的过程。

大学生诚信教育，指高校思想政治教育工作者根据社会主义社会发展的本质要求以及根据大学生自身的实际情况，探索和遵循人的优良诚信品质的形成规律，采用有针对性的教育教学方法，对大学生进行有目的、有计划、系统的教育和影响，帮助大学生将优秀的诚信品质内化为自己的心理品质，培养其诚信的道德认知的教育过程。大学生诚信教育意在培养大学生关于诚信的道德认知，并使之外化于大学生自身的实际行动中。大学生诚信教育是由高校思想政治教育工作者实施的一种教育活动，它使大学生在与他人交往和在自我认知的情感体验过程中获得诚信道德水平的提升，其最终目的是使大学生明确诚信的内涵、诚信教育的作用以及实现诚信的途径，把大学生培养成诚实守信、表里如一、遵守诺言的祖国的优秀栋梁。

2. 大学生诚信教育的特点

大学生诚信教育关系到社会主义风尚的发展，是社会诚信教育的重要组成部分。大学生关于诚信的认知和作为，影响着整个社会的诚信文明发展。诚信作为公民素质的一项重要指标，具有普遍性、约束性、稳定性的特点。大学生诚信教育属于大学生思想政治教育中品德教育的范畴，除了具有一般品德教育的特点之外，还有其自身特点。

第一，特有的示范性。大学生作为社会发展和建设中的重要成员，对于社会的发展起着特殊的作用，他们的行为对其他社会群体有着直接的示范作用。高校担负着培养大学生德、智、体、美全面发展的重任，高校必须使大学生诚信教育具有导向性，充分发挥其在整个社会诚信教育中的表率作用。同时，大学生诚信教育是大学生思想政治教育工作的重要组成部分，也对思想政治教育工作的开展产生积极的作用。大学生诚信教育目标必须与思想政治教育工作的总体目标相一致，在内容上，以诚实守信为核心，用诚信的意识理念引导大学生树立正确的世界观、诚信价值观、诚信公德观、诚信美德观、诚信求职就业观、诚信纪律法规观；在要求上，要以明礼诚信作为重要内涵，增强大学生诚实守信的意识，树立以诚信为荣、以失信为耻的道德观念；在实施上，要以诚信态度为指导，使大学生始终坚持实事求是，从做具体的事情开始，以诚信的态度面对实际生活。这就要求高校大学生诚信教育必须以科学发展观为指导，把正确的诚信教育内容传输给大学生，使大学生能够内化为自身的诚信意识，并且在实际行动中，外化为诚信美德的践行，在社会诚信建设中发挥示范作用。

第二，学校的主导性。大学生诚信教育的开展，在内受自我道德修养的能动性和创造性的影响；在外受来自社会、家庭、用人单位等客观环境多方面因素的影响，由多个因素影响和制约。但是，总的来说，高校在大学生诚信教育系统中占有具体组织和统一管理的主导地位。大学生诚信教育必须由高校牵头，把大学生诚信教育当做一项系统工程来看待，调动一切有利因素，才能保证大学生诚信教育具有全面性、协调性、可持续发展性。

第三，鲜明的时代性。人类社会处在不断发展和变化中，大学生诚信教育应该紧跟时代的步伐，针对时代发展出现的新问题、新理念，不断地完善自己。在改革开放不断深入和我国社会主义市场经济不断发展、完善的大环境下，西方多元化道德涌入，我国精神文化发展呈现出多元态势。首先，诚信与利益的矛盾日益凸显。市场经济的发展使人们越来越关注利益的竞争，以及对实效的追求。思想活跃又冲动迷茫的大学生在时代环境的影响下，会逐渐产生积极进取、不甘人后的思想。但有些大学生容易受功利主义和实用主义的过度影响，只图收获，不知奉献，既渴望独立自由，又脱离不了对家庭的依赖；既渴望真诚的友谊，又不能真心付出。在这种情况下，大学生很容易抛弃诚信的做人准则，被利益所驱使，将中国传统的“重义轻利”、“见利思义”的优秀品质放在脑后。其次，在与现代多元文化不断的碰撞和融合中，传统的道德准则已经失去原有的约束力。然而新的道德规范尚处于完善过程中，致使高校诚信教育也处于现代多元化道德观念互相冲撞的大环境当中。在大学生诚信教育中，随着传统诚信道德规范约束力的减弱，个别大学生放松自我要求，出现不诚信行为。

第四，知与行的高度合一性。大学生诚信教育是一项理论与实践相统一的教育活动，在执行过程中，需要以充分的优秀理论为指导，结合对实际情况的摸索，不断地实现理论和实践的相互转化。大学生诚信教育工作者只有在实践活动中，才能真正地使大学生对诚信教育有一种更透彻、更直接的理解，对诚信教育内容的实施逐渐从自发状态推进到自为状态；才能使教育者结合实际情况准确把握受教育者对大学生诚信教育的需求状况，结合诚信教育的具体情况开展适宜于大学生自身情况的诚信教育。同时从受教育者群体的角度来看，大学生只有在实践过程中，才能结合自己所学的诚信知识，有的放矢，发现自己的不足，把接受的诚信思想观念外化为主动的行为；检验自己对诚信的思想、认识、观点是否正确，及时纠正和克服自己在诚信学习中的各种不足之处，大学生诚信教育才能落到实处。大学生诚信教育的复杂、丰富的特征，与社会实践具有密切的联系。这要求大学生诚信教育必须通过社会实践，才能具有全面性和实效性。离开实践活动，大学生诚信教育就不会达到理想的教学效果，也自然不能圆满地完成相关的教学计划。

（五）大学生诚信教育的基本内容

提高大学生的诚信度，除了诚信的一般认知与情感教育外，更需要结合大学生的实际，有针对性地对诚信教育、生活诚信教育、交往诚信教育、择业诚信教育进行具体的学习。

1. 学习中的诚信教育

第一，树立学习中的诚信价值观。在学习中讲诚信应该作为一项基本要求贯穿于大学生学习过程的始终。学习中的诚信教育就是要求大学生严格治学言行，遵守国家的法规与学校的规章制度，牢固树立诚信学习意识，求真求实，求诚求信，并且能通过自律防止一切有悖于诚信的态度与言行。思想是行动的指南，大学生要做到诚信学习，必须树立牢固的诚信学习意识价值取向。因此，大学生要做到诚信学习，首先必须勤奋和严谨，坚决摒弃学习中的懒惰、懈怠恶习。其次，要做到诚实与守纪结合。诚实是做人的重要道德标准，也是学习诚信的重要内容。因此学习中的诚信教育包括对大学生遵守学习纪律的基本要求。一个诚信的人也是自觉遵守纪律的人。在依法治国的今天，完全依靠个人的自我约束和良心是不能建立良好的社会公共秩序的，单靠法律的严苛也是做不到的。他律和自律都是为了人的诚信观的建立，在一定的时候会达成他律向自律的转化。最后，求真与务实结合。求真是对大学生学习态度的起码要求，务实同样也是诚信的要求，要求大学生明白在学习上没有捷径可走，以务实的态度做学问才是正道。在学习过程中弄虚作假，不仅破坏求真、务实的态度，而且会败坏道德，助长不良学习风气。

第二，优化学习中的诚信环境。环境是影响个人品格的重要因素。一个人生活在诚信的环境中，他会以诚信对待周围世界，同时提高自身的诚信水平。大学生作为高校学习活动的主体，如果注意群体性环境及更大环境中诚信内涵底蕴的优化，那么根据环境影响人的规律是有可能产生诚信和他律效应的。大学生自己在坚守诚信的同时，要坚决抵制校园里不诚信的学习行为，共同创建维护校园宁静的学习环境和其中的诚信氛围。这样既能保证诚信学习小环境的稳固，又能使大环境的诚信学习之风盛行，从而真正使大学生置于诚信的学习环境中。

2. 交往中的诚信教育

人总要在群体中生活，相互之间避免不了交往。随着人的社会化程度的增长，交往将更频繁，交往的形式与内容将更丰富，交往的质量要求将更高。大学生正处在社会化的重要阶段，需要交往更需要学习如何交往。要保证交往的质量，诚信不可或缺。可以说，诚信与否是贯穿于交往的发生、交往的维系、交往的成功之中的生命线。没有诚信，或者诚信度不高的交往不是社会的需要，因而也不是大学生的需要。大学生的交往也是塑造大学生能力、人品、风度等品格的重要方面，诚信有助于大学生交往的成功，有利于大学生高尚道德的培养，因此对大学生进行交往诚信教育极其重要。

第一，诚信存在于大学生之间的交往中。大学生之间的交往是最普遍、最活跃的，但不同学生的情感、性格等有明显差异。大学生之间的交往更多地受这些品质的影响。当然这些差异并不一定明显妨碍大学生交往。因为，在客观交往中的诚信将更具影响力，它可以超越这些差异，使交往发生并富有成效。大学生交往中的诚信教育，应该强调交往以道义为本，能够“推己及人”，体谅关心，坦诚相见。

第二，诚信教育存在于大学师生之间的交往中。师生交往是大学教育中最基本、最重要，也是最频繁发生的交往形式。教育的成效取决于师生之间交往的有效性。教育所提出的要求与目标要为大学生所理解和接受，并内化为大学生自身的目标和要求，才能对大学生的发展起到指引和激励作用。在师生交往诚信教育中，要求学生无论是在学习上，还是在生活中，都要积极地与教师沟通，将自己的所知所想如实地告诉教师，遇到问题及时请教教师，才能在学业中不断进步，在生活中不断成长。教师在师生交往中也扮有重要的角色，教师要以诚对待学生，一视同仁，善于听取来自不同学生的声音，这样才能全面了解学生，赢得学生的信任，既能提高自己的教学水平，又能使师生互动产生更好的教育效果。

第三，诚信贯穿于大学生与家长的交往过程。大学生与家长的交往比较特殊。一方面，大学生在思想、心理和学习、生活等方面日趋独立，他们与家长相处的时间，较之中小学阶段明显减少，因此家长对大学生的理解和关心，更多的是通过大学生主动向家长汇报和传递的。这就要求大学生诚信地对待家长，如实地汇报学习、生活、情感等方面的情况，遇事多与家长商量，虚心听取家长的意见，以弥补自身认识和生活经验的不足。另一方面，大学生判断能力渐长，这就要求家长不要再把自己的意志强加于大学生，而是要如实地表达自己的想法，让作为家庭中的一分子的大学生，平等地参与家庭事务并作出自己的决断，这样能逐渐培养大学生的诚信情感和对家庭的责任感。

第四，大学生在与社会其他群体交往时需要诚信。在大学学习阶段，大学生对社会关注增多，对社会上诸多事物产生浓厚的兴趣，使得他们与社会群体的交往日渐频繁。由于社会交往面较宽广，接触的社会人群素质也参差不齐，大学生在与他们交往的过程中不可避免地受到交往对象的影响。这种交往对大学生的社会化有积极的作用，同时也可能会有负面的影响。大学生与社会其他群体的交往过程中，应该做到无论与什么样的社会人群交往，首先自己应该诚信，时时刻刻以社会中的优秀一员来要求自己的言行。这样可以培养自己的诚信品质，时间久了也能得到交往对象的肯定并能感化不诚信者，真正成为社会诚信的典范。

第五，虚拟空间中的交往体现诚信。随着网络技术的发展，虚拟空间中的交往在大学生群体及其与其他社会群体之间日益广泛与频繁，成为大学生与他人交往的第二空间。虚拟空间中的互动性和参与性能满足大学生与人交往的强烈愿望。在虚拟空间，大学生可以通过网上即时通信工具广交朋友。这种交往方式由于其中间媒介的作用，使得任何个体都可以以虚拟的身份与他人或群体发生交往，而各种现实规范由于网络的虚拟性和间接性而难以进入和干预。实际空间中的交往诚信又不能向虚拟空间简单引申，这就使得虚拟空间交往中的诚信教育十分必要和迫切。

3. 校园活动中的诚信教育

虽然大学与外界社会有一定的联系，但大学生的生活主要还是发生在校园范围内，以校园中的社团活动和校园消费活动为主。大学生社团以共同的爱好和兴趣为纽带把大学生联系在一起，大多具有组织结构松散和活动方式灵活多样的特点。大学生社团活动及其发展，除了依靠一定的社团规章和一些约定俗成的规则之外，还依靠社团内的和谐、诚信、尊重等精神氛围。由于丰富多彩的社团活动为大学生课余活动和发展个人爱好提供了时间和空间，因此能将不同年级、不同专业、不同学科和不同文化背景的大学生聚集到一起。社团活动除本组织成员参加外，其影响往往还扩展到社团之外，其间的诚信氛围同样对大学生有着重要的教育意义。一方面，大学生参加社团及其活动是高度自主的。然而，一旦成为其成员，或者参加其活动，都必须服从一定的组织形式和纪律要求。在社团内部，社团成员之间是一种平等的关系。在社团活动中，应友爱互助、真诚相待、坦诚相见、求同存异，以赢得其他社团成员的认可和信任。另一方面，大学生社团的领导成员应以身作则，以诚信言行组织开展社团活动，依据诚信的力量感召、吸收更多的大学生加入到社团及其活动中来。

大学生的生活消费行为除了受社会因素的影响外，还受到个人思想、道德、心理、爱好及消费常识的支配和制约。帮助大学生树立诚信消费观和文明健康的生活消费方式十分必要。提倡生活消费中的以诚修身，即培养与弘扬文明健康的消费修养和消费行为。推崇生活消费中的以信处世，即培养与弘扬舍利取义、信用至上的消费道德。消费行为虽然是个人的“私事”，但它能体现个人的道德修养水平和处世能力。

4. 职业准备中的诚信教育

大学生处在人生成长与成才的重要时期，其中最邻近的人生转折是从求知到求职，因而应该做好从事某种职业的准备。这种准备是综合的准备，包含理论知识的准备、应用能力的准备、思想道德素质的准备等。其中，关于职业道德的学习与培养是他们面临的人生新课题，也是他们立足社会的重要条件。“诚实守信”这样的基本道德规范，就是各种社会从业人员都应该遵守的、具有普遍性的职业道德规范。大学生的诚信品质无论是在大学生求职过程中，还是在大学生以后的从业过程中都具有重要意义。因此，在大学生走向社会之前，就应该对他们进行诚实守信的职业教育，例如，怎样与别人建立相互信任的关系，怎样与同事合作，怎样在竞争中遵守诚信规则等，使他们能够以职业需要的健全的人格和优良的道德品质去适应各种职业对道德素质的要求。

第一，择业过程中讲究诚信。择业是大学生完成学校教育走向社会的必经阶段。大学生应把大学阶段通过积累所学到的知识、所经历的锻炼、所取得学业成果和人生成就等如实展现在用人单位面前，将一个真实的“我”展现出来。首先，在个人求职材料中老老实实、实事求是地介绍自己的平时表现及成绩，并由此向社会展示自身的真实的诚信品格，接受社会的考察、评价与检验。其次，坚决抵制造假。暂时不能拿到大学文凭、学历的大学生，要端正态度，正视现实，在工作生活中找空闲时间来努力学习所缺乏的知识，争取用自己所学的知识，为社会发展作贡献，以此来实现自己的人生价值。大学生在求职时不造假是择业的道德底线。最后，大学生在择业时必须正确处理与用人单位的契约关系。大学毕业生和用人单位之间一般以契约关系的形式确定双方的权利和义务。所以，大学毕业生要充分利用自身的优势条件，借助双向选择的有利性，慎重选定自己满意的单位，再与用人单位签订就业协议，不能随心所欲，肆意变更与用人单位的就业合同。

第二，从业过程中必须做到诚信。从业诚信要求大学生忠于职守、尽职尽责。随着现代社会生活与生产方式的变化，更换工作已经成为一件很平常的事情，“跳槽”已经被社会所认可。但经常“跳槽”，并不意味着可以不讲诚信，各行各业都有职业道德规范，到任何新的职业岗位上，都应信守过去对职业岗位的承诺，不能有丝毫违背和损害，更不能做有违人格甚至违法犯罪的事情。

第五章　和谐关系：社会生命永恒之举（下）

一、科学的生活方式：大学生和谐发展的必要条件

（一）生活方式

生活方式是一个内容相当广泛的概念，它包括人们的衣、食、住、行、劳动工作、休息娱乐、社会交往、待人接物等物质生活和精神生活的价值观、道德观、审美观等，这些方式可以理解为在一定的历史时期与社会条件下，各个民族、阶级和社会群体的稳定的生活模式。生活方式作为人类生存的主要活动形式，指的是与人生存、发展及活动相关的总体模式。生活方式具有时代性和相对稳定性，并因个体原因而具有一定的个性。生活方式的好坏直接影响着人们的行为与思想观念。所以，生活方式本身具有较为丰富的思想道德内容，良好的生活方式对于个体的发展能够产生积极的促进作用。

作为人类生存活动的行为方式，生活方式探究的是关于人类的生存行为、发展方式以及行为活动的总体模式。生活方式是一个历史范畴，随着社会的发展而变化。不同社会、不同历史时期、不同阶层和不同职业的人，有着不同的生活方式，生活方式的变化直接或间接影响着一个人的思想意识和价值观念。因此，社会生活方式是通过一个人的思想意识与心理结构的形成影响着一个人的行为方式及其对社会的态度，反映了一个人的价值观念，即世界观的基本倾向。生活方式总是通过具体的生活行为表现出来并得以区分。由此可以说，生活方式是在不同的社会和时代中生活的人们，在一定的社会条件制约和一定的价值观指导下，所形成的满足自身需要的生活活动形式和行为特征的总和。

（二）大学生生活方式及其特点

1. 大学生生活方式

大学生的生活方式是一种以学习生活方式、交往生活方式、政治活动方式、消费活动方式、娱乐休闲方式等为主的活动方式，主要是以学习为核心而展开的全部活动形式。大学生的生活方式也就是指在一定的社会条件制约和价值观念指导下，在学校特定的时空规定性和文化要求的基础上，形成的满足自身生活和学习需要的全部的相对稳定的活动形式与行为特征的体系。它实际上囊括大学生日常生活领域的活动形式与行为特征，也包含学生个人由于情趣、爱好和价值取向决定的活动行为的独特表现

形式。

2. 大学生生活方式的特点

大学生生活方式随着社会的不断进步而变得异常丰富、多姿多彩，表现出其特有的特点。特别是网络影响渐大，其负面作用凸显也是当代大学生生活方式的特点之一。第一，大学生的生活方式总体上呈现出鲜明的时代性、多样性、开放性、民主性、实用性等特点。大学生通过学习、娱乐、消费、交往、社会实践、心理磨炼等活动和方式，使自己的思想认识、言行习惯、生活作风与方式等得到了时代和社会的熏陶与提升，使自己在最短的时间内，以最好的方式走向了社会，完成了由学生向社会人角色的转化，体现了鲜明的时代性。第二，在学习方式方面表现为功利性、实用性特点。由于大学生越来越认识到就业的重要性，考研热、出国热逐年升温，这种功利性特点越发变得明显。第三，在交往生活方式方面，呈现出开放性、多样性的特点，现实交往与虚拟交往交织在一起，利用网络聊天交流成为大学生交往的主要方式。第四，休闲盲目性、自发性也是当代大学生生活方式的特点之一。第五，大学生消费生活方式表现出依赖性、多元性、模仿性等特点。第六，网络成为大学生除上课以外，投入时间和精力最多以及思想心理上最无法割舍的生活方式。就是这种新兴的网络生活方式，让有的大学生长期陷入游戏中，造成学业荒废、身体虚弱等负面现象。

（三）大学生科学生活方式的构建目标

生活方式是一种流行的生活态度，受西方消费主义思潮的影响，不全面、不科学、不和谐、不可持续等构成了现代大学生生活方式的不和谐音。为此，当前大学生科学生活方式的构建要符合社会要求，体现人文精神，突出生态意识，弘扬道德精神。

1. 文明

大学生文明的生活方式，是指大学生建立在自身物质基础之上，与社会发展相适应的理性、适度、积极向上的生活方式。它主要包括四个方面的内涵，一是坚持“量入而出”的消费原则。即大学生能够根据自身的经济条件和实际情况来确定消费水平和消费方式。二是坚持“艰苦朴素，勤俭节约”的原则。大部分大学生的消费来源主要是依靠家庭支持，不管家庭境况如何，都应该坚持节约的原则，在满足基本物质生活需求的同时，既不与他人攀比，不追求奢华，又不铺张浪费。三是有助于提高大学生的思想和精神境界。大学生正处于知识、思想和精神境界提升的重要阶段，应该注重选择那些能够促进自己树立正确的价值观、养成文明的生活习惯，以及有助于陶冶情操、提高人文艺术素养的生活方式。四是不妨碍社会与他人。大学生在充分展示个人生活方式的同时，要能够尊重和理解社会和他人的不同生活方式、生活习惯和习俗。生活方式具有个体性，但个性的展示不应该危害到他人的利益和社会的秩序，否则，这种生活方式是应该受到批判的。

2. 健康

健康的生活方式是指人们为了增强体质和维持身心健康而进行的各种活动，如充足的睡眠、均衡的营养、适量的运动等。健康的生活方式是社会文明程度和进步的重要标志，也是个人文明素养的体现。大学生健康的生活方式，是指大学生在学习、生活、娱乐等日常活动中，注重促进个人身体、心理各方面的和谐发展的生活方式。健康的生活方式有两个基本的衡量标准：一是要有积极向上的生活心态和精神态度。乐观、坚强、自信、积极进取的精神风貌和生活心态有助于大学生身心的和谐发展。二是不沾染不良生活习惯。如吸烟、酗酒、赌博、沉溺于网络游戏等不良生活习惯都会不利于自己的身体健康和心理协调发展。1992 年国际心脏保健会议提出的《维多利亚宣言》指出了健康的四大基石是：合理膳食，适量运动，戒烟限酒，心理平衡。① 这说明日常的行为和生活方式对健康具有举足轻重的作用。对于大学生群体而言，健康的生活方式是学习、生活和发展的基础。虽然大部分学生都明确知道健康的重要性，也知道自己目前的生活方式存在很多的隐患，但是由于知行脱节现象的普遍存在，大学生在日常生活实践中并没有按照健康的标准去执行，这说明他们的健康生活意识还没有真正地内化为自己的生活理念。大学生作为高学历高层次的群体，拥有着丰富的学识才能，他们应该以比常人更高的标准严格要求自己，更加注重追求健康、高尚的生活品质和高雅的生活情趣，从而提高自己的健康水平，同时也给社会其他群体树立良好的榜样。

3. 和谐

和谐的生活方式是指我们所倡导的生活方式应有助于实现人与人、人与社会、人与自然、人内在身心之间的平衡，和谐的生活方式才是有质量和美的。王雅林曾系统论述过两种极端的社会模式："过度关照的社会"和"缺乏关照的社会"②。所谓"过度关照的社会"，就是对人进行了过分的和没有必要的制约，使人们的生活死气沉沉、缺乏活力的传统社会制度。"缺乏关照的社会"主要是指在实行市场经济的工业化国家，人们缺乏同情心和"有福同享，有难同当"的精神，它把贪婪和自私捧成"美德"，让适者生存的原则主宰社会和人们的精神世界。因此，上述两种社会都不能体现"发展美"，因而也不能满足未来人合理的生活需要和给人们带来和谐的生活方式。而"相互关照的社会"是合理地协调人与人、人与社会多方面关系的社会，它从家庭、健康和福利、教育、文化、民主、环境保护、发展的道德等方面来满足人们的生理、心理和精神等方面的合理需要。可见，"相互关照的社会"的核心，就是人们的生理、心理和精神需要的满足，以及人与人之间的友好、和睦相处。

在大学生的生活方式中，大学生自己与同学、老师之间的关系，自己与他人、社会的关系都是需要精心经营和处理的，而"相互关照"的精神理念则有助于这些关系的维护和良性发展。良好人际关系网的形成，不仅有利于大学生的身心健康，而且也为大

---

① 吕姿之：《健康教育与健康促进》，浙江大学出版社 2006 年版，第 148 页。

② 王雅林：《生活方式的理论魅力和学科建构》，载《社会学研究》2003 年第 3 期。

学生的全面发展提供了重要而有利的条件。

4. 低碳

低碳生活是指低消耗、低能量、低消费的生活，如今这种生活方式已悄然在中国兴起。建设生态文明是建设美丽中国不可或缺的要求。“保护环境，人人有责”，低碳生活对于地球村的所有公民来说，不仅是一种责任、一种精神态度，更要将其化为行动力。这要求人们从身边的点滴小事行动，积极践行低碳生活理念。低碳生活有三种意蕴，首先从立项的意义上说，低碳生活意味着每个人都应该是实践者。每个人过的都是低碳生活，才能持续有效地为节能减排作贡献。其次是在现实的意义上，低碳生活这一课题意味着很多人目前过的还不是低碳生活。突出的表现是日常生活中电、油、气、食物等浪费严重，炫耀、攀比、奢侈之风比较普遍，在碳减排中起着负面作用。最后，在规范的意义上说，低碳生活意味着我们每个人都应该将这作为自己生活的指导和追求。①

随着可持续发展理念在国人心中的地位不断提高，越来越多的人开始将环保生活理念融入自己的生活方式当中。作为新兴理念倡导者和追随者的当代大学生，更是将这一国家的发展蓝图带到了大学校园中，与大学生的日常生活、学习、娱乐等紧紧联系在一起，从而创造出丰富多彩的环保型生活方式。节能环保，是大学生应该承担的社会责任。随着低碳生活理念的逐步深入，大学生的消费和生活观念也随之发生了一些变化。闲暇时间看看书、做手工，参加户外运动、公益活动，是健康环保的生活方式，也是真正意义上的时尚。

（四）大学生生活方式引导的主要内容

历史唯物主义认为，社会存在决定社会意识，社会意识对社会存在具有能动的反作用。根据这个观点，当代大学生的生活价值观是由当今的社会生活方式所决定的，然而又对他们的生活起指导作用。生活价值观对生活方式的作用要求当代大学生树立正确的生活价值观，同时生活价值观又影响大学生生活方式的建立或选择。目前大学生的主流价值观是积极、健康、向上的，但同时也存在着某些不良倾向。因此必须对当代大学生进行教育和引导，促使其建立正确的生活价值观。

1. 积极的政治观

这里主要是指要加强对大学生“政治生活化”的教育。所谓“政治生活化”，就是用通俗易懂的语言，结合社会和生活的实际，让人们更好地了解政治、认识政治，解除对政治“假大空”的误解。长期以来，由于我们在政治理论宣传方面过多地强调“灌输”和追求理论化色彩的价值探讨，缺乏结合实际特别是结合个人实际来对政治和政治理论进行解读，以至于人们一谈起政治就认为它是抽象的理论，是远离自身实际、索然寡味的东西。

① 荣彩芳：《“低碳生活”：应然与实然》，载《辽宁行政学院学报》2010 年第 9 期。

这种对政治的“偏见”，在大学生中也广泛存在。事实上，任何理论都不存在天生的“假大空”特性，人们之所以这样认为，是因为把它当做“纯理论”来对待，使其脱离了丰富生活的土壤，因而使之与人们的距离越来越远。大学生还处于青年期，对许多现象更倾向于喜闻乐见、寓教于乐的接受方式，尤其对政治的学习更是如此。因此，对政治和政治理论的教育一定要结合社会的实际，结合当下的实际，结合大学生自身的实际，用生活化的语言来描述、解读和分析政治，让大学生感受到政治确实和自己的学习和生活息息相关，能够经受住实践的考验。这样才能激发大学生关注、学习、研究政治的兴趣，从而不断提高大学生的政治素养、参政议政和从政能力。

培养大学生的政治主体意识，提高大学生的政治的参与和热情。广泛的政治参与是政治现代化的重要标志。不断完善的社会主义市场经济体制，为大学生的政治参与提供了丰富的物质条件和环境。青年大学生代表着未来，因此更应是民主政治的积极参与者和推动者。增强大学生的政治主体意识，就要摒弃附庸意识，强化在参与国家社会政治生活中的高度政治责任感和积极主动精神。要积极引导大学生参与政治、经济、文化和社会生活，在高校校园逐步形成一种参与型的政治文化，这就要求我们在加强对大学生进行基础文化教育的同时，进行法律意识、公民意识等现代政治意识和政治思想的教育。更重要的是，要让大学生变得关心政治，增强对政治的信赖度，积极投身政治的参与实践。

2. 科学的学习观

这是要增强大学生学习能力的自主性和创新性。大学生是否具备自主学习的能力，不仅关系到自身的生存和发展，而且也是其走向成熟的显著标志之一。大学生的自主性，首先表现为他们在学习、工作、生活中具有独立的主人翁意识，有明确的目标和自觉积极的态度，能够在教师的启发和指导下独立探索知识，在学习过程中遇到困难时勇于向他人请教。同时，大学生能自觉地把自己看作教育的对象，积极寻求发展的机会，能够最大程度地发挥自身的潜能。要培养学生的自主性和创新性意识，首先必须转变课堂教学方式，注重因材施教，并对存有个体差异性的学生实施个性化教育，尊重学生的个性发展。

其次要改变传统的管理教育方式，突出大学生的主体性意识，对大学生要大胆放手，启发其自律性，同时搭建有效加强自主性意识培养的课外活动载体，组织大学生参加多方面的社会实践活动，并开展有利于增强大学生自主性意识的校园文化活动。这样培养出的人才，才能适应时代要求，具有当今社会要求的素质，在社会中才能充分发挥自己的才能，为社会作贡献，实现自己的人生价值。

要培养大学生掌握科学的学习方法。列宁说过：“我们不需要死记硬背，但是我们需要用基本事实的知识来发展和增进每个学习者的思考力。”① 大学生要想学有所成，必须掌握科学的学习方法，这样才能卓有成效地掌握知识，提高自身能力。从大学教与学的特点来看，所谓大学生科学的学习方法，主要是指能够提高实践能力和创新精神的

① 《列宁选集》，人民出版社 1995 年版，第 285 页。

方法。具体包括以下几点，一是要讲究战略战术，即要从提高实践能力和创新精神的高度认识学习，坚决戒除死记硬背、单纯积累知识的学习方式和目的。二是要珍惜时间，统筹把握，合理规划。时间是死的，但人的工作节奏却是有弹性的。如果效率提高了，在有效时间内可以处理更多的事情，学习也是如此。要珍惜点滴时间，学会“见缝插针”，同时又要根据各科学习及进度情况，统筹分配时间，既要突出重点，又要兼顾均衡。三是勤做笔记，注意积累素材。笔记对于系统归纳知识链条、把握知识脉络、巩固知识学习等都有重要作用。因此，要注意做好课堂笔记，同时也要注重课外知识和思考心得的记录，提高自身的概括归纳能力。四是注重实践运用，提高动手能力。实践具有将知识和对象联系到一起的功能。只有经过实践且多次实践，才能检验自身知识学习和掌握的程度，才能检验出自身在学习过程中存在的问题。

3. 正确的消费观

这是要引导学生大力发扬艰苦朴素、勤俭节约的优良传统。在中华民族传统的消费价值观念中，艰苦奋斗、勤俭节约是优良的传统美德，这种消费观念是从道德的层面上关注人们的消费行为，强调“精神”比“物质”更重要，同时要珍惜和尊重劳动成果，不能铺张浪费。

大学生正处在学习时期，还没有完全踏入社会，价值观尚不成熟。因此，大学生作为经济社会中的一个特殊消费群体，其消费观念和消费行为也必然有其不成熟的一面，如不及时对他们进行教育和引导，“享乐主义”、“拜金主义”等腐朽的价值观念就会侵蚀他们的心灵。培养大学生正确的消费观念，首先要引导他们树立正确的财富观，让其明白财富的来之不易，要引导他们通过正当合法的手段去赚钱。其次，要加强校园文化建设，营造良好的校园消费环境。人具有社会性，不可避免地要受到周围环境的影响，从众心理、模仿心理是大学生消费心理和消费行为的一个重要特征。因此，在进行大学生消费观念教育时，必须重视校园文化的影响，利用学校环境中的物质和精神文化的教育作用，培养大学生的消费道德，形成良好的校园消费氛围。同时，充分利用校园广播这一传媒工具，宣传“黜奢崇俭”的传统主流消费思想与“以艰苦奋斗为荣、以骄奢淫逸为耻”的社会主义荣辱观，在校园中形成正确的消费舆论导向，培养出良好的校园消费风气。

培养大学生坚持合理、适度和可持续发展的消费原则。大学生要对自己的消费进行理性定位，使个人消费标准与其家庭经济状况相适应，也就是量力而行。大学生消费的和谐原则，就是大学生消费要合理、适度与可持续发展，在满足大学生基本生活需要的基础上，在不超过家庭的经济承受能力的前提下所进行的消费，使自身消费可持续发展下去。大学生也要注重物质消费与精神消费均衡、协调发展，反对只重视物质的“享乐主义”、“拜金主义”，引导大学生把主要精力放在学习、精神追求、素质提高和个人全面发展等层面上。

4. 良好的休闲观

这是当代大学生生活的重要内容。只有具备正确的休闲观才能为休闲活动提供正当与健康的保证，帮助大学生树立正确的休闲观是休闲教育的首要任务，要从以下两个方面着手，一是大学生要树立善用休闲时间的观念。叔本华曾经说过："普通的人耗神于如何打发时间，精干的人耗神于如何有效地利用时间。"① 闲暇时间最容易把握也最容易失去，一个缺乏良好时间观念的人，其发展机会就会在不知不觉中流失。因此，高校要指导大学生学会自觉、有效地安排时间，合理地安排休闲，协调好学习和其他活动的关系，以获得最佳效益。二是要养成良好的休闲生活习惯。现在的大学生多为独生子女，优越的生活条件和父母的溺爱使其缺乏自我管理和自我约束能力，甚至养成了懒惰、散漫、贪玩、做事无计划等一些不良的习惯，这些将会直接影响到他们良好的心理素质和意志品质的形成。因此，高校开展休闲教育，应注重从日常生活中，从一点一滴中培养大学生的休闲生活习惯，使他们养成有规律的作息习惯、勤俭的消费习惯、体育锻炼习惯、自觉规划闲暇时间的习惯。

注重自我教育，提高大学生自身休闲素养。休闲生活的自由性和自主性决定大学生自我教育的功能和取向，他们可以在自由的休闲时间中积累、体验、内化和塑造其完美人格。同时，高校的教育背景也为大学生完善人格和全面发展提供了消化、整理的时空条件，因此大学生的休闲生活质量离不开个人的自我教育。为此，一方面要培养大学生自觉参与的意识。参与意识具有非强制性、价值多元性等特点，它不是每个人随便就能实现的，而是在休闲主体有足够的基本物质生活保障和基本参与能力的前提下实现的。培养大学生的参与意识，最主要的是要充分认识到休闲对自身发展的重要意义，增强主动性，明确参与的目标、方式和途径，并且能够持之以恒。② 另一方面要提高大学生自身的休闲能力。培养自觉的参与意识是提高大学生休闲素养的前提条件，能享受何种程度和类型的休闲生活还取决于大学生的休闲能力。一个人的休闲能力是其综合素质的重要反映，因此，大学生自身必须自觉加强多方面休闲能力的培养。提高大学生自身休闲能力的方法主要包括不断学习、慎独、多实践等。

5. 理性的恋爱观

这是要引导大学生正确处理爱情与学业、事业的关系。爱情是一种美好的情感形式，能给人带来精神上的愉悦，是事业上的动力和生活上的抚慰，是人生不可或缺的重要组成部分。但爱情并不是生活的全部，也不是生活的唯一目标。大学生正处于求知阶段，中心任务还是学习。因此，大学生要明确坚持学业第一的观点，正确处理好爱情与学业之间的关系，把握主流、明确方向，这样才不会顾此失彼、得小失大。学习第一的观点要求大学生把主要精力放在知识的学习和能力的培养方面，不要让恋爱占用过多宝贵的学习时间，以致影响学习。同时还要求大学生必须懂得今天的学习与未来事业的关系，明白坚实的事业也是美满爱情的重要基础。而那种为了爱而抛弃学业的"恋爱至上"观点，是短视的，也是与真正的爱情不相容的。

---

① ［美］杰佛瑞·戈比：《你生命中的休闲》，康筝，译．云南人民出版社 2000 年版，第 158 页。

② 钟霞：《大学生休闲生活及其优化研究》，福建师范大学 2007 年硕士论文。

理性对待失恋。爱情不可能一帆风顺，在恋爱的过程中也会有挫折和失败，关键是要让大学生学会理性对待失恋。失恋从某种意义上说，是恋爱一方不能完全适合另一方所导致的无法继续交往下去的情感问题。客观上说，失恋是清醒认识自我、认识别人、认识爱情和婚姻的一个很好的机会。绝不能将失恋视为爱情或婚姻甚至是生命的结束，要学会理性、全面地看待失恋。“天涯何处无芳草”绝不是简单地自我安慰，而是包含很多客观正确的道理。失恋过程中最重要的是要学会调整自己，学会从失恋的阴影中走出来，化“悲痛”为力量，而不是从此萎靡不振，甚至采取一些过激行为而导致遗憾终身。

开设性教育课，正确引导性行为。大学生在大学阶段身体已经发育成熟，他们对异性具有强烈的好奇心，渴望与异性交往，这些都是正常的生理和心理反应。长期以来我国对性知识教育采取暧昧甚至是回避的态度，致使大学生在这方面的教育引导非常欠缺，大学生在性生理和性心理存在的一系列问题也与此息息相关。忽略性教育有悖于大学的育人理念，更不利于大学生的健康成长。首先大学应开设一些有关爱情、婚姻甚至是性生理、性心理等方面的公开选修课，让学生充分了解这方面的知识和道理。其次，要充分利用典型案例、“世界艾滋病日”等机会，大力普及避孕知识及性卫生、性健康知识，教育学生正确使用安全套，预防早孕、性病等。在性教育中，要坚持“度”的原则，做到“适时、适度、适量”，注意其科学性；不能太前卫，也不能滞后于学生和社会发展的实际情况。

二、培养幸福的人：教育的终极目标

（一）幸福是人的需要和欲望满足后的心理体验和主观感受

追求幸福是全人类的共同终极目的，近半个世纪以来，科学技术取得了飞跃性的进展，生产力水平得到了巨大的提升，物质财富的发展达到了前所未有的繁荣。但是，物质的空前享受却没有使人们的幸福感得以增长，财富的增长与幸福感水平并不同步，这就是美国南加州大学经济学教授理查德·伊斯特林在《经济增长能在多大程度上增进人类幸福》中提出的“幸福悖论”。人们追求幸福却不幸福，这个问题是发人深思的。与此同时，在高校幸福文化中，大学生奢侈消费、攀比成风、郁闷、抑郁、自杀等现象的背后都是大学生幸福赤字和幸福观异化的表现，也是社会转型时期畸变的幸福追求在高校校园生活中折射出来的真实影像。

幸福是什么？人们对此一直争论不休。面对这一论题，康德曾感叹：不幸的是幸福的概念是如此模糊，以至于虽然人人都在想得到它，但是，却谁也不能对自己所决定追求的东西，说得清楚明白、条理一贯。无疑，幸福与人的欲望和需要直接相关。

人类的需求可以分为物质性需求、精神性需求和社会性需求。周国平说过：“可以把人的生活分为三部分：肉体生活，不外乎饮食男女；社会生活，包括在社会上做事以及和他人交往；灵魂生活，即心灵对生命意义的深思和体验。"① 他的这种分法与马斯洛的需要理论相类似，对应地，幸福可以进行如下分类：

第一类，物质性幸福，就是物质生活的幸福。顾名思义，它是人的物质需要、物质欲望和目的得以满足而实现的幸福，其最直接的表现形式是生活富裕和躯体健康。它包含了马斯洛需求理论的生理需要和安全需要得以满足的幸福，是一种低级需要得到满足的低级幸福。但同时，它也是社会性幸福和精神性幸福的基本保障。难以想象一个身体不健康和自身生命财产安全得不到保障，整日忧心忡忡的人可以得到较为高级的社会性幸福与精神性幸福。因此，虽然物质性幸福作为一种人和其他动物所共有的吃吃喝喝、满足口腹之需的低级的幸福，但它也绝对不能被针砭和批判，因为它是基础，是根基，是社会性和精神性幸福得以实现的基本起点。

第二类，社会性幸福。所谓社会性幸福就是指人际交往中的幸福，是人的自尊需要和归属与爱的需要的满足。其表现形式是：良好的人际交往网络和亲情、友情、爱情的完满。权利、名誉和欲望的满足、美满幸福的家庭、良心和道德的满足等均属于社会性幸福范畴。如果没有社会和他人，也就无所谓权利名誉、道德良心。因此，社会性幸福是一种有别于物质性幸福和精神性幸福的幸福，它是以社会为中心的一种外在的善、一种手段的善，而物质性幸福和精神幸福都是以个体性为核心的，表现为一种内在善和目的善，这是社会性幸福与其他两类幸福的本质区别所在。

第三类，精神性幸福。精神性幸福就是人在精神和灵魂方面的需要与欲望的满足。主要包括：自我实现需要的满足、审美需要的满足和认识与理解需要的满足。其主要表现形式是：自我实现时的高峰体验，自我创造潜能的实现等高级需要的满足。马斯洛曾精辟地论述道："高级需要是一种在种系上或进化上发展较迟的产物。我们和其他一切生物共同具有对食物的需要，也许和高级类人猿共同拥有爱的需要，而自我实现的需要（至少借助创造力）是人类独有的，越是高级的需要，就越为人类所具有。高级需要是较迟的个体发展的产物。"② 精神需要得以满足的幸福无疑是一种处于高级阶段的幸福，同样也是最难以实现的幸福。

（二）幸福教育：培养大学生内心的和谐统一

培养幸福的人是教育的终极目标。教育以生活为目的，而生活则以幸福为目的。著名教育理论家乌申斯基说过："我确信：教育的主要目的在于使学生获得幸福，不能为任何不相干的利益而牺牲了这种幸福，这一点是毋庸置疑的。"③ 教育以幸福为目的，既是实然事实之存在，也是应然价值的追求。亚里士多德曾提出：教育的目的即生活本身的目的，是通过培养道德和理智美来获得幸福。那么，通往这一终极目标的关键是提升道德境界、审美旨趣和理智能力。从伦理学角度来讲，德性与幸福是分不开的。幸福是一种道德人格，一个没有道德的人永远无法获得真正的幸福。大学生通过道德修养，

① 周国平：《人生哲学语编》，上海辞书出版社 2001 年版，第 53 页。
② ［美］马斯洛：《动机与人格》，人民出版社 1983 年版，第 114 页。
③ 郑文越：《乌申斯基教育文选》，人民教育出版社 1991 年版，第 213 页。

其形成的精神情操水平和道德品质状况以及他们所达到的道德觉悟水平与大学生能否科学地认知与体验幸福直接相关。从心理学角度来说，一个没有感受快乐能力的人同样也是无法获得幸福的。所以，培养和谐健全的幸福人格，是增强大学生幸福感的本质要求。大学生只有在实践中，不断提升自身的道德境界、审美情趣，不断促进身心健康，才能实现教育的最终目的——成为一个真正的幸福人。

1. 加强大学生幸福教育是社会主义和谐社会的要求

人类社会的发展史就是一部对幸福的追求史，从人类社会的历史发展沿革来看，“人的自由而全面发展”是共产主义的最终目标，而人自由全面的发展也正是幸福的实质内涵。因此，加强大学生幸福教育必然成为社会主义和谐社会的内在要求。我国改革开放30多年过去了，近20年来，特别是党中央提出要坚持以人为本、注重民生、建设和谐社会以来，幸福问题得到了前所未有的关注，幸福成为思想界、学术界、理论界乃至全社会争论的热点问题。幸福就其实质而言，是内心和谐统一的生存状态。可见，和谐与幸福之间本身就存着天然的纽带，构建社会主义和谐社会，内在地体现了人的内心世界对幸福的渴望与诉求，体现了对人与人之间的关系和谐发展的要求，是个体和社会关系和谐发展的需要，更是人类与大自然和谐共进的基本起点。而构建社会主义和谐社会的命题，其目的和价值也在于关注人的幸福生活，它把人的全面发展作为一个根本目标，要求我们建设一个民主法治、公平正义、诚信友爱、安定有序、人与自然和谐相处的社会。大学生的价值观和思想观念代表着青年的主流与方向，是社会上最富创造性、生命力和最具朝气的族群，他们的幸福观直接影响着社会的和谐稳定和社会价值取向的主流方向。一方面，他们承载着家庭的未来与希望，其幸福感的弱化，势必导致千千万万个家庭的幸福指数的下降；另一方面，大学生是中国特色社会主义事业的建设者和接班人，他们的幸福观若不积极健康，社会的和谐与安定从何谈起？大学生幸福感培养是大学生思想政治教育的重要组成部分，积极指导大学生树立科学的、马克思主义的幸福观，集劳动、享受、创造为一体，使大学生成为真正幸福的一代，是势所逼、理所至、情所归，势在必行，刻不容缓。

2. 由GDP崇拜转向GNH关怀，催生了对大学生幸福感培养的要求

在经济全球化的今天，不少国家和政府由关注GDP（国内生产总值）转向了对GNH（国民幸福指数）的关怀，并把GNH作为国家发展水平的一个重要指标，中国也不例外。告别GDP崇拜，缔造幸福中国，“幸福指数”作为一种政治导向的轮廓正在不断清晰。大学生作为未来社会的中流砥柱，社会发展的主要推动力量，正处于人生由心理不成熟到成熟的转型期，他们的生活质量与心理状态应受到社会的关心和关注。具有完整人格的大学生，不仅要有过硬的本领、良好的心理素质，更要有积极乐观的心态才能适应社会的快速发展，才能在成为中国特色社会主义事业的合格建设者和可靠接班人的基础上，成为一个完全发展的幸福人。因此，面对大学生群体的幸福教育显得十分重要。

3. 当代大学生幸福感的缺失亟须高校加强幸福教育

在很多人眼里，“象牙塔”内的大学生聪明、自信、前程似锦，他们是幸福的。但是中国青年生存在社会转型期，压力巨大，几乎是大学一毕业就迅速进入中年状态。本该属于他们的足球、音乐、流浪和爱情，往往被房子、车子、编制、职称所取代。伴随社会竞争的日益加剧，人们的心理负荷也日渐增重，莎士比亚的“我们青春欢畅，恰如风行水上”也成为仅仅存在于书本上的符号。英、美两国社会学家合作的研究表明大学时期正是幸福感开始减退的时候。研究称，人一生的幸福感呈现一种“U”形曲线趋势，青少年和老年幸福感最强，中年最弱，而大学生正是幸福感开始降低的起始点。面对来自社会的适应压力、同伴压力、学习压力、就业压力、情感压力、家庭压力等，这个原本无忧无虑的群体也渐渐成为高压力人群中的一族。他们贪婪地追求着更高的学历、更多的证书、更加优越的物质享受、更高的工资等。在极力追求物质化的统摄下，忽略了人类所特有的对高级幸福生活——精神的追求。面对来自多方的压力，相当一部分大学生出现了很多与幸福背道而驰的现象，如冷漠、自卑、忧郁、空虚等消极状态。这些消极情绪如果处理不当，会引发一系列的消极心理连锁反应，由郁闷走向抑郁甚至自杀。这些消极情绪从表象上看大多是心理问题，但是究根寻源，也是我们思想政治教育失效所导致。高校的思想政治教育必须关注个体的人性需求，大力加强大学生幸福感的培养教育，唤醒大学生对高级幸福生活的追求意识。

4. 幸福感培养为当代大学生树立正确的幸福观提供了可能

在后现代以货币主义为中心的经济形势下，被片面理解的功利主义、实用主义、拜金主义等社会意识形态在不断地异化着人们对幸福的追求。大学阶段是个体人生中的关键时期，美国心理学家奥苏贝尔将这一阶段称之为“人格重建”，可见大学阶段在个体一生中处于举足轻重的地位。目前，大学生群体出现了许多低级庸俗的幸福观，如享乐主义幸福观、拜金主义幸福观、功利主义幸福观和极端个人主义幸福观等。面对这样的情况，我们亟须通过对大学生幸福感的培养教育，让他们在领悟幸福、感受幸福、创造幸福、提升幸福的过程中树立真正科学的高级幸福观。

（三）大学生科学幸福观的内涵

幸福作为一个古老而常新的话题，在不同的历史时期，时代赋予它不同的内涵。人们对幸福的追求是持续而悠远的，但是，其内涵和价值却发生着巨大的变化。在不同的历史条件、不同地域环境下生存的人们总是会形成各式各样的幸福观，而作为新时代大学生群体，身处社会转型时期的现代社会，我们既不能要求大学生奉行禁欲式的形而上的幸福观，也不能全盘西化地接受片面享乐主义幸福观，我们不仅要从中华民族传统文化中萃取精华，树立合乎民族心理的幸福观，也要接受西方人性化、更具人道主义特色的幸福观，因为这样的幸福观才是易于接受和现实的幸福观，是有生命力的幸福观。

1. 幸福是安逸与消费、奋斗与创造的统一

从过程和结果的范畴来看，安逸与消费是一种较为短暂的结果性幸福，虽然大多数人生来就喜欢享受，但是一个人安逸久了，得到的不是预想中的幸福，而是无限的空虚与无聊的体验。叔本华说，占有一物便使一物失去刺激。个体若沉迷于安逸与消费，便会失去对需要和欲望的追求，失去了人生目标，了然无趣。人们只有在奋斗和创造中才能感受到真正的幸福。中国传统文化向来强调天道酬勤的思想，认为君子的内在人格魅力是通过自身的不懈努力、奋斗创造而逐渐锤炼出来的。哲学家罗素也说过，当人可以毫不费力地得到他所希望的东西时，单是生活中努力的缺乏就必然使他失去了获得幸福的一个重要因素。他认为："在幸福的生活中，各种不同的活动之间必须存在着一种平衡，不会导致当一种活动被推至极端时，其他什么活动都展开不了。"① 因此，要把主观幸福感的快乐享受、欲望满足与心理幸福感的人格发展、自我实现统一起来。我们要知道，幸福本身就是不断创造生活的过程，安逸与消费只是一种低级的物质性幸福，而追求幸福本身就是一部精神追求的奋斗史。幸福的人更具有创造力，有创造力的人更容易获取幸福。

2. 幸福是物质的充裕和精神的超越的统一

我们的社会为个体幸福的实现提供了必要的物质前提，在全面建成小康社会和建设社会主义和谐社会的进程中，我们已经把幸福指数作为一项重要指标纳入社会的发展规划中，不断发展的社会和不断提升的人民生活水平并没有增加人们的幸福感，物质财富与幸福指数并不成正比。这个"悖象"后面的原因是深刻的，既有主观因素，也有不可避免的客观原因。古人云：唯厚德者能受多福。只有树立正确的幸福观，拥有高尚的道德情感，才能感受到幸福。中国传统幸福观就是以内求于己、知足作为幸福价值取向的，这也正是医治当代大学生幸福感缺乏、幸福观偏颇的一剂良药，也是当代大学生应该吸取的中国传统幸福观的精髓所在。孔子曰："富与贵，是人之所欲也，不予其道得之，不处也。"（《论语·里仁》）孔子出生在物质匮乏的乱世，依然快乐不减，就是因为他认识到了精神理性的满足就是最大的幸福。幸福在于精神的高尚和内心的平和心境，它并不代表禁欲主义，而是要正确处理物质需要和精神需求的关系。人皆有欲，这是千百年来颠扑不破的真理。只要是合理的欲望，就应该得到尊重和支持。但不能从小处着眼，被物欲蒙蔽良心，最终为欲所惑、为欲所累、为欲所苦。为了满足短暂、低层次的幸福而损失了享受长远高层次幸福的权利，是非常愚蠢的行为。内心拥有道德的人才是幸福的，只有对自然和道德的法则有了清晰的认知，才能够达到"随心所欲不逾矩"的自由和幸福的和谐统一。

---

① ［英］罗素：《罗素文集》（第一卷），靳建国，译，内蒙古人民出版社 1997 年版，第 380 页。

3. 幸福是独自的享受和社会的分享的统一

幸福是属于个体的，因为它以个人的感受为条件。对于个人而言，体验自身的幸福也是做自己主人的一种表现。因此，幸福既然是个体的生活实践活动，它就应该能够被看成个人的一种人生权利，应得到社会和大众的尊重。大学生群体中，“新新人类”和“族群”此伏彼起，交替出现，都代表不同种类的生活方式与态度，如乐活族、飞特族、御宅族、低头族、啃老族，等等，虽然他们的幸福观和价值取向都属于非主流形态，与社会主流思想并不完全吻合，但是只要其幸福目标和手段途径在一个合情合理的范围内，我们的社会就应抱着包容之态度，为其提供广阔的个人空间，供其人生幸福目标得以顺利实现。然而如果每个人都将幸福狭隘地看成自己的私有财产，藏于心灵之一隅，这样的幸福观念也是异化的、不正常的。人的幸福不可能脱离社会而独立存在，它需要社会提供一定的条件，亦需要得到社会的认可。真正的幸福是个人幸福与社会幸福的和谐统一的状态，因此，在追求幸福和享受幸福的过程中，我们需要自觉承担个体所应该承担的义务，履行道德原则。人要生存，就需要与周边环境进行交往与沟通，交往沟通的过程其实也是分享的过程。从这层意义上讲，幸福既是个人的个体性行为，同时也是一种社会统筹性共享式的精神资源。“予人玫瑰，手留余香”，与人分享幸福不是把自己的幸福越分越少，而是意味着人们彼此之间都获得更广阔、更深邃、更高质的幸福空间，幸福氛围越漫越远、愈远愈烈。幸福不会因为分享而被减弱，它与物质的有限性不同，幸福是无限的。

4. 幸福是对幸福的追求和对不幸的挑战的统一

人生的旅途中，总是欢乐与悲伤交融，顺利与挫折更迭，称心和失意并存。人生的烦恼、痛苦和矛盾，多半源于主体对自己、对他人和现实的不满意、不认可、不欣赏、不珍惜。由此可见，自我认知与评价的内在模式实际上成为体验世界与他人，认识世界与他人，评价世界与他人的内在模板，对人的情感发展具有根本性的影响。我们所居住的世界是最完美的，就是因为它是最不完美的。这话从表面上看，不通至极，但是实含至理。假如世界是完美的，人类所过的生活便是单调呆板的生活。因为倘若事情都是尽美尽善了，自然就没有希望发生，更没有努力奋斗的必要。人生最可乐的就是劳动所产生的感觉，就是奋斗成功而得到的快慰。这个世界之所以美满，就在于有缺陷，由此提供了希望的机会和想象的空间。

生活的艺术在于从不幸中认识幸福，从幸福中认识不幸。幸福与不幸都是老师，天性以此来教育我们，让我们得以成长。我们只有辩证地看待幸福与不幸，才能更好地调节自己，更好地实现幸福。一般说来，在人的经历中，消极的感觉总比积极的感觉强烈得多，不愉快的情绪也比较不容易摆脱。面对幸福与不幸，我们要引导大学生直面不幸的挑战，认识到征服厄运就是幸福的开始。不幸虽好比洪涛巨浪，但却令人在平凡中体验到庄严与肃穆，在黑暗中看到亮丽的彩虹。当我们面临不幸时，要有悲剧艺术式的眼光，用冷眼看待它，内心却对它满怀惊叹与称赞。要不断地总结失败的经验和教训，采取积极的应对措施，不断加强自身意志力和耐受力的培养，给自己创造一切有利于实现自身全面发展的因素，实现期待中的幸福。

三、合理的职业生涯规划：大学生的和谐发展的重要条件

随着我国改革的不断深入，人才流动、双向选择、平等竞争等原则都已进入人才管理市场，为人们所认同。如何规划和发展自己的职业生涯道路，摆正自己的位置，选择好适合发展、有利于事业成功的职业，成为大学生进入职场时必须考虑的问题，职业生涯规划逐渐得到人们的重视。

（一）职业和职业生涯规划

美国社会学家泰勒在其所著的《职业社会学》一书中提出职业是一套成为模式的、与特殊工作经验有关的人群关系。泰勒的观点指出了职业作为生产关系的本质，即职业是社会关系中的角色体系，它由特定的社会历史文化条件所规定，由个体相应的资格条件来担当，二者的合理匹配有利于职业组织的发展和社会的发展。由此也可以认为：职业是人们从事的相对稳定的、有收入的、专门类别的工作。它是对人们的生活方式、经济状况、文化水平、行为模式、思想情操的综合性反映，也是一个人的权利、义务、权力、职责，进而是一个人的社会地位的一般性表征，是人的社会角色的一个极为重要的方面。它既是个人谋生的手段，也是个人实现自身价值的必要条件，同时也是推动社会不断前进和发展的标志。我们在衡量一项活动是否为职业时，需看其是否具备以下四个主要条件：其一，它是人可以用来谋生的一种手段；其二，它具有群体性，不是一个人两个人在做，而是一批人在做；其三，具有规范性，即在法律、道德规范内遵循一定规则的工作；其四，具有周期性，一种职业有它产生、发展、消亡的周期性。

职业生涯是一个人一生中所有与职业相联系的行为与活动，以及相关的态度、价值观、愿望等连续性经历的过程。职业生涯分为狭义的职业生涯和广义的职业生涯。从个体生命空间意义上考察，狭义的职业生涯指一个人从职业学习伊始，至职业劳动的最后结束，这整个人生职业工作的历程，即将职业生涯限定于直接从事职业工作的这段生命时光，上限起始于任职前的职业学习和培训。广义的职业生涯是从职业能力的获得、职业兴趣的培养、选择职业、就职，直至最后完全退出职业劳动这样一个完整的职业发展过程进行的考察，其起点从出生开始。

作为一种客观存在，人的职业生涯的基本内涵主要包括如下内容：职业生涯是一个个体的概念，是指个体的行为经历；职业生涯是一个职业的概念，实质是指一个人一生之中的职业经历或历程；职业生涯是一个时间的概念，是指职业生涯期。实际的职业生涯期在不同个体之间差别很大，有长有短；职业生涯是一个发展和动态的概念，寓意着个人具体职业内容和职位的发展和变化。职业生涯不仅表示职业工作时间的长短，而且内含着职业变更与发展的经历和过程，包括从事何种职业、职业发展的阶段、职业的转换、晋升等具体内容。

职业生涯规划就是针对职业生涯所做的设计。职业生涯规划是指个人根据对自身的主观因素和客观环境的分析，确立自己的职业生涯发展目标，选择实现这一目标的职

业，以及制订相应的学习、培训和教育计划，并按照一定的时间安排，采取必要的行动来实现自己职业生涯目标的过程。其主要内容包括：确立阶段性和长期性的职业目标；确定适合自己发展道路的方式、方法；明确将要进行的调整和各项准备等。职业生涯规划的内容主要是三个方面，第一个是方向或者目标；第二个是时间，职业生涯规划按照时间的长短来分类，可分为人生规划、长期规划、中期规划与短期规划四种类型；第三个是方案，主要目的是将中长期规划分阶段实施，进一步使其具体详细，列出实现计划的步骤、方法与时间表，从而顺利实现目标。

（二）大学生职业生涯规划及其特点

1. 大学生职业生涯规划

大学生职业生涯规划就是大学生在进行自我剖析，以及在全面客观地认识主、客观因素与环境的基础上，进行自我定位，设定自己的职业生涯发展目标，选择实现既定目标的职业，制定相应的教育、培训、工作开发计划，并按照一定的时间安排，采取各种积极的行动去达成职业生涯目标的过程。这一概念包含着如下内容：第一，大学生职业生涯规划的前提是全面客观地认识自身和外在环境；第二，大学生职业生涯规划的首要任务是确定个人的职业生涯发展目标；第三，大学生职业生涯规划是一个连续系统的动态过程，包括理想职业目标的确定、自我评估和环境分析、选择职业生涯路线、制订行动计划以及反馈调整等步骤；第四，大学生职业生涯规划的实现是渐进的，必须遵循一定的时间安排；第五，大学生职业生涯规划的最终目的是要实现最初的职业目标。通过职业生涯规划，大学生可以解决好职业生涯中的“四定”——定向、定点、定位、定心，尽早确定自己的职业目标，选择自己职业发展的地域范围，把握自己的职业定位，保持平稳和正常的心态，按照自己的目标和理想有条不紊、循序渐进地努力。

2. 大学生职业生涯规划的特点

大学生职业生涯规划的好坏直接影响其职业生涯的发展，因此客观分析自身的优点和劣势，清楚认识自己的性格能力以及爱好等，对于制定合理有效的职业生涯规划有着至关重要的意义。一份良好的职业生涯规划应具备以下特点：

第一，个性化。千人千面，世界上没有两片完全相同的树叶。每个人的生涯发展是独一无二的，都有各自的特色和个性。职业生涯规划针对的是个人，不同的人应有不同的设计方案。大学生在进行职业生涯设计时应因人而异，要根据自身的兴趣、性格、能力、社会背景、自身所处的阶段等设计不同的方案，从而使职业定位准确、设计方案科学。

第二，连续性。职业生涯规划是一项连续而又系统的工作，作为职业生涯规划理论发源地的美国早就走过从性向测评到职业生涯规划的阶段。性向测评仅仅能诊断出个体在能力、个性、兴趣等方面的特点，并在此基础上对学生适宜发展的方向和职业做出指导。然而，当面对大学生的性向与所学专业相去甚远，而大学生本身已经没有更多的选择时，此时的性向测评往往显得无能为力。就广义而言，职业生涯贯穿人的一生，在个体走上工作岗位之前的所有时光都是个体为职业做准备的时期，而在大学阶段会进入一个专业学习阶段，尤其显出其职业预备期的特点。因此，大学生职业生涯规划不仅仅是大学生毕业学年或阶段的工作与任务，大学生职业生涯规划应当贯穿大学四年，分阶段、分任务地逐级做好职业生涯规划指导。

第三，可行性。大学生的职业生涯规划要有事实依据，要充分考虑到自身的条件和外在环境的约束，制订切合实际的职业计划。这就需要大学生加强自我认知能力，对自己进行全面客观的定位，并对外界条件进行仔细分析，选择适合自己并且也能够实现的职业目标，而不能只是自己个人美好的愿望或不着边际的梦想，否则将会延误职业生涯的良机。

第四，适时性。高校在指导大学生进行职业生涯规划时，要根据各学期、各阶段的情况特点，合理安排实施。规划是预测未来的行动，确定将来的目标。凡事预则立，不预则废，因此各项主要活动何时实施、何时完成，都必须有时间和时序上的妥善安排，以作为检查行动的依据。学校和指导老师必须依据学生不同的学习阶段进行相应的职业生涯规划的指导，例如在大三、大四年级引导学生树立终身学习的观念，在离开正规学校系统教育后，必须通过各种途径去接受继续教育。与此同时，进行职业心理咨询，让学生了解自身的特点，扬长避短，找到适合自己的工作岗位，才有可能成为职业生涯的成功者。

第五，针对性。个人职业生涯规划必须由自己来主导。马斯洛的人生需求理论说明，个体发展的动力源泉在于个人自身。每个大学生的成长环境、个性类型、价值观以及能力爱好等不尽相同，一般来说，兴趣和能力是决定职业适应性即职业成功和工作满意的两个最主要的方面，也是职业设计和职业决策过程中所应着重考虑的因素。因此，大学生在为自己设定职业目标、制定职业生涯规划时应客观分析外界环境和自身条件，进行有针对性的个人计划，不能盲从。

第六，前瞻性。大学生今后的人生道路和即将面对的职业世界是非常广阔的，高校指导学生的职业生涯规划应着眼于学生的充分发展，因此，大学生职业生涯规划具有前瞻性的特点。大学生在自我定位和选择职业生涯发展道路之前，必须知道摆在面前的职业生涯道路的各种可能性，知晓未来的职业世界。只有这样，他们才能在自我认识的基础上做好自我定位，并选择一条适合自身特点的职业生涯发展道路。

（三）大学生职业生涯规划的方法和步骤

对于大学生来说，科学有序地进行个人的职业生涯规划，需要有专业人员的辅导，其规划的方法和步骤如下：

1. 自我评估

自我评估就是对自己作全面分析，通过自我分析，认识自己、了解自己，这是实施生涯规划的重要一步。自我评估主要包括对自己的兴趣、特长、个性、能力、情商、思维方式、道德水准以及社会环境中的自我等予以详细了解。大学生职业生涯规划辅导者要帮助大学生从以下几方面着手：我想做什么，我适合做什么，我能做什么，我应该做什么，我拥有什么？通过对这些问题的思考和回答进一步认识自己、了解自己。通过学生对个人的身心特点分析、自我优势分析、局限性判断来进行自我评价，以达到对自我及所适应职业的判断。

为了帮助大学生更准确地进行自我评估，学校应该引入科学的评估方法，并配备专业的辅导人员进行评估结果的分析和解释。可以使用的自我评估方法包括，第一，人格测试。常用的人格测试方法有明尼苏达多项人格测验（MMPI）、卡特尔人格测验、艾森克人格问卷等。第二，智力测试。常用的智力测试有韦克斯勒智力量表和瑞文推理量表等。第三，能力测验。其测验方法有明尼苏达办事员测验、简短雇佣测验（SET）等。第四，职业倾向测验。该测验目前有以下几种：爱丁堡职业倾向问卷、库德职业偏好记录、明尼苏达职业兴趣问卷表等。

2. 职业生涯机会的评估

职业生涯机会的评估，主要分析内外环境因素对自己职业生涯发展的影响。特别是近年来，社会的快速变迁，科技的高速发展，市场竞争的加剧，都对个人的发展产生了很大的影响。所以，在制定个人的职业生涯规划时要分析环境条件的特点、环境的发展变化情况、自己与环境的关系、自己在这个环境的地位、环境对自己提出的要求以及环境对自己的有利条件和不利条件等。

职业生涯机会的评估对大学生来说具有较大的难度。为了帮助大学生掌握职业生涯机会的评估，高校要加强对大学生的信息收集、整理、分析和判断的能力的训练，鼓励大学生对周边的环境因素进行短期的分析，如环境的范围和时间的周期，努力培养个人的分析判断能力。职业生涯机会的评估对大学生的就业选择将产生重要的影响，职业生涯评估不当，将使大学生的预期与现实不吻合，造成职业选择的迷茫和困惑，不利于职业生涯目标的实现。

3. 职业生涯路线和目标的设立

职业生涯路线和目标的设立是大学生职业生涯规划的核心，也是实现职业理想的起点。大学生通过自我评估、生涯机会的评估来认识自己、分析环境，在此基础上，主要从自己的价值、理想、成就动机对自己以后要从事的职业做出选择。对于学生个人来说，职业生涯的路线和目标的确定不是一步完成的，它大体包括：求学期间职业理想的萌动与职业的认知，职业目标的初步确立，相关知识的学习和培训，毕业时职业信息的收集、筛选和运用，就业协议的签订，从业后职位的选定以及职业流动和岗位迁移等。大学期间，专业辅导人员帮助学生设计和调整职业生涯目标的工作，只是奠基性的，但这种奠基性工作却可以帮助学生顺利就业，实现人生理想，甚至有益于一生。

职业生涯目标包括短期、中期和长期目标，长期目标一般是以后职业规划的顶点，或较高点，也就是梦想，但要细化至具体工作，短期目标的设立一般是素质能力的提高，或有用证书或考试的通过和获取。

4. 制订行动计划与措施

行动计划是指落实目标的具体措施，主要包括工作、训练、教育、学习等方面的措施。行动计划由长期和短期两部分组成，长期计划类似人生目标，它的实现有众多不确定因素。大学生应根据自身实际和社会发展趋势，不断地设定新的短期内可操作的目标。在短期目标的设定中，大学生需要在长期计划下，面对众多信息选择出适合自己的信息，逐步向着既定的目标靠近。

5. 评估与修订

职业生涯规划是长期持续的过程，要使生涯规划行之有效，就必须不断对生涯规划进行评估与修改。修改的内容包括：职业的重新选择，生涯路线的选择，人生目标的修正，实施措施与计划的变更，等等。

（四）大学生职业生涯规划的一般原则

在帮助学生进行职业生涯规划时，应遵循以下基本原则：

1. 兼顾兴趣早准备

大学生职业生涯规划应尽早进行，未雨绸缪，勿临渴掘井。要做一个成才的明白人，就要从走进大学的第一天开始，接受有关职业规划的理念，有意识地培养自己的职业发展规划，找到适合自己的就业方向，这样做是为了在迈进社会的时候，避免不知所措的尴尬。在做职业生涯规划时，还要考虑本人的职业兴趣，例如：喜欢旅行（适合于经常出差的职业）；喜欢温暖湿润的气候（适合在华南工作）；喜欢自己做出决定（可以自己做老板）；喜欢住在中等城市；不想为大公司工作；喜欢穿休闲服装上班；不喜欢整天在桌子后面工作，等等，应该根据自己的兴趣设定职业生涯规划。

2. 以社会和市场需求为参照

职业是社会的分工，而择业也不能脱离社会的需求和市场的需要，个人职业选择必然把个人的需求与社会的需要有机结合起来。如果择业脱离社会的需求，将很难被社会接纳。职业生涯规划要把握社会对人才需求的变化，以社会需求作为规划的出发点和归宿。

做职业生涯规划时，还要把目光投向未来，研究清楚本人现在做的工作，十年后会怎么样？自己的职业在未来社会需要中，是增加还是减少？自己在未来社会中的竞争优势，随着年龄的增加是不断加强还是逐渐削弱？在自己适合从事的职业中，哪些是社会发展所迫切需要的？这样的职业生涯规划才有现实性和可行性。

3. 以所学专业为依托

一个人要建功立业，实现自身的最大价值，离不开自己的专业知识。每一个大学生都有自己的专业，每一个专业都有一定的培养目标和就业方向，经过大学阶段的学习，大学生都具有某一领域专业的知识和技能，这是每一个人的优势所在。而且，用人单位在招聘人员的过程中，首先要考虑招聘者的专业背景和专业知识结构。因此，大学生在进行职业生涯规划时，应以所学专业为依据，如果所从事的职业不是自己所学的专业，在参加工作后就要重新“补课”，这无形中为自己的工作和生活增加了许多负担，对个人职业发展是极为不利的。

4. 循序渐进求发展

大学生应根据自己的实际情况，从基层做起，从基础做起，逐步积累经验，循序渐进，谋求发展，这样的定位才是较科学的。大学期间学生在不断地成长和成熟，因此对大学生的职业生涯规划也应循序渐进，而不能采取一步到位的方式。

5. 突出增强身心健康、提高综合能力

千变万化的社会要求大学生具有健康的体魄和良好的心理素质。古希腊哲学家赫拉克利特曾指出：如果没有健康，智慧就难以实现，文化就无从施展，力量就不足以战斗，财富就会变成废物，知识也就无法利用。大学生在人生选择与实践过程中，应培养和锻炼自己对挫折的承受能力和情绪调控能力，增加生活的磨炼与体验，以正确的人生态度对待困难和挫折。

知识经济时代是崇尚创新、充满创造力的时代，大学生应强化推陈出新、追求创意和以创新为荣的意识，要有广博的视野，掌握创新知识及开创新领域的能力；树立终身学习的观念，不断更新知识结构，有针对性地“充电”，以适应瞬息万变的形势，跟上时代发展潮流；应注重个性发展，用知识探索未知，解决问题，创造机会与财富，成为社会的强者，在此过程中，还应承认个人智慧具有局限性，懂得自我封闭的危险性，及团结协作的重要性，才能以合作伙伴的优势弥补自身的缺陷，增强自身力量，在各种人际环境中拥有良好的沟通能力，与他人友好合作，更好地应付知识经济时代的各种挑战。

第六章　追寻价值：精神生命升华之策

具有生命意识的大学生应该在省察自身和他者生命历程的过程中思考生命的意义。人不单单是自然的存在，活着也不单单是为了生存，人的生存有更加高远的目标，是一种生活，是有意义的生活，是对信仰和价值、精神等的追求。人的这种生活性，正是基于人的另一特殊的属性——超越性之上的。它超越了人的自然属性，让精神获得无限发展的可能性，也让生活具有了非凡的意义和价值。大学生在追问和反思中找到对生活意义的正确答案，才能自觉地去探寻和创造人生的价值。

一、价值观与生命价值观

（一）价值与价值观

1. 价值是在人类实践活动基础上，对满足人的需要的客体的抽象

价值是一个多学科交叉的概念，其含义十分复杂。在我国现代汉语中，"价值"是指事物的用途及其积极意义。在西方文化中，"古希腊的哲学家们一般使用好、善、美、正义等来表达具体价值，而没有上升到一般的价值概念"①。德国价值哲学创始人威廉·文德尔班认为，价值是哲学为世界立法的规范，价值就是"意味着"，就是具有意义。英国哲学家罗素认为价值问题是在科学范围之外的一种主观情感的表达。法国的存在主义者萨特把价值理解成自由，认为自由是价值的唯一基础，主张以个人为中心，通过个人的自由选择来实现人的价值。价值的区别只在于这样的属性是否为人所知觉和利用，如果只是尚处隐而未发的状态便不具有价值属性。应该指出，这些关于价值的理解都有其合理成分，但又未能深入揭示价值的本质。在国内学术界，关于价值是什么的问题，存在着"关系说"和"属性说"两种不同的观点。"关系说"是把价值理解为客体满足主体需要的一种关系，而"属性说"则把价值理解为客体或者主体的某种属性。但总体上看，学术界较普遍认同的是"关系说"。把价值理解为主体和客体之间的一种关系，来源于马克思。

马克思指出，"'价值'这个普遍的概念是从人们对待满足他们需要的外界物的关系中产生的"②，是"人在把成为满足他的需要的资料的外界物……进行估价，赋予它

① 杨德广、晏开利：《中国当代大学生价值观研究》，上海教育出版社1997年版，第33页。
② 《马克思恩格斯全集》（第19卷），人民出版社1963年版，第406页。

们以价值或使它们具有‘价值’属性”①。这表明，价值是反映人与外物的关系范畴，它是在主客体之间产生关系时，因客体满足了主体的某种需要而产生的。“所谓价值，是特指主客体关系的一种内容，这种内容就是：客体是否满足主体的需要，是否同主体相一致，为主体服务。”② 价值是客观事物对于主体需要的满足，在价值关系中，起主导作用和决定作用的是主体、主体需要以及主体以需要为基础的选择。

2. 需要构成人类生活的基础

一部人类社会发展的历史就是以人类的需要为基础、为动因的发展史，人类的一切劳动、生产活动、社会实践、创造发明等都是以满足人类自身的需要为动力，以促进人类自身的生存与发展为目的。离开了人的需要，就不会有人的各种实践活动，而需要又是人类生活的最基本的存在状态，也就是说，需要是人类生活的基础。这一基础可以使我们知道价值源于生活，它是人们对生活中能够满足人的需要的客体的积极意义的抽象。“价值理论产生于人们对生活中各种价值现象的普遍概括、提炼和上升，人们把生活中对自己有积极意义的、能满足自身需要的对象称为‘好的’、‘有价值的’，把对象客体对自己的积极意义抽象为‘价值’。而这些都是由人概括的，都是对人而言的，即所谓‘一切价值都是人的价值’，因此，‘价值’一词从一开始就具有属人的含义，是人的自我设定，是人的自为特性对人以自己为中心、必然地为我的存在方式的反映。”③ 也就是说，无论人怎样界定价值的概念，怎样区分价值的关系和类别，其最终的归宿还是以人为中心的需要的满足。

价值的定义包含三个要件，第一，事物的客观属性是价值的载体和来源，这是物本身所自然具备的。第二，主体的欲求和需要是价值关系得以产生的决定性因素，主体包含了个人与整体，它通过自身的认知和能力把客体对象化为为己的存在物。第三，人类的社会实践活动是价值实现的根本桥梁。实践是物的固有属性与主体需要统一的基础连接点和实现方式。马克思主义哲学视野中的价值范畴不是一个呆板的反映论，它包含“三位一体”的主体、客体、实践的关系范畴，是在实践的过程中得以建构出来的。价值根源于客体特性，决定于主体需要，形成于社会实践，而这三者又始终处于历史的流动中，其关系是多重而灵活的。因此，价值范畴也同样是一个历史的、有机的概念。

3. 人类的需要具有多样性

人类的需要是多种多样的，一般可以分为自在需要与自为需要。自在需要是人的自然需要，表现为人的一种生理状态或生理要求，其基本特点是无意识性和非历史性。但是，随着人的意识与自我意识的逐渐发展以及人的社会关系的逐渐形成，人的需要开始由自在的需要向自为的需要转变。“人的生物需要逐渐被社会化或人化，生物需要被逐渐纳入人类社会和历史文明的轨道，生物需要打上了人类意识、理性、社会和历史文化

---

① 《马克思恩格斯全集》（第 19 卷），人民出版社 1963 年版，第 409 页。

② 李德顺：《新价值论》，云南人民出版社 2004 年版，第 30 页。

③ 冯小平：《从人的价值与价值的关系看人的价值》，载《哲学研究》1997 年第 1 期。

的印记，改变了自己的最初表现形式，并由自在需要向自为需要转变。"① 人的自为需要是一种精神需要，是一种高级需要。按照马斯洛的理解，人类有五大需要：生理需要、安全需要、社交需要、尊重需要和自我实现需要，这五大需要是从人类生存的基本物质需要向个人生存的高级需要即精神需要上升的推进过程。随着人类社会的进步和文明程度的提高，人的精神需要也不断地得到发展，与此同时，人类原有的生物需要也逐渐展开、提升和完善，获得了精神需要的形式。正是这一点，使人远离动物界、超越动物界。而在需要的基础上和需要动力的驱使下所产生的价值就是人的精神的一个主要方面，就是人区别于动物的一个重要标志。"因此，教育和引导人们正确地理解价值、追求价值、实现价值就成为人类一项非常重要的任务。"②

4. 价值观是价值范畴和价值判断的观念体系

价值观是人们对什么是价值、某一客体对象是否具有价值、人们怎样去创造价值等问题的根本观点。从哲学的角度来看，价值观是由一系列价值范畴和价值判断所组成的观念体系。大多数学者认为价值观就是价值观念的简称，"价值观是人们在特定历史条件下，在改造世界、创造和享用价值的过程中形成并确立的相对稳定的观念模式，是人们以价值关系为反映对象，对人们的价值活动起导向和规范作用的社会意识"③。从伦理学的角度来看，"价值观是人们对价值问题的根本看法，是人们在处理价值关系时所持有的立场、观点和态度的总和"④。从思想政治教育学来看，"价值观是指人们在处理普遍性价值问题上所持的立场、观点和态度的总和。而人们在价值追求上抱有怎样的信念、信仰、理想，便构成了价值观所特有的内容"⑤。这一定义体现了思想政治教育学学科高度综合性的特征。2005 年联合国教科文组织国际教育和价值观教育亚太地区网络组织编写的《学会做事》一书，将价值观界定为"价值观代表人生的理想和目标，是我们追求的动机和目的。价值观激发情感，它给予我们思想和理解的动力。因此，价值观构成了个人和组织的内在驱动力"⑥。通过以上四种对价值观的定义，我们可以知晓价值观概念的构成包含了以下几个维度：

第一，价值观是通过实践来表达和呈现的，它是主体在处理客体属性时所持的态度和想法的抽象表达。

第二，价值观包括对自我生命的解读，即我的人生该何去何从的追问，这就内化为一个人的修养和品性。

第三，价值观在呈现载体上可以有个体和社会整体两个层面，社会整体的价值观是

---

① 竹立家：《道德价值论》，中国人民大学出版社 1998 年版，第 17 页。

② 刘济良：《青少年价值观教育研究》，广东教育出版社 2003 年版，第 2~3 页。

③ 陈章龙：《论主导价值观》，江苏人民出版社 2006 年版，第 46 页。

④ 陈章龙、周莉：《价值观研究》，南京师范大学出版社 2004 年版，第 3 页。

⑤ 源泉：《把社会主义核心价值体系融入思想政治教育全过程》，载《思想政治课教学》2006 年第 12 期。

⑥ 联合国教科文组织国际教育和价值观教育亚太地区网络：《学会做事——在全球化中共同学习与工作的价值观》，人民教育出版社 2006 年版，第 11 页。

一个宏观层面上的引导和规范，是作为统一的意识形态的存在。而生命个体的价值观则是具体的，是对整体要求的具体改造和落实，它是与自身的特征和生活的氛围相匹配的，具有多样性和丰富性。

第四，价值观是供人们进行判断和抉择的观念体系，它包含了是非善恶的诸多形态，和一系列对立和冲突的矛盾范畴。这就意味着价值观不可能是中性不偏的，它往往包含与该时代的背景和周围的生存环境相应的意识形态。

第五，价值观因时代和条件的不同而存在诸多的可能性，不同的阶级有不同的价值观。人们在选择上只能是因时因地而制宜，不可能固执一己之念来权衡世间万事万物，当然它也不能是时刻在流动的，在某一固定的时间和地点上它具备了相当的确定性。

在宏观上价值观是社会文化体系的核心，在微观上价值观是人的世界观的组成部分。在根源上价值观同主体的需要、理想联系在一起，受制于人们的社会地位和思想政治意识。由于人们的思想觉悟不同，需要层次也不同，因而他们的价值观也不同。价值观的形成有两个直接的前提条件：需要和自我意识。需要是形成价值观的客观前提。不同的主体需要不同，价值观也不同。需要的多层次，决定了价值观的多层次性；需要的社会历史性，决定了价值观的社会历史性。整个价值观系统就是建立在主体需要系统基础之上的、对主客体之间的价值关系进行反思并整合而形成的观念系统，它综合了主体的需要和期望。自我意识是价值观形成的主观条件。自我问题是人的本质问题的一个方面。自我意识是人的主体意识，是人的自由的首要条件。一般来说，一个人既掌握了客观对象，又通过自我意识掌握了自身的主体存在，把主客体区分开来，才能形成需要意识，并以此为尺度评价客体，形成某种价值观念。所以，价值观是在需要的驱动下，在自我意识的导引下，在价值活动的过程中形成的。

（二）生命价值观

从哲学的角度看，生命价值观，是指人们关于什么是生命价值、怎样评判生命价值、如何创造生命价值等问题的根本看法和根本观点。也就是说，生命价值观是“人们认识和处理生命价值问题所持有的根本观念。这种观念，既凝结着以往生命价值的实践经验与感受，又反映着人们对当下生命价值问题的根本立场、观点、态度和看法，它表现为关于生命价值的信念、信仰和理想等。”① 这种观念是支配人们选择以及态度的价值导向机制与价值评价标准。因此，生命价值观控制着人们的生命价值选择和生命价值的实践创造。

1. 生命价值是生命存在对于主体所具有的意义

生命价值本应泛指包括人在内的所有生命体的价值，本书把生命价值主要定位为人的生命价值。按照前述对价值范畴的理解，人的生命价值可以表述为：人在自己的生活实践中建立起来的客体属性对主体需要的一种肯定性关系，即客体满足主体需要的关系。人的生命价值，包含着个人对自身、个人对他人、个人对社会、个人对自然的多重

① 梅萍等：《当代大学生生命价值观教育研究》，中国社会科学出版社 2009 年版，第 19 页。

关系。

首先，人的生命价值表现为人的生命对自身需要的肯定关系。人是具有自我意识的存在，他在自己的实践活动中，把自身对象化，从而在自身内部构成一种主客体关系，即构成一种“主体我”和“客体我”的关系。在这里，“主体我”有自己的需要、愿望与目的，而满足这些需要、愿望和目的的对象，是作为客体存在的我。在这种关系中，“客体我”并不能自然地满足“主体我”的需要，达成“主体我”的愿望，实现“主体我”的目的，如人们常说的“心有余而力不足”，就是这种状况的典型表现。

其次，人的生命价值表现为人在自己的实践活动中建立起来的“我”与“他”的互为主客体关系中。人的社会属性表明，任何个人的存在都需要以他人的存在为前提，因此，人的生命价值包含了人自己对他人的价值和他人对自己的价值两个方面。

再次，人既是个体存在，又是社会存在。作为个体存在，人有自己独特的需求，然而任何个体的独特需求又只有在社会中才能满足和实现。因此，如果说人的个体性需要具有其正当合理性，社会需要给人提供满足其需要的条件的话，那么，因为这些需要的实现和满足又离不开社会，所以，人又必须为社会尽责任和义务，以维持社会的正常运转，促进社会的发展。在这个意义上，人在自己的实践活动中，建构了人与社会的互为主客体的价值关系，即社会对人的需要的满足关系和人对社会需要的满足关系。

最后，人是自然存在，又是超自然存在。自然是人类满足自身需要的对象，这是自然对人的价值。同时，自然作为人生存的家园，其存在的状况如何，直接决定了人的生存环境的优劣。因此，在上述三重价值关系的基础上，任何个人或某一历史发展阶段上的人类整体，都有既为自己也为他人（包括“在场的人”与“不在场的人”）善待自然的职责和义务。这构成人和自然之间的主客体价值关系。对生命价值观的理解逻辑地包含着上述对人的生命价值的多维度解读，这就是说，对有关生命价值观所涉及的基本问题，诸如什么是生命价值，怎样评判生命价值，如何创造生命价值等的理解，都必须置入上述多重关系中。

2. 生命价值观是人们生命价值活动的准则

生命价值观为人们的当下和未来的生命价值活动提供着引导和方向，使得人们在生命价值判断和生命价值的实践中有一个准则和依据，整个社会的秩序和稳定也正是借这种价值观来维系的。从性质上分析，生命价值观是一套系统化、整体化的生命价值态度和意识；从特征上解读，它既有价值观的一般特征，又因生命主体的加入而独特一格；从关系上看，它是丰富多元的，既包括了人对自身生命价值的培养、判定和反思，也有着人与他人及整个社会整体的价值关系界定，同时还把自然万物的各种生命形态囊括于考察范围之中。

二、生命价值观教育

生命价值观教育是指一定社会中的阶级或集团基于一定的目的，通过特定的教育主体，利用各种教育途径，采取多种教育方法，把本阶级或集团所认可的生命价值观念传达给受教育者的活动。

（一）生命价值观教育经历了从自发到自觉的过程

生命价值观教育和人类生命诞生的历史一样长远，其发展也经历了从自发到自觉的过程。人类要生存，要发展，要创造自己的历史，首先就必须满足衣食住行等基本物质生活的需要和繁衍的需要，这就是马克思著名的“两种生产”的理论，即物质生活资料的生产和人口的再生产。远古时候，生产力水平低，物质生活资料匮乏，因此，人口也是相对匮乏的资源，这从原始部落的战争往往因争夺生产资料与人口而起就可以得到证明。在这种情况下，如何维护生命、延续生命便成了一个对部落和氏族来说生死攸关的问题，因此，原始人类很早就开始了生命教育和朴素的生命价值观教育，这主要体现在古老的祭祀仪式中。从大量的考古材料中，可以发现，几乎每个地区的、每个民族的远古先民，都有过生殖崇拜，这一点也证明了，生命观教育和朴素的生命价值观教育确实是和人类的诞生同步的。

随着社会生产力的提高，物质财富也相对丰富起来。于是，原来氏族内部的公有制被破坏，社会产生了不同的阶级，这些不同的阶级因其经济地位不一样，进而导致社会地位的差异，不同阶级之间的矛盾和冲突在所难免，社会不稳定因素大大增加了。在这种背景下，统治阶级为了维护其统治的需要，就必然要培养为其统治服务的人，把顺从统治阶级的统治作为人的美德而灌输给人们，生命价值观教育由自发走上自觉阶段。

（二）生命价值观教育维系着人类的社会生活

生命价值观教育之所以历史悠久，自然与其在人类生活中的地位密不可分。可以说，这种教育活动是人类在社会存在和发展过程中维持社会秩序的基础和必然。

首先，它是人类自然生命保存的需要。生命价值观教育，包括生理健康知识教育、自我保护和自我尊重教育、安全教育等。这些教育有利于人们形成正确地、理性地对待自然生命的态度，并在此基础上推动自然生命的不断强化和完善，为人的延续和发展奠定基础和提供平台，这是生命价值观教育的基础所在，也是人本主义价值关怀的前提所在。只有在安全和生活上得以保障无忧，人的全面自由的发展才有可能。

其次，它是人类社会生命和谐发展的需要。对生命价值观教育的强调就是要让生命体获得一种平衡：一方面，在自我的生命内部要保持和谐，健全人格；另一方面，在生命的外向延伸关系上，即在与他人、他物的关系上保持一种平衡、包容的态势，并借此来实现自我全面发展与社会全面进步的和谐一致，使生命体得以充实、平和与完善，生命体存在的环境得以清净而协调。

最后，它是人类追求精神生命的需要。生命价值教育的任务就是让人真正地实现自身价值，从单一的肉体生命中摆脱出来而进入人之为人的形态之中。人之为人的形态不是一种外在的强加和封锁，它是一种内心的修养和人格，是生存于世间最完满的接近自我实现的过程，是让自身脱离低级趣味的自我愉悦并能使他人也于其中分享幸福。精神生命的达成必须是在自然生命的物质条件满足和社会生命的责任得以承担的基础上的进一步升华，它是个人对自身的全面自由发展的深度体验和追寻。

三、现代人的生命价值意识危机

近现代以来，科学技术的发展，经济、政治、文化环境的变化，对人们的生命价值意识的形成产生了重大影响，在一定的意义上，可以说现代人产生了生命价值意识的危机。

（一）近代自然科学的发展使人类理性中的手段与目的发生偏移

理性的原初意义是指人的灵魂所特有的思想能力，它是人区别于动物的重要特征。人之所以从动物中凸显出来，不仅是因为人在能力和技术上的优越性，而且还在于人所具有的自我直观和自我确证的能力，换言之，动物只是作为自然必然性的存在，而人却可以从必然性中成就自身的主体地位和自由。因此理性的本真意义也便有了双重性：一是指人正确认识外在对象，是通过对认识主客之间关系的探求来实现的；二是指人对自身的反观和直观，这是通过对人自身的过去、未来（即其“未名性”）、人的作品和人与人之间关系的追问达成的。理性的这两个层面也就是理性作为认识、征服客体的工具与认识、定义人的本性的途径的划分，它们是统一体中的两面，是不可分割的，这也就是柏拉图既在其理念论中把理念视为理智对象，又在其灵魂学说中对灵魂作理性、激情、欲望三重区分的根源所在，其目的是把理性的真理性因素和道德性因素结合起来，而不致因强调其中之一而失去理性的本真的整体性和价值的全面性。而在亚里士多德那里，理性同样作了两重区分：人作为理性动物，其灵魂有理论理性（想象、抽象）和实践理性（思虑、选择）的特有功能，当理性以其分辨是非善恶的功能指导人的行为时便表现为德行。所以说，理性的认识论意义和其伦理学意义本是一体的，这意味着我们运用理性认识和改造世界的过程与人对自身本性和定位两条路径是合一的。而且，对外在对象的认识和改造是为了人而存在，是作为工具而存在，只有技术性价值。对人自身的本真和“未名性”的探求则是作为目的和方向而存在，是指向最高的“善”，它是工具性理性的基础所在，规束并制约着技术性理性。这两者之间的划分和关系也就是亚里士多德说的：“善事物就可以有两种：一些是自身即善的事物，另一些是作为它们的手段而是善的事物。”① 前者也就是指称“最高善”的存在，是后者的目的。

工具理性就是技术性层面的理性，其发展的路径与近代自然科学的兴起和壮大历程是一致的，是因循从中世纪神学背景下脱离出来而强调人的自主和自立而崛起的。启蒙运动所主张的启蒙理性便是工具理性最明确的彰显，启蒙理性宣告了理性时代的正式开始，“人类整个现代化的进程就是要以理性为工具，以全人类利益的名义，对自然、社会、人的心灵和道德生活等各个方面进行合理的安排和控制”②。然而物质文明的到来并没有带来人类高度的精神文明，科学技术的发展并未使道德生活得以提升，甚至于使人类的精神和道德生活呈现出下降和滑坡趋势，人与自身、人与人、人与自然之间的矛盾和冲突变得日益严重。其中的原因可以从马克斯·韦伯对“工具理性”的分析中得

① ［古希腊］亚里士多德：《尼各马可伦理学》，廖申白，译，商务印书馆2003年版，第15页。

② 文旭：《论科学合理性是一种普世价值》，湖南师范大学2008年硕士论文。

到，他把理性分为“工具理性”与“价值理性”。在韦伯的理解中，“工具理性”就是为了实现某一合理性的目的而合理地选择实现目的的手段、工具，其衡量的标准是运用手段达到既定目的过程中的有效性。而“价值理性”则是“行为如果不考虑预见到的后果，而只坚持其关于义务、尊严、审美、宗教律令、虔诚或‘事实’的正确性的信念”①。韦伯认为，在资本主义社会产生之前，在社会生产和生活领域中价值理性起主导作用，而资本主义社会产生之后，占据主导地位的则成了目的合理性。但是，随着资本主义的发展，宗教的动力开始丧失，物质和金钱成为人们追求的直接目的，手段变成了目的，由此便致使工具理性超出了自身的运用性质和范围而成为“非法使用”的范畴，成了套在人们身上的铁的“牢笼”。

工具理性本身并不存在什么问题，它的存在为人类的物质和经济生活提供了强大的动力支撑，然而其过分强势却是对理性本身二重划分的违背，使得原本完整的理性王国成了一个畸形儿。工具理性对价值理性的僭越和遗弃使得人们把自我当做“物”的附属品来对待，使得“人”与“物”之间的主从关系发生倒置。人类在物质生活和制度生活不断完善的同时忘却了自己的本真存在，“逐万物而不返”，这样的思想和世界架构自然不能推动精神和道德文明的发展，甚至因此而消解了道德存在的根基所在。如韦伯就把逐利的新教伦理与资本主义精神等同起来，认为人与人之间的对立和利益计算正是资本主义繁荣的根源所在，而亚当·斯密把人假定为经济人也是基于“工具理性”作为社会运作基本理念的阐发。

总之，人的理性本身有双重的取向和要求，“工具理性”充当着认识和改造外在对象的功能，其充当的是手段的性质，人认识和改造对象只是为了更好地认识和确证自身的本真和意义所在，这也就是人的“价值理性”所在，这是作为目的而存在。手段和目的依照秩序共同构建出完善的理性王国，二者缺一不可，其地位也不可颠倒。

（二）生命科学的发展使生命神圣价值意识逐步消解

生命科学是随着近代自然科学的研究而兴起和繁盛的，它所采用的研究方法是经验性的观察和实验，是工具理性在生命物理结构上的运用成果。生命科学初期主要是以观察生物的群体生活及个体的生命过程为研究内容，其学科的对象是以生物整体为对象的，其典型代表是达尔文及其著作《物种起源》，进化论是在长期实地观察基础上形成的关于生命起源及其生灭规律的成果。而细胞的发现则使生命科学得以从宏观深入到微观的层面，在方法上则更强调实验的作用。现当代的生命科学则是在细胞和分子的基础上进一步研究其基因谱系。不论是宏观还是微观层面上对生命的科学解读都是把生物作为机械的存在来对待的，就对人的研究而言，生命科学试图把人的精神活动全然地还原为肉体的运作现象，企图通过对人体整体进行物理性的精密分析来达成解读和诠释人的全部生命的目的。在生命科学的研究中，一切的生命活动不论是身体机能活动还是思想活动都可以被还原为由基因和细胞结构所组成的神经控制和反应。因此只需要对人的身

① ［德］哈贝马斯：《交往行为理论》（第1卷），曹卫东，译，上海人民出版社2004年版，第166页。

体机能有足够的了解便可以成为自身的绝对主宰者，人类因此而得以完成对自身行为和思想的完全主导。生命科学的不断发展使得人类相信人不但不需要借助外在的力量来解释自身的存在及在一定程度上控制自身的存灭，如医学技术的进展，而且可以利用对细胞结构和基因谱系的深入研究来制造出一些全新的物种，如克隆技术和转基因技术运用。这样生命科学便为人类自身和整个外在环境的延续和改善提供了可能和机会，人类不但成了自身的“上帝”，对于整个自然界来说也逐步具备了扮演“上帝”的能力。

然而，生命科学不论是在对人类自身还是对自然的认识和改造的技术操作上都有着不可避免的缺陷。作为整体的人由身体与精神两大领域构成，身体领域是由个体自身生理机能所掌控的，这方面的人可谓大同小异，是可以而且应该成为科学研究的对象，这样便于人更好地了解和掌控自己的身体机能，改良健康状况，减少物理上的痛苦。然而，人的精神领域却不仅涉及个体自身，它是个体在社会化过程中，在与他人和外在环境接触中形成的，是一个动态的和流变的过程，生命科学对精神现象作机械化解释的本身就违背了思想的本性。至于生命科学企图利用人类的力量重新设定自然界，改造出一些完全合乎科学和效用最大化的自然物，不过是以自身有限的理性能力妄图架空自然界自身历史和演化的幻想，克隆和转基因技术在短期看来似乎可以达到人的利益最大化的要求，然而它们是建基于改变事物的自然结果和法则，是对自然界“物竞天择”法则的强力干预，自然界的生物链包括人在内是经过漫长的历史而形成的稳定性的因果循环，一旦强力改变必然会导致自然界生物的失衡，最终也必将危害人类自身的利益。而且因为人的理性认识能力和改造自身及其他存在物的能力都是有限的，是受历史和具体环境限制的，因而是不完全的，其局限和弊端是不可避免的。

更为重要的是，生命科学的发展是由挣脱宗教对人的设置和限定而起的，它最初的目的是把人和自然界从神的控制下解脱出来，不论进化论和细胞学说都在向人们宣示神的缺位和生物的自我运作的本性，这就说明人可以借助自身的理性来认识自身和自然界，而不必把它置于一个莫须有的神的影子之下而不得自主。随着生命科学的不断深入，尤其是现当代对改造生命的深入研究，人类不再仅仅满足于探求世界的真理所在，不再把自身的研究目标限定在获得人和生物的自立上，生命科学的成果使得人逐渐地把自己摆在了原先神所在的位置，不仅自我设定自我的存在，而且以人的眼光和需求来设定他物的存在。这一方面使得人把自己当做自身思想和行为的最高存在者，人从传统神学的视角下解放出来，不再对神、对自然界有敬畏之心，不再承认有什么是神圣不可侵犯和神秘不可探究的，一切都需要经过科学真理的检视，要为其所认识和改造。上帝的一切功能也都为人所接替，人的善恶观念不再是立于宗教的道德信念基础之上，而是以人的利益为权衡方式，只要推动利益的便是善，不合人的欲望的便是恶，道德由此变成了真理和利益的附庸。这就导致了人类道德的不断世俗化和功利化倾向，人对自身的精神的审视被肉体性的欲望所取代，生命的本真和意义不复存在，人与人之间也不再有博爱和宽容，一切都被纳入利益关系中进行计算。另一方面，人与自然界的关系也由以前的敬畏和共处而转变为人凭借自身的欲望和要求凌驾于自然之上的主从关系，致使人肆意地改造自然界，对外在环境和物种进行人为的、强制的加减。

人本来只是物种之一，与其他的存在者同类，而现在却以自身去衡量和要求其他物种，“人是万物的尺度”自此开始得以全面展开和实现，这必然导致人和自然之间的矛盾和冲突不断激化，就如现在全球性的环境危机以及大面积的物种灭绝。不论是人对自身生命，个体对他人生命和对他物生命的神圣意识都随着生命科学的物理化处理的深入而处于不断的淡化和消解之中，由此而引发人把生命置于纯客观的境地对待之，置于工具理性的衡量之下，生命所遭遇的机械化处理使其失去了灵魂特有的灵动性而处于僵死之中。

（三）物质享乐的追求使人的精神性生命价值不断迷失

自从西方文艺复兴以来，人类文化和社会生活从宗教的规制下解放出来，不再以宗教教义来指导自己的生活和行为，而提倡人的欲望满足和人的价值的自我实现，不再把生命的目标指向理解上帝、被上帝救赎和遵从宗教理念，或者说对上帝和救赎的解读发生了由人之外的原因向以人自身为标准的转向。宗教生活是指向严格的修养和对上帝的绝对信仰，由此使得人的精神生活和物质生活具备了平和性和规范性，在此环境中，人们对自身行为和思想有着严格的界定和高度的自律，始终是以救赎自身为目标、为指导来进行纯洁的生产和生活，人的本真存在就是要跟上帝在一起，遵从上帝的指导和教理。其最大的意义和价值在于保障了人的道德本性，使人的道德修养和道德境界保持在相当高尚和纯净的层面上，人在上帝面前既获得了自身的确定意义所在，也看到了自己的未来和实现未来的途径即救赎。而世俗生活则是导向欲望和感官享受的实现以及对科学真理的坚定探索，它所崇尚的人的认识、改造自身及外在的自然力量，并通过这种力量来证明自身的存在和价值所在，也借此满足人的欲望和享受。它所追求的是物化的、感性化的生活方式，即在不断的创造中享受多姿多彩的物质生活、科学化的制度建构，即实现“最小管理—最大成果”的经济原则，人的精神生活不再是以道德属性为根基和指向，而转化为认识根源和改造力量，世俗化文化信仰的是“知识就是力量”，认为人的理性就在于为自身和自然立法。人们不再满足于宗教严格的修行而强调物质生活的享受，并将肉欲的满足和享受作为人之为人的根本。人的理性而非全能的上帝成了决定自己生活的最高标准，一切都必须接受科学和理性的考量而确证自身的作用和地位，“一切都必须在理性的法庭面前为自己的存在作辩护或者放弃存在的权利。思维着的悟性成了衡量一切的唯一尺度”①。由此原则而来的生活态度和生活方式便处于不断追求创造新事物、占有新事物和享用新事物的过程之中。而这一过程使得人们忽视自身存在的根本目的，扭曲生命存在的价值，使精神领域的追求变成了外在的技术性和物质性的追求。

文化世俗化的潮流和工具理性的主导作用，使得劳动及其产品发生了异化，人类本来是通过劳动及其产品来直观自身，确证自己的本质和价值所在，而文化世俗化引发的过度商品化，使得人们的劳动异化为可以出卖的劳动力，劳动产品的创造不再能确证自身而成了别人占有和享用的单纯物品，劳动者只是以之来延续自己的肉体存在，而资本家和消费者则用之来满足自身的欲求。这就必然致使消费主义的产生，“消费主义是这

① 《马克思恩格斯选集》（第3卷），人民出版社2012年版，第391页。

样一个发展的环节：在这个环节上，工人阶级的生活水平有一种相对的提高，表现为一种虚假的丰裕社会；工人阶级在异化劳动中导致的精神空虚在消费活动中得到虚假的补偿和满足，从而部分缓解了自主性缺失的问题”①。消费主义背后隐含的是人本真价值的缺乏的危机，人们借用对物的占有来满足自身的意义和存在感，并想当然地以为自己通过购买和享有支配着“物”，殊不知却成了“物”的奴隶。在当代条件下，消费主义还呈现出新的方式，主要是消费对象由以前的有形商品逐渐地扩展到无形的文化和精神性消费，但这并不意味着人类开始注重人的精神本质，它只是消费内容由单纯的物质化转向娱乐化，消费横向延伸罢了，而并没有产生表面到本质的纵向深化。消费对象这一横向的延伸更是推动了文化世俗化的进一步深化，因为娱乐消费是伴随电子媒介的产生和发展而不断展开的，而在电子时代之前的铅字时代，虽然人们也不再向往崇高的、纯净的理念生活，但是在处理世俗事物和关系时是建立在对所在区域环境的详尽了解的基础上的，人们无法关注、也不会关注外界的无关事件，对于具体事件的理解和处理也是建立在对铅字文化的深入理会和广泛地实践理性的经验之上的。娱乐时代的到来尤其是网络带来的信息爆炸，使得人们更是耽于鸡零狗碎而遗忘了生命的真正意义所在。消费主义的泛滥导致的是对大量物质和精神产品的需求，这必然使得生产消费产品的自然材料和工人被严重甚至是过度消耗，而这种消耗不论是对人的健康发展还是社会的可持续发展都是危害极大的，它容易导致社会资源加速枯竭，及废料产生和环境污染的日益严重，这将对人类的延续和后来的人的生存状况形成重大威胁。

综上所述，不论是文化世俗化的倾向还是消费主义的流行，它们都消解了对人的本质存在的追问，而把人从精神生活的追求拉到了物质性生活享受，以人自身的工具理性及其成果作为自身的本真和目标，而实现了从以上帝为中心的神圣的、精神性的生活向以人为主宰的物质性的、感性化的生活的转化。它们一方面极大地丰富了人们的物质生活，使得人的生活样式变得丰富多彩，另一方面却也使人执迷于物质性的占有和享用，而把这一基础性条件当做最高的目的，人们一辈子耽搁于“物”中，用外在的“物”充当最高的价值目标而忙碌终生，却不知反向回到自身，通过自身的劳动和产品来寻求正确的答案。

（四）价值虚无主义和相对主义的出现导致生命价值意识的坠落

人作为思维性存在，因受着外在环境和自身因素的流变性和不确定性的困扰，不可避免地需要追问我（们）是谁，我（们）的生存意义是什么，我（们）该如何生活的问题，以期获得对自身存在和生存方式的确证。而对这些关于人的“未名性”问题的思考就必然地导致了三种解决路径：一是传统形而上学的路径，把自身的存在根源和依据归诸于外在的、最高的存在即“上帝”；二是伊壁鸠鲁式的解答，以人自身为标准，自我设定自己的意义和规范；三是怀疑论的倾向，采取怀疑的态度，否定人自身和外在世界的确定性，认为一切都在相对之中。在现代性产生之前的世界是属于传统形而上学

① 张剑：《消费主义批判的生态之维——基于马克思主义视角的一种解读》，载《南京社会科学》2010年第4期。

的世界，人们把上帝、理念和存在作为解释世界的终极原因，包括人在内的一切感性物都接受外在的最高存在的引导和规范。“柏拉图进行‘两个世界’即感性世界和理念世界，‘两种真理’即感性真理和理性真理的划分”，奠定了形而上学的基础。① 作为“真实世界”的超感性世界，如上帝、理念、道德法则、绝对精神等，是万物所在的感性世界的本质，它赋予感性世界以价值、意义和目的。这就使得人的存在有一个神圣、神秘而稳定的根源，而人的行为和思想也因此而有了一个共同的、绝对的指导和标准，人得以在遵循形上世界的原则和追求共善的过程中确保自身的精神生命、价值生命和德性生活，整个世界都服从于形而上学的规范的等级秩序并各司其职。然而随着现代性的开启和发展，传统形而上学和神学遭到了人们的遗弃，整个感性世界的存在失去了自身的外在的意义源泉，超感性世界的崩塌致使人们失去了自己的本质联系，而不得不重新寻求对自身“未名性”问题的解答，价值虚无主义也由此而产生。“关于虚无主义问题最具影响力的论述还是来自尼采与海德格尔，二者分别从价值论和存在论的角度来理解虚无主义，将现代性危机诊断为虚无主义，认为虚无主义根源于传统形而上学的失败。”② 尼采认为形上世界本身就是虚构的，它与感性世界没有本质联系，更为关键的是“上帝死了”，感性世界没有了作用力，而最高价值的自行贬黜导致了虚无主义。尼采将虚无主义分为积极的虚无主义和消极的虚无主义，前者表征精神力量的强盛，它是感性生命冲破旧有教条、以不断超越自身的精神力量为自身确立价值和目标，为尼采所肯定。而后者为尼采所否定，因为它表征精神力量的衰微，它不能为人自身设定目标和价值，会导致悲观主义。因此，他企图以积极的虚无主义拯救虚无主义，通过对柏拉图以来的传统形而上学的颠倒，在批判一切价值后以人的感性生命为自身确立价值，用主人的权力意志拯救虚无主义。权力意志是最高的价值，所有的目的、价值和意义都由它创造，主人是能为自己确立价值并按照这些价值去思考、判断和行动的人。海德格尔通过对存在和虚无所作的区分，把形而上学的根本问题归结为对存在的遗忘，存在的缺席是虚无主义的本质所在，以往的哲学都只是对存在者或最高存在者的解释，并没有真正地研究存在本身。“海德格尔从存在的角度考察虚无主义。他认为虚无是与存在相对而言的，而非尼采所说的价值。”③ 走出虚无主义是要回到前苏格拉底思想而不是通过重新设定最高价值便可实现的，海德格尔主张以诗化的思维，以世界之四重整体的新形而上学理念和架构来走出虚无主义的泥沼。

价值虚无主义导致了人们的生存根基和生存理念的同一性和绝对性不复存在，人对自身存在、人与人之间以及人与自然之间关系的判断标准没有了共同的依据和原则，那么这些关系该如何权衡和定位呢？人一方面抛却了传统形而上学的外在标准，但又不可

---

① 黄文杰：《形而上学的分野与置换——中西传统形而上学的比较分析》，载《福建论坛》（人文社会科学版）2004 年第 9 期。

② 庞楠：《价值虚无主义与价值秩序建构》，载《深圳大学学报》（人文社会科学版）2012 年第 1 期。

③ 庞楠：《价值虚无主义与价值秩序建构》，载《深圳大学学报》（人文社会科学版）2012 年第 1 期。

能把自身视作一无根基和确定的存在，即排除了怀疑论为根本，那剩下的唯一路径就是伊壁鸠鲁式的“原子论”解答，即每个原子在降落中做偏斜运动，由此而产生个体原子的独特规定性，个体之间得以区别并以之为自身的本质和意义，依照自身的标准自行其是，而相互之间不再有共善。这也就意味着，价值虚无主义必然地导致价值相对主义的盛行，形而上学价值等级秩序退场之后是价值失序的出场。正如尼采所认为的，现代人试验性地一会儿相信这种价值，一会儿相信那种价值，然后又把它取消了，过时的和被取消的价值的范围变得越来越丰富，价值的空虚和贫困越来越明显可感。

人们从形而上学的束缚中解脱出来而代之以价值的自主选择权利，这为人们获得精神自律空间和提升价值抉择能力提供了动力和条件。然而，如麦金泰尔所言，从传统道德的外在权威中解放出来的代价是，新的自律的行为者自诩的道德话语丧失了任何权威内容。每一个道德行为者现在都不受神法、自然目的论或等级权威等各种外在性的约束而畅所欲言。价值的自主选择导致传统价值秩序的失真，而随之而来的价值自主和个体的差异又不能重构价值的稳定体系而使得整个社会的价值发生失序和混乱。现代社会倒置了传统社会中人与自身、人与人以及人与自然的价值秩序，在传统的价值体系中自然、共善以及人对崇高价值的追寻是处于价值优先地位的，而如今已然被颠倒为人对自然的宰制、诸善对共善的瓦解和世俗价值对神圣价值的胜利。而在卡尔·施密特的眼中，现代社会“价值规定的纯主体性的自由导致价值与世界观之间的一场永恒斗争，一场又是一切人与一切人的战争，一场永恒的所有人反对所有人的战争，甚至霍布斯国家哲学提出的残杀性自然状态，都称得上真正和谐宁静的田园了，……煽动着斗争和敌对情绪的，始终是价值”①。

人在价值虚无主义中失去了精神家园，本身变成了“漂流”一族，而不知晓自己的过去何来，未来何从，只是在历史的进程中完成自己的肉体生命的生灭，而不能找到生命生灭的意义，或只是用虚假的、对“物”的追逐来满足自身的意义探寻。价值相对主义导致人与人之间缺乏普适性价值理念和标杆，人们按照自身的标准来抉择和行动，德行和博爱的根基个体被解构，人成为自然的主宰，而每个个体又演变为自身的法官来裁决与他人的关系，一场所有人反对所有人的战争得以上演和延续。

生命价值意识的危机也是一种现代性危机，这种危机的消除需要在历史自觉进行的自我运动中去逐步实现。作为历史自我运动的一部分的生命价值观教育，理所当然地要承担起这一使命。因此，重构生命价值意识成为当代生命价值观教育的历史使命。

四、加强大学生生命价值观教育

（一）马克思主义生命价值观的基本内涵

马克思主义生命价值观是建立在马克思主义人生观、价值观的基础之上的，是以马克思主义世界观为基础和指导，是面向人的全面发展的价值观。马克思主义生命价值观

① ［德］施密特：《价值的僭政》，载《道风——基督教文化评论》2002年第16期。

的批判性与科学性统一于人自身和社会发展过程之中，即每一个人是否都获得充分的发展是该价值体系的最终依据。马克思主义生命价值观包括了以下几个方面的内涵：

1. 人生价值的实现取决于人的社会价值

马克思主义价值观认为，人的自我价值的实现取决于对社会奉献的大小，而不是在于对社会的索取。实现人生自我价值的目标，也是人生意义的生成过程。人的社会性，使人只能在社会活动中创造价值，给社会创造价值才是真正意义上的价值。只有在社会活动中创造的价值大于人们的索取，社会才可以实现财富积累，社会文明才可以不断地发展。如果每个人对社会的索取大于个人贡献，人类社会的财富积累就会停止，社会就不能继续发展。人的生命价值不在于一个人得到多少金钱或者奖励，而在于他为人类社会贡献了什么。

2. 人的生命价值在于实现人的全面发展

人的全面发展的思想是马克思关于人的生命发展的一个重要思想。“人的全面发展”是指人的“完整发展”，人所有要具备的元素和素质必须得到完整的发展，我们通常所说的“人的全面发展”，是把人的基本素质分解为德、智、体、美等方面，培养受教育者完整发展。人的全面发展是完整、自由、和谐和多方面的发展，实现自我完善，以及与社会、自然的和谐相处。“人的全面发展”既是个人的理想、追求和信念，也是社会的理想、追求和信念，个人和社会不断朝着这个目标和方向努力和接近。“人的全面发展”是人类永远追求而又永远没有止境的目标。

3. 人的生命价值的实现在于自身的实践劳动

人的生产活动不仅为自身提供物质、精神享受，也为社会和他人提供物质和精神文明。个体生命的活动为自身创造幸福，也创造了他人和一切人的幸福。劳动是人类社会物质文明和精神文明的保证，是人类生命价值实现的途径。生命的价值在于劳动创造，在于推动社会文明的发展与前进。

（二）加强大学生生命价值观教育

1. 大学生生命观教育

人的生命观不能自发形成，而是需要经过教育。大学生生命观教育，就是引导学生正确认识人的价值、人的生命，理解生活的真正意义，同时培养学生的人文精神和关爱的情怀，使学生不仅知道“怎样活着”，更要了解“怎样活得有意义、有价值”。大学生生命观教育就是以大学生的生命本体为基础，最终以实现生命价值为目的的一种丰富生命历程、激发生命潜力、促进生命成长和提高生命质量的教育。人的生命与其他生命的区别在于，其他的生命不具有自我超越、自我改造和自我实现的特质，而人的生命实际上是生命个体不断追求生命价值、实现自我的过程。人作为一种特殊的生命存在，其特殊性在于人不会满足于现实世界，会不断地追求本我的超越和突破，使其短暂生命在永恒的追求中更有价值和意义。对于这一点，马斯洛需要理论给予了很好的佐证。马斯洛认为人都有自我实现的本能，会有一种使自己趋于更健康、更道德、更智慧、更美好和更幸福的积极倾向。

针对人的这种特质，我们就需要建立一种从人的本身出发，强调“人的潜力之发展，尤其是那种成为一个真正的人的潜力；强调人要理解自己和他人，并与他人很好相处；强调满足人的基本需要；强调向自我实现的发展”① 的教育。这种教育的目的是帮助“人尽其所能成为最好的人”，让人的生命焕发光彩。这就是大学生生命价值观教育。

2. 大学生生命价值观教育的意义

第一，使大学生懂得生命的价值与意义，实现生命价值。“人最宝贵的是生命，生命对于每个人都只有一次。”教育每一个学生尊重生命、爱护生命、珍视生命，是每一个教育工作者不可推卸的责任，把学生培养成一个真正合格的人是生命观教育的重要意义，校园给予他们的绝不能只是“学习”，更需要帮助其“成长”。生命价值教育的根本目的就在于引导学生正确对待自身和他人的生命，使学生养成珍视、尊重、关爱生命的态度，增强其面对未来生活的信心和社会责任感，使学生善待生命、健康成长。

第二，帮助大学生树立积极向上的生活态度，纠正阴晦的人生观与价值观。2012年5月2日，北京社会心理研究所和北京高校学生心理素质研究中心举办大学生心理健康日公益活动。活动当天，专家表示，当前大学生面临多重心理压力，14%的大学生存在中度以上的心理问题，有严重心理问题或心理疾患的学生，约占学生总数的千分之一。如果对有严重心理问题或有不正确生命观的学生不及时加以引导和纠正，就极易引发大学生自杀、杀人和暴力事件。生命观不是天然形成的，其形成受到多种因素影响，需要对生命的存在和价值进行不断的探索。而大学生由于受到年龄与阅历的限制，在探索中难免出现偏差，所以系统的生命价值观教育是帮助学生正确地认识和理解生命的本质及意义，帮助大学生树立积极向上的生活态度，纠正阴晦的人生观与价值观的重要途径。

第三，培养大学生对他人及社会的关爱，与人和谐相处。大学生生命价值观教育，其目的就是培养学生的社会关怀、人文关怀，让他们在自我尊重的同时兼容差异，敬畏自然的同时胸怀社会，培养学生的生命共生意识，不仅维护自我生命，而且关爱他人生命。要使大学生认识到丰富多彩的生命，为世界带来生机和活力，激发学生热爱自然和热爱生命的情感，认识每一种生命都有其存在的意义与价值，懂得每一个人的生命都是一样珍贵的，能与他人和谐相处。

3. 挖掘中国传统生命哲学中的精华，发挥其现代价值

中国传统文化的本质是一种人生哲学，它的核心内容就是生命价值，这种生命价值和不可分离的传统文化影响，决定了传统文化在当代大学生生命价值观教育过程中

---

① 熊彩虹：《马斯洛的教育心理学思想带给我们的启示》，载《文教资料》2009年第35期。

的不可或缺。借鉴传统生命哲学，加强大学生生命价值观教育，可以尝试以下几条途径：

第一，依托思想政治理论课进行渗透式教育。高校的思想政治理论课是对大学生进行思想政治教育的主要阵地，理应成为加强生命价值观教育的重要途径。高等院校开设思想政治理论课的目的，是要大学生在学习知识、提高技能的同时，增强其思想道德修养，提高其政治理论水平，使他们既学会做事，又学会做人。思想政治理论课的一个重要任务，就是帮助大学生进一步树立正确的世界观、人生观和价值观。而树立正确的生命价值观是其中一个非常重要的、基本的内容。如果一个大学生没有确立正确的生命价值观，就不能说他（她）已经树立了正确的世界观、人生观和价值观。同时，思想政治理论课有专门的教师，有固定的教学场所和教学时间，可以很方便、有效地开展大学生生命价值观教育。把生命价值观的有关内容渗透到思想政治理论课的课堂教学过程和教学内容中，可以充实和丰富思想政治理论课的内容和形式，活跃思想政治理论课的课堂氛围，促进思想政治理论课课堂教学效果的提高。可惜目前不少高校的思想政治理论课教师在思想政治理论课教学中对生命价值观教育重视不够，尤其是没有充分发掘中国传统生命哲学中的宝贵资源。有些教师对传统哲学没有真正采取“取其精华、去其糟粕”的态度。少数教师甚至曲解中国传统文化和传统的生命哲学，在他们看来，传统哲学基本上只是用来批判的对象：儒家的代表人物，从孔子、孟子到朱熹、王阳明，都是唯心主义哲学家，是应该否定的；道家的老子、庄子，更是没落势力的代表，是开历史倒车的。按照这种观念，传统生命哲学的宝贵价值就完全被忽略了。在教学中，我们要辩证地看待传统哲学，努力发掘其中包含的现代价值。注意研究如何在思想政治理论课教学中借鉴传统生命哲学，增加生命价值观教育的内容，注意研究如何取得更好的教学效果。

第二，依靠辅导员和班主任进行经常性教育。辅导员和班主任是开展大学生思想政治教育的骨干力量，是指导大学生健康成长的重要因素之一，对大学生的学习、生活和心理健康等方面均负有较大的责任。中国高校的辅导员和班主任，往往由刚毕业不久的硕士研究生或本科生担任，与大学生有较多的共同语言。他们与大学生接触较多，对大学生的具体情况比较了解，可以随时随地对大学生进行有针对性的教育。所以，在借鉴传统生命哲学、加强大学生生命价值观教育的过程中，辅导员和班主任扮演着十分重要的角色。辅导员和班主任应该意识到自己的这一份责任。一方面，利用班集体活动时间对全体学生开展生命价值观教育，介绍传统生命哲学。另一方面，要善于发现部分大学生的生命价值观偏差，通过个别谈话的形式，有重点地开展这方面的教育。当然，有些辅导员和班主任对于中国传统的生命哲学的了解不是很多，对其意义认识不足，难以利用这一资源来开展大学生生命价值观教育，这就要求辅导员和班主任加强这方面的学习，以便更好地完成自己的本职工作。

第三，通过开设中国传统哲学的讲座和选修课，强化生命价值观教育。传统生命哲学是中国传统哲学的核心内容之一，中国传统哲学是包含传统生命哲学在内的博大精深的思想体系。只有对整个中国传统哲学有了较深的了解，才能真正懂得传统生命哲学。所以，有条件的高等院校，应该争取开设中国传统哲学方面的讲座和选修课。这样可以由更专业的老师，在更宽裕的时间里，更系统、更深入地向学生介绍中国传统哲学，阐述传统生命哲学的理论依据、发展演变及其在传统哲学中的地位。这将有助于大学生更好地理解和借鉴传统生命哲学，从先哲的智慧中获取更多教益和启迪。在当代大学生群体中，缺乏信仰、目标的人不少，这是其生命价值观产生偏差和缺陷的重要原因。学习中国传统哲学，能帮助大学生更好地认识人生和社会，树立信仰和目标，纠正生命价值观的偏差。

第四，心理健康教育和心理咨询活动中重视传统生命哲学。心理健康教育和心理咨询活动是消除心理疾病的重要方式，通常采用个别谈话的方法，针对性强，效果较好。近年来，心理咨询在大陆高校发展较快，各高校基本都设立了类似“心理健康与教育中心”的机构（通常开展心理咨询服务），对大学生的心理健康教育和指导发挥了一定作用。在参加心理咨询的大学生中，有些人对人生的基本问题产生了困惑，对生命的价值和神圣性缺乏认识，发展下去就可能走向自我毁灭。对于他们来说，通过心理咨询寻求帮助甚至成了继续生存下去的最后希望。对于这种深层次的心理问题，普通的心理学方法不能彻底解决问题，必须上升到哲学层面进行生命观教育。中国传统的生命哲学具有民族特点，有内在的逻辑，有很强的说服力，能解决生命的终极关怀问题，是最容易被中国大学生接受的思想体系。如果在心理咨询中能充分利用传统生命哲学的资源，就能较好地解决许多棘手的心理问题。

第五，利用好网络。当前，网络生活已成为大学生活的重要组成部分，各高校都建立了校园网，这为借鉴传统生命哲学、开展生命观教育提供了新途径。网络作为教育教学手段，具有几个明显的优点：一是教师可以收集丰富的资料（例如《论语》、《孟子》、《老子》、《庄子》等经典文本及其注释）放到网上，便于学生的阅读、领会；二是摆脱时空限制，师生可以在自己方便的时候上网交流，也可以约好时间在线讨论；三是网络可以成为一个永不休息的课堂，长期发挥作用。相对于面对面的教学，网络教学可能缺乏直观性、生动性，但网络的间接性也有其好处：有些学生不擅长面谈，在网上则可以自如地表达自我；如果采用匿名的方式，学生还可以就一些不宜面谈的问题畅所欲言，展示内心的真实想法。这样教师就可以准确了解学生的实际情况，对症下药，提高教育教学的实效性。如果高校能在校园网上建立这样的平台（可以挂在校团委、学生工作处、心理健康教育中心的网页上，或者内置于思想政治理论课等课程的网络教学平台中），由专门的机构或老师负责管理，相信能取得良好的效果。

我们相信，通过上述途径，中国传统的生命哲学能够在大学生生命观教育中发挥巨大作用，其现代价值将得到越来越广泛的认识。当然，要让大学生树立正确的生命观，减少校园中针对生命的恶性事件的发生，不能仅靠传统生命哲学，还必须结合其他各种思想教育和实践活动，提高大学生对压力、挫折的承受力。同时，还必须从外在因素下工夫，努力改善社会大环境，深化教育体制改革，解决大学生的实际问题，消除产生心理危机的诱导源。

第七章　优化教育：大学生生命完善之选

对生命意义的积极思考、追问，对生命价值的自觉探寻，可以使人正确理解自己在生活中所承担的责任，能够让生命在担当责任中充实而精彩。但是，在社会主义市场经济的不断发展过程中，人被物化的现象和价值观的多元化等，使得人们模糊了社会角色，责任意识在角色的模糊中开始被虚化，最终缺失了这一切。对大学生产生比较大的影响的功利意识、自主意识和个性独立意识等，导致不少大学生不仅对自己缺乏责任，对他人、社会同样缺乏责任。应通过生命教育来唤醒他们的公民意识和社会责任感，引导他们探寻生命的价值，在探寻的过程中获得这样的认识：有价值的生命，有尊严的个体，只有在担当和履行责任过程中才能显现出自己夺目的光彩，才有可能获得全面、和谐、可持续的发展，使个体的生命不断完善。

在过去的20年间，中国的自杀率逐年上升，其中青少年占有相当比例。中国青少年研究中心2008年10月发布的数据表明，在我国15～34岁的人群中，自杀是处于第一位的死亡原因。① 近年来，大学生自杀事件频频发生。2008年，教育部直属高校就发生63宗大学生自杀事件。② 2009年以后，大学生的自杀趋势有增无减。2009年上海市高校共发生各类安全事故52起，其中，13名大学生因为自杀身亡。③ 与此同时，大学生中发生的如“马加爵事件”、“富二代飙车”、“我爸是李刚”、“药家鑫痛下毒手”、安徽医科大学图书馆2008级男生胡某某用斧头砍死2009级男生谈某案、复旦大学医学院研究生投毒案等，这样一些具有轰动的“社会效应”的恶性事件屡屡见诸媒体，杀人、伤人、虐待动物等案件频频出现在人们的视野中。

在人们心中，正在接受高等教育的大学生应该有足够的认知能力来确认生命的自然价值和社会价值，并且应该为担负建设家国的重任而努力学习，以便在未来的社会实践中实现生命的价值。然而，事实并非完全如此，大学生中不思进取、荒废学业、游戏生命的现象还比较普遍，甚至出现打架斗殴事件、自杀甚至杀人的现象等，这都在一定程度上反映了某些大学生生命意识的淡薄，其不能理解生命存在的意义。

除了这些极端例子，环顾大学校园，大学生蔑视并透支自己生命价值的现象也毫不鲜见。一个个鲜活生命的猝然离去，令人惋惜，而对自己与他人生命价值的漠视，更不

---

① 《15～34岁青少年死亡原因自杀居首位》，http：//edu. people. corn. cn/GB/8207238. html，2014-11-21。

② 傅蝶：《大学生自杀现象社会原因之探究》，载《科教新报》（教育科研）2010年第34期。

③ 《去年上海高校13名大学生自杀》，http：//news. sina. com. cn/o/2010-03-19/030617244066s. shtml，2014-09-28。

禁让人感叹：我们的学生怎么了？我们的教育怎么了？

印度诗人泰戈尔认为，教育的目的应当是向人类传送生命的气息。生命是教育思考的原点，也是教育的载体，教育应该是关怀人的生命、关注人的价值、关注人性的完善的。现在，已有越来越多的教育者意识到，教育只有从面对生命的角度，关注生命的价值和人性的完善才会产生作用，并滋养个体生命的成长。因而，我们不仅需要关注学生认知的发展，更要关注学生生命的质量，把学生视为鲜活的生命体，将教育落实在促进每一个鲜活的生命之健康成长中，引导和帮助大学生认识和感悟生命教育价值，热爱自己的生命，进而尊重、关怀、欣赏生命，树立积极的人生观，才可能真正实现有效的教育。加强生命教育，促使教育本质的回归，应是当前高校教育工作不可缺失的主题。

中国的现代教育始于近代时期，主要代表人物有蔡元培、陶行知等人，他们认为教育应遵循生命的自由发展。蔡元培主张教育是“养成人格之事业也”。将人间交往的道德标准简单地灌输给儿童，这是灌输式教育，是“儿童受教育于成人”。另一种方式是“成人受教育于儿童”，倾听他们成长过程的声音。蔡元培说：“教育是帮助被教育的人，给他能发展自己的能力，完成他的人格，于人类文化上能尽一分子的责任；不是把被教育的人，造成一个特别的器具，给抱有他种目的的人去应用。”① 鲁迅则认为教育是要立人。陶行知的“生活教育”是在批判传统教育脱离生活实际的基础上产生的，是单纯知识教育的对立物。教师不仅是传道、授业、解惑者，还要让他们学会生活、学会劳动、学会学习，也就是陶行知先生的教育名言：千教万教，教人求真，千学万学，学做真人。这也就是我们现在所推崇的教育目的。按照他的思想，就是说“生活即教育”是人类社会原来就有的，自有人类生活起便有生活教育，生活教育随着人类生活的变化而变化。

一、德智平衡，塑造完整意义上的人

（一）德智关系是学校教育必须处理的重要关系

高校并不是专门的“职业培训所”，学校教育也不能迅速地将大学生培育成一名政治家、经济学家、艺术家。但是高校教育中的智育可以为大学生开启心智、培养能力，使他们有能力去做相关学科的研究工作和胜任将来的职业。智化教育的真正目标是认知能力和思维能力的创新，高等教育尤其如此。伴随着新技术革命的到来，整个世界面临新的挑战，科技的发展在推动生产力提高的同时，对社会生活的各个方面和人们的思维方式层面也产生了深刻的影响。创新就如同新鲜的血液，是人们保持活力的动力和来源，促使文明不断进步。面对知识经济强有力的冲击，高等教育需要使大学生的创新探索能力不断地得到提高和发展。而现实情况是大学生的认知能力和创新型思维越来越僵化，而且越来越局限在死板的灌输式知识教育当中。

德育，即思想品德教育，它包括政治教育、思想教育和道德品质教育三个方面，是

① 蔡元培：《蔡元培全集》（第4卷），中华书局1984年版，第177页。

一种传授社会所弘扬、所期望的政治思想、社会意识和道德规范，使每个人都具备社会所需要的政治觉悟、思想品质、道德修养的活动。除了柏拉图在其著作《理想国》中提出的智慧、勇敢、节制和正义是人类普遍存在的四大德性之外，谦卑、宽恕、慷慨和独立也是我们在生命过程中创造意义世界以及在意义自我的实践中必不可少的内容。德育的内涵很丰富，崇高的理想、爱国主义精神，鲜明的价值判断，对自然和他人的尊重和感恩，宽阔的胸怀、顽强的意志，都是其内涵。传统道德并不能全然涵盖当今社会出现的现实问题的解决方法和出路。甚至因为德育不如智育一样能迅速地带来效益和效率而在人们的观念中被忽视。我国德育在较长时期内，在方法方式上并不够科学和合理。政治思想占据德育的一大块内容，目标都很高远和宏大，但学生容易对学校课堂德育的说教产生逆反心理，不容易产生虔诚和共鸣的感觉。生命中的德智关系，不仅仅取决于我们的智性为我们所创建的效率之高低，其更大价值更取决于我们的德性为我们保证的方向之对错。有效的德育有利于帮助人们培养具备诸多优良品质的德性，那么在改造自然和实现自我价值的实践过程中，我们就能够用客观、公正、尊重的态度对待自然和身边的人，这样就实现了与自然和他人的和谐相处，保证了双赢的实现。

把德性育化放在科学主义的背景下进行研究是高校德育面向现实，有效地育化德性的途径。在智育带给我们的智慧和技能不断丰富和发展的时候，德性能保证我们在这个过程中的正确的方向。智育为人们的创造力和创新性思维提供条件，不断的创新是社会发展和人类文明进步的催化剂。缺乏科学有效的德育所导致的德性缺失，让人们在日常学习、工作、生活过程中进行行为选择的时候完全依照于自己的意向性，有可能被先进的科技利用而阻碍文明的进步。德性的缺失也让人们在实践的过程中缺乏精神意识上的引导和支撑，在一切都是快节奏的今天，没有强有力的精神支撑，人们的奋斗也会失去精神上的动力和方向上的保障。

（二）人文精神和情怀是健全人格的表现

系统完整的知识体系是当代大学生人文精神的重要内涵之一，而健全人格的培养对大学生全面发展的实现具有重要意义。人格教育中不可缺少智育，大学生崇高的理想、宽阔的胸襟、良好的修养都与知识有关。我们把知识传承的过程归纳为智育，但其实知识智育只是一方面。体现远大崇高的理想、无私奉献的精神、顽强拼搏的意志、勤俭节约的生活作风等优秀品德的历史故事和有关传统美德和优秀品德的理论概括，我们把这类知识的传播过程定义为德育。大学承担传承和创造高深文化的职责，各种思想文化交汇碰撞，对大学生的培养也是在这个过程中展开。工业文明带来社会科技的飞速发展，智育的地位空前提高，在高等教育中尤为明显。可是随着大学越来越明显地成为了实施专业教育、培养专业型人才的“职业培训地”，大学生也就更被动地接受狭隘的课本知识和服务于提高机器效率的技能训练。狭隘的知识面及生硬理性的技能训练，虽为社会培养出了能操控机器的理性人，却使他们缺少创造性思维和创新的能力，也使大学生的视野变得褊狭，精神变得单薄和空虚。对实用性效率的追求，使他们忘了自己本质上是作为一个有血有肉的人生活在这个社会和世界当中。

德国教育家赫尔巴特认为，教学如果没有道德教育，只是一种没有目的的手段。加里宁认为，教育是对受教育者施行的一种系统而正确的感化作用，其目的就是为了培养他们正确的“三观”，遵守社会公共生活规范。他们都强调教育中德育的意义。对德育意义和方式的研究自有教育以来，就从来没有停止过。德育的内容，随着时代的变化也一直在不断地充实、丰富和完善。有效科学的德育应该是以与社会相适应的道德规范为依托，使学生具备行善的能力、向善的情感、持善的意志和履善的行为。在生命实践的过程中，在物欲的诱惑面前能够节制，在困难面前能够坚强勇敢，在是非面前能有智慧的判断，历经生活的磨难还是可以以乐观和感恩的心去虔诚地尊重生命，这样才能在生命的长河中关注生命的终极意义，不断完善自己，不断体会生命的美好，实现自我价值。

生命的客观价值在于创造，而生命的主观幸福却在于自我的价值体验。怎样体验幸福，是一个个体生命的价值标准问题。人区别于动物的根本，除了人能制造工具进行劳动以满足自己的需要之外，还有动物不具备的价值自觉。除了基本的生理需要、心理需要之外，还有一种期望自我实现的超越性需要。无尽的物质追求和空虚浮躁的精神状态，使人们在行为选择的过程中缺乏理性的审视能力。在现实的生活中，我们能为自我价值的实现去努力改变和创造一些条件和环境，但同时我们必须要适应和接受那些我们不能够改变的。在这个过程中，我们攀上高峰看到了高瞻远瞩的美景，对自己产生强烈的肯定和自信；我们在低谷身处逆境的时候，也明白了个体在现实生活中的渺小而对自然对社会对他人产生了尊重和敬仰。有的时候，我们一心追逐目标却对眼前的困难无能为力，这时强大的精神力量的支撑可以帮助我们正视目标的难以触及，在努力的过程中得到进步与满足。

（三）德育和智育是大学生实现人生价值的双翼

古人云：“大胜靠德，小胜靠智。”若想百战百胜，唯有德才兼备。生命如果只有智性，就像大海中的小船，没有引领其前进的方向。若只有德性，则像沉寂的湖泊，没有发展完善的可能。大学生正处于成才成人的关键时期，只有保证德性、智性的平衡发展，才能顺利地实现自身的价值及意义。如果说智育是教会大学生获得知识技能，解决大学生能不能用知识技能，有没有能力去实现既定的计划和理想的问题，那么德育就是使大学生在行为选择中做出正确的判断，是应不应该去做的问题。德智的辨析，简单而言，就是“我能够”和“我可以”的辨析。就如同自然属性和社会属性是人的两大属性。人的自然属性是自然的产物，自然属性作为人的较低层次的属性，与动物相比有很多共性。而社会属性作为人的本质属性，是社会的产物，是人的较高层次的属性，是人区别于动物的根本属性。如果把“我能够”比做人的自然属性，那么“我可以”就相对地等于人的社会属性了。人的自然属性是社会属性赖以生存的基础，人的社会性制约着人的自然性。大学生在行为过程中，应该是同时具备“我能够”和“我可以”的条件，才能在完成既定计划和实现理想的行为过程中保证较高的效率和正确的方向。

（四）大学生德育和智育应当平衡发展

德智两育一直是教学中的基础和重点。大学是传承和创造文化、为社会培养全面发展的人才的场所，对德育和智育关系的研究和两育的实效性研究，古往今来，生生不息。德性和智性作为独立的两个内容，并不一定能同时具备在每个人身上。如果用德性和智性将人分为四类的话，就有有智有德、有智无德、有德无智、无德无智四类。有德有智的人，就是最完美的人，是推动社会前进的先驱力量，也是大学培育的目标。有德无智的人，在是非面前有清晰的判断，只是能力上有所欠缺。无德无智的人，既没有高尚的德性，也没有展示能力的智性，虽遭人鄙视但不至于造成太大的破坏。而有智无德的人却是最危险的，因为智性让人有运用技术和创造的能力，如果没有正确的德性引导和约束，就极可能成为阻碍人类文明发展的破坏力量。所以大学生只有在德性和智性的平衡力充盈自己生命的前提下，才能在创造辉煌的意义世界的同时创造与众不同的自我。

随着功利主义日渐侵蚀我们社会的主导价值取向，高校同样受其影响，在教育过程中以快速培养具有专业知识和专业技能的专业人才为目的，以书本和课堂为学生学习的主要内容和方式，灌输条条框框的公式和法则，忽略了大学生的人格教育，忽视其人文精神的培养与发展。常常使学生失去了对已知领域的怀疑和对未知领域的假设能力。高校应该坚持德智两育的平衡渗透发展，以培养大学生的科学智性和高尚德性，带动大学生全面发展的实现。并且在这个过程中，要不断丰富大学生的人文精神，引导大学生在生理上、精神上都成人；帮助大学生在世俗现实的生活中有积极的人生态度、鲜明的价值判断、高度的道德责任感、科学的创造力和审美能力，关注人类生命的终极意义，使大学生成为优秀的“社会公民”和“世界公民”，充分完成自我意义的实现。

二、德智双育，培育大学生的人文精神

（一）德育和智育并重是培育人文精神的前提条件

教育是培养人的一种社会活动，教育的目的是培养合乎社会要求和发展的人，帮助人实现全面发展和自我意义。由于这种人应具备德、智、体、美等多方面的素质，所以教育又分为德育、智育、体育、美育等。智育、体育、劳动技术教育为人类提供系统完整的知识体系、健康的体魄和生活的技能。德育和美育则引导人们形成高尚的理想、坚定的信念、正确的价值，并使人具备发现美、创造美的能力和情趣。全面发展的理想人格也是教育的根本任务。人文精神是对全面发展的理想人格的肯定和塑造。德育和智育这两大基础教育为大学生人文精神的成长提供了前提条件。智育的目的在于传递知识和提高受教育者生存和生活的能力，知识既包括有利于提高生产力发展水平的具体生产经验和科学技术，也包括人类发展过程中形成的社会生活经验和行为道德规范。随着人类文明的发展，社会对人类智力因素的要求也日益增多，智育随之显得越来越重要。科技是第一生产力，科技具有可以直接提高人的生活水平和延续人的发展所需要的各种方法，并在社会生活的诸多领域广泛运用。高等教育以智育为主体，引导大学生学习各门学科的专业知识，培养各种技能，提升大生的智性。随着科技的飞速发展，高校智育越来越占据主导作用并凸显其价值。在校的大学生和教师普遍具有知识广博、思想活跃，

及参与意识、求新意识强、主张求实的特点。智育的发展在于实践，实践出真知，实践出能力，实践出智慧。德育的发展也在于实践，实践出精神，实践出情操，实践出修养。

智育为人的全面发展的实施提供科学知识的基础和智力发展的基础，并制约着其他几项教育的质量提高。如果说智育是主体，那么德育就是方向。智育丰富受教育者的知识体系，提高其综合素质能力。德育则给人以巨大的精神力量，为其前进指引正确的方向。德智双育应该平衡发展，二者不可偏废。只有效率和方向两者相结合，使受教育者身心健康发展，避免有才无德和有德无才，并为人类文明的进步提供基本的条件和保证。工业革命以后，全人类都感受到机器的效率，深刻地体会到了科技带来的快速效益。随着科技的飞速发展，时代的进步和社会分工愈来愈精细，人们对经济利益的追求，使功利成为人们追求的首要目标，实利越来越成为更多人认可的价值准则。社会对专才的需求和重视日益明显，高校也随之在很大程度上形成功利化教育思维，就业率成了高校关注的重点。

（二）人文学科和实用学科不平衡发展导致人文精神培育的滞后

“学好数理化，走遍天下都不怕”的说法影响着一代又一代的学生。在“重理轻文”的功利化教育思维影响下，高校的专业设置、课程安排、经费分配、教师队伍培养都倾向于理工科等实用学科，而对人文学科的重视不够。

人文教育作为高校重要的教育内容之一，因其不能像科学教育一样直接为社会创造物质财富，也不能直接解决社会的具体问题，因此长期以来一直得不到应有的重视。哲学、语言文学、历史、艺术、科学技术都应该是人文教育涉及的内容和领域。由于社会的发展及分工的细化，高校的专业和课程的设置也很精细和狭隘。高校的人文教育一般是放在所有专业的学生的公共课中，有的是必修课，有的是选修课。2011 年 3 月，在日本留学近 5 年的汪佳晶致电母亲索要生活费，在遭到实在没钱的母亲拒绝后，她从日本乘坐飞机回到上海，在浦东机场见到母亲继续要钱无果后，从行李包中拿出两把尖刀将母亲刺成重伤。我们的某些学生，如果连“爱父母，爱师长，爱亲友”都没有学会，如何期望或要求他们“热爱祖国，热爱人民，热爱党”呢？虽然从 20 世纪开始，就有不少专家学者提出要复兴人文精神的想法，一些高校也开始实施新的教学计划，开设一些人文课程以培养学生的人文精神，但是从教学内容、考试方法和结果来看，并没有什么明显的改变。陈旧的知识内容、传统的以教师讲授课本知识为主的课堂教育无法激起学生学习的欲望和动力，所灌输的人文知识也没有在学生身上得到真正的内化。在开设的公共选修课上，一些艺术欣赏课、外国文学鉴赏课等课程往往也因为看似不能为以后的工作能力的提升提供实际的帮助而为学生们所轻视。学生接受人文教育，也只不过是在书本上和课堂上记住一些人文知识，而这离人文精神的培育还有一段距离。

（三）人类文明的发展需要科学教育和人文教育并存

现代社会发展和进步的主旋律应该是科学教育和人文教育并存的，教育是为社会发展培育劳动者，更重要的是为人类文明的发展培育健全、和谐的人。中国文化传统有着优秀的品质和丰富的内涵，但也要看到中国文化一直有一种强烈的伦理精神，这种精神中的绝对服从和崇尚权威，严重扼杀了学生的独立人格，造成主体精神的缺失。尤其在传统应试教育的体制下，学生已习惯于以课堂为中心、以老师为主导的填鸭式知识灌输教育，缺乏对知识的质疑和对未知领域的探索的意识。自然科学和人文科学虽然研究领域范畴不同，但是并没有明确的界限，自然科学和社会科学可以说亦是如此。其实科学本身就具有丰富的精神资源，如理性精神与求真意识、批判精神与创新意识、公平精神与宽容意识等，这些典型的科学精神事实上也是构建人文精神的重要精神资源。所以在现代高等教育中，要注重对大学生科学精神和人文精神的培育。优良的创新人格要素是创新能力的催化剂，要从各方面为有效地激发大学生创造性思维和提高自身创新能力提供条件和指导，引导大学生在创新实践活动中拥有进取向上的探索精神。这就需要高校在教育过程中，坚持德智两育平衡发展的理念。高校要在教育过程中实现德育和双育并举，为大学生人文精神的培养提供前提条件和保障，那么，我们就应该从高校教育中的德育和智育的实效性及二者的平衡渗透发展来进行研究。

三、畅通渠道，提高大学生的人文素养

人文素养的灵魂，不是“能力”，而是“以人为对象、以人为中心”的精神，其核心内容是对人类生存意义和价值的关怀，这就是“人文精神”。这其实是一种为人处世的基本的“德性”、“价值观”和“人生哲学”，科学精神、艺术精神和道德精神均包含其中。它追求人生和社会的美好境界，推崇人的感性和情感，看重人的想象性和生活的多样化。主张思想自由和个性解放是它的鲜明标志，它以人的价值、人的感受、人的尊严为万物的尺度，以人来对抗神，对抗任何试图凌驾于人的教义、理论、观念以及进行中的事业及预期的目标，对抗所有屈人心身的“神圣”。这也就是一定意义上的以人为本。肯定人的价值，尊重人的价值，人的进步和发展才是最初的出发点和最终的落脚点。具有了较高的人文素养之后，大学生就会珍视人的完整性，拒斥对人的物化与兽化，否定将人简单化、机械化；就会尊重个人的价值，追求自我实现，重视人的超越性向度；就会崇尚“自由意志和独立人格”；就会对人的心灵、需要、渴望与梦想、直觉与灵性给予深切的关注；内心感受就会明敏、丰富、细腻与独特，并能以个性化的方式表达出来；就会具有终极关切和宗教情怀，能对“我是谁，我们从哪里来，又要到哪里去”这类问题作严肃追问。这样大学生对生命的基本态度和看法就会逐渐明晰，他们的积极科学的生命观就会不知不觉地得以确立。

提高大学生人文素养的渠道是多种多样的。

（一）培养兴趣，多读书

书籍，是人类进步的阶梯。培根曾说，读书能给人乐趣、文雅和能力。人们独居或隐退的时候，最能体会到读书的乐趣；谈话的时候，最能表现出读书的文雅；判断和处理事务时，最能发挥因读书而获得的能力。读书，可以铲除一切心理上的障碍，正如适当的运动能够矫治身体上某些疾病一般。阅读一本好书，就是在和智者对话，阅读、思

考和体味，可以帮助我们更好地塑造自己的人生。读书可以启发思路，扩展思想，引导思考。读好书，做好人，说明既要读好的书，又要做好的人。也可以理解为，要把书读好，要把人做好。不管是哪种理解，都可归结为：读书，要有益于身心健康；做人，要有益于国家、人民；读好书是为了做好人，做好人就要求读好书。

读书，是批判性思维的起点，读书的过程也可以帮助批判性思维的形成。从1995年起，联合国教科文组织将每年的4月23日定为“世界读书日”，希望借此鼓励世人尤其是年轻人发现阅读的乐趣。2009年“世界读书日”，时任总理的温家宝到商务印书馆和国家图书馆，与编辑和读者交流读书心得，度过了富有意义的一天。温家宝总理在活动中指出：今天是“世界读书日”，大家通过读书和举办讲座等形式开展活动，这对于推动全民族养成读书的良好习惯，提倡读书好、好读书、读好书将起到促进作用。① 书籍是人类智慧的结晶，读书决定一个人的修养和境界，关系一个民族的素质和力量，影响一个国家的前途和命运。一个不读书的人、不读书的民族，是没有希望的。读书要有选择，要读那些有闪光思想和高贵语言的书，读那些经过时代淘汰而巍然独存下来的书。这些书才能撼动你的心灵，激发你的思考。我们不仅要读书，而且要实践；不仅要学知识，而且要学技术。要“读活书、活读书、读书活”，即不仅要学会动脑，而且要学会动手；不仅要懂得道理，而且要学会生存；不仅要提高自己的修养，而且要学会与人和谐相处。“大家要记住一个真理：书籍是不能改变世界的，但读书可以改变人，人是可以改变世界的。读书可以给人智慧，可以使人勇敢，可以让人温暖。我曾在中国政府网在线交流时说过，我愿意看到人们在坐地铁的时候能够手里拿上一本书。因为我一直认为，知识不仅给人力量，还给人安全，给人幸福。”② 读好书，好读书，做好人，当成为现代人的人生格言。

（二）涉猎不同文化，吸取养分

通过文化的力量使大学生的人文素养得以提高，其中包括中国优秀的传统文化以及世界其他的优秀文化，最好是在大学的课程设计上体现出来。比如中国传统文化的天人合一、以人为本、刚健有为、贵和尚中的基本精神就可以使大学生如沐春风，有的甚至可以起到醍醐灌顶的作用。比如《周易》中“天行健，君子以自强不息；地势坤，君子以厚德载物”的说法给我们展示了做人的基本道理，既要刚健有为又要纯德厚朴。比如中国传统绘画着墨的湿干浓淡有别、留白的天地宽，告诉我们多样的世界才是美的，留有余地的做法才是长久的。比如书法运笔的起承转合、落笔的力透纸背以及各异的筋骨，启示我们人生也有高潮低谷，要顺势而为，多彩的生命历程才是完整的人生，并且要获得入木三分的笔力是离不开不断的修习的。上古诗歌民谣的古朴自然、散文的清新隽永、汉赋的雄浑宏伟、唐诗宋词的豪放清丽、元杂剧的曲折动人、明清小说对社

---

① 《读书好　好读书　读好书——温家宝总理参加“世界读书日”活动纪实》，新华网，2009年4月23日。

② 《读书好　好读书　读好书——温家宝总理参加“世界读书日”活动纪实》，新华网，2009年4月23日。

会万象的无所不包等，都可以使我们受到潜移默化的影响。科学没有国界，文化也没有。我们可以欣赏罗丹的《思想者》，蒙克的《呐喊》，凡·高的《星空》、《向日葵》，米勒的《拾穗者》，我们可以聆听巴赫的《勃兰登堡序曲》，贝多芬的《英雄》、《田园》，拉赫玛尼诺夫的前奏曲，这些无不使我们的精神或得以抚慰，或得以平和，或得以启发，或得以升华。

（三）投身实践，认识真实的世界

恩格斯指出："人们自觉地或不自觉地，归根到底总是从他们阶级地位所依据的实际关系中——从他们进行生产和交换的经济关系中，获得自己的伦理观念。"① 实践是认识的来源，是认识发展的动力，是检验认识正确与否的唯一标准，是认识的目标和归宿。生活在象牙塔里的大学生需要走进实践，需要融入现实的生活中去，这样他们才能了解世界真正的面貌，才能知晓在这个真实的世界中应该保有一种什么样的生命观。

奥地利著名精神学家弗兰克创立了维也纳精神疗法的第三学派。他认为，今天的时代面临的已经不再是弗洛伊德时代的性挫折，而主要是生存的挫折，是一种无意义感并伴之以某种空虚感的挫折，即"生存虚空"。为什么会这样呢？弗兰克指出："人类历史之初，'人'就丧失了一些基本的动物本能，而这些本能却深深嵌入其他动物的行为中，而使它们的生命安全稳固。这种安全感就如同伊甸园一样，永远与人类绝缘，人必须自作抉择。除此之外，人类在新近的发展阶段中，又经历了另一种失落的痛苦，即一向作为他们行为支柱的传统已被迅速地削弱了。本能的冲动不告诉他应该做什么；传统也不告诉他必须做什么，很快地他就不知道自己要做什么了。"② 人类经历了双重的失落，在这种情况之下，人就很容易迷失，大学生也是如此。

那么，大学生如何获得安全感呢？首先，大学生应该站在历史的高度以宏观的视角认识世界、认识自己，明确自己在浩瀚宇宙中的坐标，明晰自己在历史长河和大千世界中的位置，这样才可以不那么容易就迷失。其次，作为个体的具体的人，大学生要增强自己的能力本领，即提高自己的素质，尤其是自我引导、自我教育的意识和能力。过多地关注外界对自己的评价，缘于大学生对自己安全状态的担忧，而不担忧自己的安全状态，需要大学生精神上的独立。而精神上的真正独立是离不开经济上的真正独立的。所以大学生要扎扎实实地读书、实实在在地充实自己，在掌握谋生技能的同时提高自己的人文素养，在丰富自己的内心世界的同时强化自己的性格，这样才可以获得安全感，这样才不容易迷失。

"人生容不得生命的过错，你夺去了自己或别人的生命，这个过错是永远无法挽回的；人生容不得半点马虎，而一生的懵懂会失去人之为人的价值。"③ 一些大学生在痛苦的重压之下，选择结束自己的生命，这是可惜和可悲的。这一现象反映出一部分大学生的生命观出现了偏差，或者说是大学生的部分生命观出现了偏差，这不是好的现象。

---

① 《马克思恩格斯选集》（第3卷），人民出版社1995年版，第434页。

② ［奥］弗兰克：《活出意义来》，赵可式，等译，三联书店1998年版，第122页。

③ 王北生等：《生命的畅想：生命教育视域拓展》，中国社会科学出版社2004年版，第75页。

痛，不欲生。很难想象一个活得开心快乐的人，会想到结束自己的生命。那么，一个要研究的方面就是他们为什么不开心、为什么痛苦，如何才可以让他们不沉溺于痛苦呢。另一个方面也要看到，感到痛苦也是从一个侧面说明，他们思考了。苏格拉底曾说，人活着有两种状态，痛苦的思考者和快乐的猪。他们感到痛苦，证明他们思考了。他们在思考自己、思考人生、思考世界、思考未来，正是在这系列的思考中他们没有看到他们想看到的出路，他们没能发现他们想要发现的光，所以他们才痛苦。所以，我们的社会、我们的学校和我们的家庭应该共同努力，给大学生的思考以光明的出路。

四、大学生生命教育的重点和原则

（一）从“活着”到“活好”，再到“活美”

大学生生命教育即关于大学生生命方面的教育，它包括生命本质观、生命价值观、生命过程观、生命存在观、生命修养观与生命境界观等方面的教育，教育的内容丰富而深刻；既可以从哲学、伦理学、心理学、社会学等多种学科进行探讨，也可以从大学生成长过程的时空坐标上进行多维度分析，还可以从内容的结构要素以及相互关系等方面作多层面的划分。然而，要确定其科学系统的教育内容，就必须把握这样几个重要的依据：一是生命教育的自身的系统性，即全面性、动态性与关联性；二是生命教育对象的特殊性，即大学生成长成才阶段的特点，以及面临的主要问题；三是教育方式的灵活性。据此，大学生生命教育的内容，应突出以下的主题，第一，关注生命，认识生命以及生命的进化，尤其是生命社会性的发展与人类生命的特性；认识生命与世界，尤其是人类面临的生存问题以及生态伦理与生命伦理的问题。第二，尊重生命，认识生命的尊严，维护自己的尊严，尊重他人。认识生命的权利，树立维权意识，尽到社会义务，关爱一切有生之命。第三，珍爱生命，认识生命的宝贵，远离灾、毒、病等伤害，学会生存，注重健康方式，学会休闲与养生，杜绝自我伤害。第四，欣赏生命，欣赏生命的美好，绽放青春的美丽，培育生命的情感，塑造艺术的精彩。第五，成全生命，学会规划成就生命，创造生命的价值，享有生命的幸福。第六，敬畏生命，树立生命的信仰，坚定生命的信念，锤炼生命的意志，创造生命的奇迹，善待生命的归宿，超越生命的时空。①

简单地说，大学生生命教育的重点就是引导学生“活着、活好、活美”。

首先，“活着”，敬畏生命，认识生命的意义，珍惜生命的存在。敬畏生命是生命教育的起点，其基本含义是指我们不仅对人的生命，而且对一切生物的生命，都必须保持敬畏的态度。处在青春期后期的大学生，在年龄结构上处在人类生命活动最为旺盛的时期，但长期以来较为封闭的教育环境和较为古板的教育手段，又往往使得他们缺乏生命活力，缺乏由内向外所散发的对待生命活动的激情。加之以往所受的教育中对死亡问

① 肖川等：《大学生生命教育》，人民教育出版社 2011 年版，第 116~118 页。

题的逃避，对生命神圣性的无知，使得有些大学生在处理各种关系与问题的时候，缺乏足够的心理适应与辨别能力，无法缓解内心压力与冲突，最终以放弃生命这种最极端的方式来逃避问题。因而，我们应该培养大学生正确的生命观，让他们懂得“求生，是作为一个有尊严的生命最基本的品质”①。只有教育学生以敬畏生命的态度对待生命，使他们对生命的随机性、唯一性、独特性、不可逆性、不可更换性、不可再生性、不可替代性有深刻的认识，才能从根本上预防“自杀”、“自虐”、“自残”、“杀人”、“伤人”等危机事件的发生。

其次，“活好”，尊重生命，追求生命的价值，实现生命的辉煌。在现实生活中，部分大学生的生命责任意识日渐淡化，或以孤立的态度对待周围的人，漠视亲情与友情，沉溺于自己的狭小世界中；或自私自利，不愿意承担家庭责任，最终成了寄生虫似的“啃老族”，只知享受，不愿付出；或在追求个人目标的实现时，对与他人之间的相互依存、相互合作的关系认识不足，从而忽视或排斥他人的存在；或对社会缺乏责任感，将注意力聚焦于自身的发展和现实的利益上，重索取多于重奉献。然而，一个人只有在关心他人、服务社会，为改善人类的命运而努力的过程中，才能真正体验生命的丰满和心灵的充实。因而，要达到“活好”的要求，生命责任感与使命感的培养是至关重要的一环。高校生命教育的目的不仅在于促进大学生健康地成长，使其懂得如何安身立命，还要唤起大学生的生命责任感，促使他们关注生命质量的提高，激励他们获得生命存在的最大意义与价值，追求人生的理想，完善完美地成才，丰盈自己的精神生命。也就是说，通过生命教育，“让这么一种顽强地活着、努力让自己活得更好的理念成为我们课堂中最重要的、最激动人心的内容”②。我们可以帮助学生探索与认识生命的意义，尊重与珍惜生命的价值，热爱并发展个人独特的生命，树立正确的人生导向和路标，确立人生信仰；鼓励学生正确面对自己的挫折和弱点，勇于接受并不完美的自己，而不是惶恐悲哀于自己生命的无助；培养学生主动走出自我中心的圈子，学会自律，在社会群体中主动关心他人、欣赏他人、理解他人，学会与人沟通和分享；引导他们学会关注社会、关注我们生活的这个世界，共同承担人生和社会责任。

最后，“活美”，活出生命的意蕴，欣赏生命之美好。生命不仅在于生物体的“活着”，更在于活出丰富与精彩。人的生命的全过程就是由一次次的生命活动所组成的。一次次生命活动的质量决定生命全过程的质量，重视每一次生命活动的质量就是重视生命全过程的质量。生命教育有助于教育大学生用一双发现生命之美的眼睛来欣赏生命，用一颗感受生命之美的心灵来感悟生命，从而帮助他们充实心灵生活，达到人与世界的和谐统一。

（二）大学生生命教育的原则

大学生生命教育是一个严肃而又重大的课题，它不仅是学校面临的重大教育问题，

① 林清玄等：《向生命借取灵感》，延边人民出版社 2001 年版，第 250 页。

② 张文质、黄克剑、赵一兵等：《生命化教育的责任与梦想》，华东师范大学出版社 2006 年版，第 6 页。

也是大学生面对的根本人生问题。为此，大学生生命教育必须把握正确的原则，以避免生命教育形式化、庸俗化、低级趣味化，或者偏离正确的目标要求，保证与促进生命教育坚持正确的方向与健康内容，不断深化，真正取得良好的成效。这样的原则，既要体现大学生成才教育的宗旨，也要贯穿大学生“三观”教育的要求，还要符合大学生成长过程的规律。在此过程中，要坚持诸如存在性原则、幸福性原则、情感性原则、生活化原则、主体性原则、超越性原则等。

1. 存在性原则

在生命教育中，创造相关的气氛与条件，让学生掌握生存的意识、知识和技能，并为其享受、发展、实现生命存在打下初步基础。这就是所谓存在性原则的一般含义。人的生命是一种存在体，而且这种存在是绝对的。作为人的生命存在至少有四层依次推进的含义，第一，维持存在。即让人的生命能够生存下去，也就是我们通常所说的活下去。这是最基本的，也是生命存在的前提或基础。第二，享受存在。人的生命存在并非毫无作为，而是会投入实践，同类生命一道，创造物质文明与精神文明。既然如此，每一个人就应该享受自己与人类所创造的成果。第三，发展存在。生命存在的各个方面都处在不断的变化发展之中，因此，家庭、学校、社会、国家就应当为生命存在创造得以发展的氛围与条件，使其顺利发育成长、有效发展完善。第四，实现存在。人的生命存在是有价值的。这种价值既是内在的，也有外在的。前者表现为生理的、心理的、社会性的各种潜能，后者指改造自然、推进社会的力量。所谓实现存在，就是要使人的潜能得到全面发掘，使人的力量得到充分发挥。

贯彻生命教育的存在性原则，要体现以下内容，第一，引导学生感受生命价值。生命是珍贵的，任何人都没有权利随意伤害、毁掉自己或者他人的生命。生命教育就是要帮助学生注重维护生命的尊严，珍惜生命。要让学生在对生命价值的体悟中，积极认识生命的价值，做到珍惜生命、认识自我、发现自我、肯定自我，将潜能发挥出来，从而最终实现自我。

第二，协助学生规划人生。“我们生而为人，这并不足以使我们成为人；我们活着，这并不说明我们进入了人生；要进入人生，必须凭自己的自由意志去设计人生。人生没有组成的模式和模范，每个人的角色必须自己去创造。”① 大学生已经能够理性、客观地认识自己，并且在大学阶段，他们已经开始对人生有了规划和设计，尽管有时候这种设计并不体现在口头或者书面上，但是他们已经有了规划人生的意识。这就要求生命教育工作者引导他们，在大学阶段做好职业生涯规划。因为人到了大学阶段后，他的职业生涯就即将开始，这将是他今后主要的努力方向。真正的职业规划要把握两个关键点，一是帮助学生认识自我，二是帮助学生认识职业社会。大学生只有对自己的人生有明确的规划和设计，才能用尽自己的才能为实现目标而奋斗。

第三，鼓励学生把握为生命负责的机会。“人的生存是一种共存，一个有永恒感的自我，也是一个有整体感的存在。他投入社会与人类的整体事业，才得以关照和延展生

① 邓晓芒：《灵之舞·中西人格的表演性》，东方出版社 1995 年版，第 252~253 页。

命的创造力，才能够超越自身存在的有限性。"① 大学阶段是人的主体意识的发展成熟期，是社会责任感的形成、确立期。作为社会的人，只有自觉承担起一定的社会角色，尽到对社会的责任和义务，才意味着他是一个真正意义上的人，一个真正具有主体意识和能够实现自我的人。而责任感的树立，又可以为大学生实现人生价值提供动力，因为一个人即使体质虚弱，但是只要他在一种崇高责任感的驱使下，不屈不挠地追求自己的奋斗目标，他就能表现出一种移山填海的力量。

当前，我国正处于构建社会主义和谐社会的历史时期，波澜壮阔的改革开放和现代化建设为大学生展示才华、实现志向提供了广阔的舞台。生命教育就要培养大学生的责任意识，鼓励当代大学生紧紧抓住我国发展的历史机遇，义不容辞地承担自己的责任，在实现中华民族伟大复兴的事业中，在实现中国梦的过程里，开创自己的辉煌人生。同时，应当建立科学的选拔和激励机制，为大学生承担人生责任、实现人生价值提供制度保证。只要大学生们能自觉以"人类一分子"或"社会公民"或"父母之子"的姿态反观自己的生命，展现生命的尊严和意义，他们就会发现，在为社会作出贡献、实现自己的社会价值的时候，自己的人生价值也得到了实现，人生境界也得到了升华。

2. 幸福性原则

幸福性原则是一般教育都要遵循的原则，在生命教育中它的含义就是通过教育活动的实施，使所有学生都能够理解幸福的真正内涵，体验幸福的境界，具有奉献幸福的品质，成为拥有较高生命质量的高素质、高品质的人才，促进个人与社会的和谐发展。为学生的终身幸福服务是教育的崇高使命和终极目的。著名教育家乌申斯基说得好，教育的主要目的在于使学生获得幸福，不能为任何不相干的利益而牺牲这种幸福，这一点当然是毋庸置疑的。以关怀生命、发展生命为主旨的大学生生命教育，同样应该以幸福作为其根本原则。作为圆满人生的幸福，应当是人的知、情、意的全面发展，否则，人生总是有深深的缺憾，人格总是不完整、不丰满的。当代大学生对幸福的不同感受、不同期望和对获得幸福的不同设想和途径，是他们的幸福观在现实社会的反映。而如何帮助大学生摆脱一切病态的"幸福观"的腐蚀和干扰，引导他们树立健康积极的、理性的、科学的幸福观，则是高校生命教育的重要内容。具体来说，主要应从以下几个方面努力：

第一，培养学生过安静生活的意识。新儒家的代表人物唐君毅说过："人类灵魂最高的幸福，是他的宁静。"② 在谈到人生目标时，他说："便当有内心的宁静，与现实世界，宛若有一距离，由是而自日常的苦痛烦恼中超拔，而感到一种内在的幸福。"③ 而人生幸福的追求，是在日常生活中实现的。费尔巴哈曾说过："生活和幸福原来就是

① 陈根法、汪家唐：《人生哲学》，复旦大学出版社 2005 年版，第 182 页。
② 参见《每日闲情》，《广州日报》2007 年 7 月 9 日。
③ 参见《每日闲情》，《广州日报》2007 年 7 月 9 日。

一个东西。一切的追求，至少一切健全的追求都是对于幸福的追求。”① 大学生在追求幸福的过程中，就要学会在安静的生活中去求索，摆脱外界的干扰，培养自己过安静生活的意识。

安静主要是指人的精神、灵魂的安静，指人的心灵没有受到外界、世俗的干扰，独自所具有的一种淡泊、清静、安宁、静谧的生活，是人的内心的一种和谐、自由、平和与安详的状态。只有具备过安静生活的能力的人，才是幸福的，才能活得幸福。大学生生命教育应该教育学生，一方面淡泊名利、抛弃妄想，不被世俗生活的滚滚红尘遮蔽双眼，自觉培养自己的人文素养和丰富的精神世界；另一方面，要追求内心的和谐与安宁，使心不为事役、不为物惑、不为情困。正确处理人际关系，客观理性地认识和应对人生的种种情况，及时调整自己的心态，使自己能够超脱于物外，真正做到“不以物喜，不以己悲”。只有这样才能体会到人生的幸福，升华自己的人生境界。

第二，重视学生多元化幸福之路的追求。幸福是个体对人生意义的一种体验，它是个体凭借内心的真实愿望进行的人生体验，是个体自由的人生体验，那么，这种体验必然带有生命个体强烈的个性特征，体现出个性差异，带有多元化的特征。生命教育面对人的生命，就要承认和尊重生命个体的独特个性，尊重学生对人生幸福之路的自主选择，为学生个性化的幸福人生的实现创造条件。

幸福的基本要求就是能够“心想事成”，在当前多元化的社会背景下，大学生对人生幸福的追求也是多元的。他们的思维方式、行为方式、生活方式都不同于传统方式，不同于他人，这些也是他们个性的展现。作为教育者，就要学会尊重和接纳学生的这些个性化的追求，尊重学生对人生幸福道路的自主选择；同时，从知识和技能方面提高学生的素质，为他们的幸福追求打好基础；还要为大学生的人生追求创设良好的外部环境和条件，鼓励他们追求自己个性化的人生之路，培养多样化、特色化、个性化的人才。只有这样，我们将来的建设者才是积极健康发展的、富有个性生命特色的人，而不是工厂车间生产出来的千篇一律的“标准化产品”。

3. 情感性原则

情感性原则就是在生命教育中，以教育者的教育智慧和真挚情感，直面学生的情感需求，促进学生情感的丰富和正常发展。教育关注人，关注个体，即意味着关注个体作为生命体的存在，关注其外显的活生生的生命展示，也关注其内隐、活泼、丰富的生命情感。教育中含有丰富的生命情感因素，知识世界教人认识生命、勇于探索生命的奥秘，在观察、思考、追问、幻想中体味生命之真；道德世界通过生命与生命的交流，激发人们对优美、崇高的向往，及对卑劣、低俗的厌弃；艺术世界培养个体欣赏美、感受美、创造美的能力，使人对生命之美日渐敏感，情感世界愈加丰沛。生命教育是一个以人的生命成长为对象的教育，在这样的教育中，必然要实行富有感情色彩的教育。没有感情的教育是不能想象的，其教育效果也是可想而知的。苏霍姆林斯基认为，情感是强

① 参见王艺：《从经济幸福到文化幸福》，载《西南民族大学学报》（人文社会科学版）2012年第6期。

大无比的教育者。情感性原则要求教育者做到以下几个方面：

（1）树立“情感育人”的观念。生命教育直面生命个体，它不仅是知识的传授，更是情感的双向交流。教育者就要树立“情感育人”的观念，在教育活动中充满人情味，向学生传递“生命的气息”。情感育人的观念表现在：

首先，教育者对大学生的亲近感。教育者热爱学生，愿意接近他们和亲近他们，与学生在一起就感到心情愉悦，离开学生就感到若有所失。“当我们面对面谈话，互相挥手致意，有爱有恨，在思考和活动中，在辩论中互相联系在一起的时候，我们就经常处在那种人格主义的态度中。”① 因此，教育者要充分展现自己的人格魅力，以教育的温情对待学生，学会亲近学生、融入学生，让他们有温暖感，而不是面对教育者有如遇到三九寒冬。

其次，教育者对大学生的期望感。教育者总是对学生寄予殷切的希望，相信他们、激励他们，推动他们走向进步和成功。即使对于处在后进状态的学生，也绝不轻易放弃他们，而是尽最大努力使他们变后进为先进，因为在走向人生的征途中，最重要的既不是财产，也不是地位，而是在自己胸中像火焰般熊熊燃烧的一念，即希望。教育者的期望，会使学生燃起人生的希望，走出人生的低谷，实现人生的转折。

最后，教育者对大学生的理解。教育者热爱学生，因而能以最宽阔的胸怀全面、科学地看待学生。教育者对学生的处境、思想行为和心情能给予充分的理解，对于他们的缺点和错误，也能给以恰当的分析和评价，以便引导他们克服缺点，总结经验，争取更美好的未来。充分的理解可以使学生的潜能变成显能，使学生隐藏的能力在得到赞许的情况下，得到充分的发挥。

（2）加强学生对生命情感的体验。生命情感是在个体与周围世界的交往中，通过个体的生命体验、感受形成的，美好的生命情感总是伴随着丰富、深刻的情感体验。生命情感的育化是人生的重大问题，教育应该为培养人丰富的生命情感奠基。因此，生命教育的情感性原则就是要培养学生丰富、真挚的生命情感，只有这样，学生的成长才有了真正的归宿。其一，要从当前大学生亲情、爱情、友情的现状出发，培养他们树立正确的家庭观、爱情观、友情观，让他们在正确观念的指导下享受人生情感的美好和温馨，可以以生活中人与人交往的个别事例为例，教授一些学生如何应对生活中人与人情感关系的技巧，例如友谊、恋爱、挫折等，甚至可以通过“角色扮演”的方式，让学生在假设情景中表演自己面临矛盾和困境时的做法，然后大家一起讨论这些方法的可行性，获得解决类似问题的经验，杜绝情感问题的出现。其二，重视大学生良好道德情操的培植。苏霍姆林斯基说过：“自律和公德的培养是学校义不容辞的重大责任。”集体生活和社会实践是提升大学生道德情操的重要途径。集体生活和社会实践能使学生真正认识到人的价值，在帮助别人的过程中发现自己的力量和自己的美。

---

① ［德］胡塞尔：《欧洲科学的危机与实验现象学》，张庆熊，译，上海译文出版社 1998 年版，第 8 页。

4. 生活化原则

生活化原则的含义就是生命教育要以生活为本源，在生活中进行教育，而且引导人改善生活，提高生活质量，过美好的生活。教育与生活密切相关，教育是特殊的生活，生活是广义的教育；生活提供着教育的养料，教育又是为了生活并创造着生活。真正的生命教育应当成为一种包含着对大学生生活、生命、人性等的关爱、呵护和照料的富于人情味、现实化的活动。生命以生活为载体，关注生命的生命化教育，也必须贯彻生活化的原则，在教育中以人性化的措施，切实关注学生的生活。生命教育的生活化原则是：

第一，贴近学生的学习、思想和生活实际。生活是学生生命活动的空间，只有贴近学生生活的教育才是对学生生命的教育，才能取得实际的效果。在生命教育中，我们要借鉴近年来大学生思想政治教育中广泛使用的“三贴近”原则，即教育要贴近学生的学习、思想和生活实际。也就是说，在生命教育中，我们要在生命教育的目标、内容、方式等方面贴近学生的生活实际，使其具有生活化、人性化的气息。一方面，构建温情的人际环境。在生活中，人不仅有物质需要，而且还有交往的需要，这种交往是充满温情的，而不是冷漠的。霍姆林斯基说过，常常以教育上的巨大不幸和失败而告终的学校内许许多多的冲突，其根源在教师不善于与学生交往。生命教育要更多地实现师生之间的交往，同时加强对学生的人际交往教育。要教育青年大学生认识到以情为本是人际交往的基础，以诚挚换取真诚是人际交往的需要，以关心换取别人的温情是人际交往的目的。要教授学生交往的技巧，鼓励他们开展正常的人际交往，较多地开展师生之间、学生之间的交往活动。只有在温馨和谐的人际环境中，对学生的教育才有效果。另一方面，在生活中，教育者要注重细节管理。在学生的实际生活中，要充分发动各种人员，比如学生干部、党员、辅导员、学生导师等来获取学生各方面的信息，关注他们的学习、思想、心理动向，发挥集体和个人优势，对学生的生活细节进行关照，实行人性化、细节化的管理。只有这样，我们才能对学生出现的各种问题，随时进行反应，及时进行处理。

第二，营造生活化的教育环境。法国一位哲学家说过，环境造就人，环境又是人造就的。的确，人作为环境作用中的人，不是被动受影响的。所以，成功的教育不仅是让学生在不知不觉中受到一种陶冶，使心灵得到净化，情感因之升华，而且，学生良好的教育内化可以影响教育环境，使之影响更多的环境影响者。因此，教育应该重视环境对人的作用。

5. 主体性原则

主体性也是生命教育的一个特点，因为生命与主体不可分割，没有无生命的主体，也没有无主体的生命。因此，主体性就不仅是一般的教育原则，更应当是生命教育的原则。而且这样一来，还给主体性原则赋予了某些新义。首先，在一般教育中，主体被认为是毫无生气的、无生命力的，在生命教育中则不然，由于主体是有生命的主体，所以主体是活生生的，富有生气即生命力，也就始终处于积极主动的地位。其次，在生命教育中，不仅学生是主体的生命或生命的主体，同时教师也是。因此，尊重、关心、理解、信任主体生命是双向的，即学生也要以同样的态度与心情，尊重富有主体生命的每一位教师。最后，既然师生都是生命的主体或主体的生命，所以，生命教育的过程，就是生命与生命的沟通和交流，甚至可以说，一切的教育与教学，都是演奏的一种生命交响乐。

作为具有较高文化素养和主体意识觉醒的大学生，他们具备了一定的思辨能力和主观能动性，在生命教育中，必然要更注意主体性原则的运用，这样才能真正取得实效；否则，遭遇的可能就是逆反和排斥。

坚持教育的主体性原则，第一，要注意教育活动中的主体互动。在生命教育中把学生当做客体，同时又当做主体，加强师生“双主体”之间的互动。在实施生命教育的过程中，教育者和受教育者应该坚持双向沟通，允许争鸣、切磋、探讨，发挥学生的主体作用，加大生命教育的深度和广度。澳大利亚昆士兰州教育机构对有效的学习和教育原则进行了研究，他们认为，有效的学习和教育原则与支持性和富有挑战性的环境是相互促进的。在这样的环境中，教育者应该对不同观点、意见、价值观念和信仰表现出赞赏的态度。首先，在教学内容上，注意发挥相关学科优势，如自然科学、生命科学、社会科学、伦理学、心理学、体育学等，分层次、分阶段，并且适时、适量、适度地对学生进行生动活泼的生命教育。同时，要逐渐由“教材中心”走向“学生中心”，摆脱教材对教育教学的制约，以教材为参考，丰富教育内容，提高大学生学习的积极性。其次，教学方法上应教学相长，加强对话式、启发式教育，避免说教式教学，让师生双方在教学互动中共享人生的知识与智慧，共同体验美好的人际关系，共同感悟生命的价值与意义。再次，在教学形式上，必须由“单一”走向“多样化”，充分发挥专题教育的重要作用。最后，要引导大学生从“受教育者”向“教育者”的角色转变，发挥其在教育活动中的主动性和创造性。

第二，转变教育者的“主导”观念。在发挥学生的主体性的同时，我们也不能否认教育者的主导性地位。但是，这种主导不是完全包办的做法，在教育的过程中，教育者要逐渐从前台走向后台，从一个完全的主宰者转变为“资源的提供者”和“顾问”。在成长过程中，大学生已经具有了独立自主的意识，教育者就要尊重他们的自由选择权，为他们的健康成长提供必要的指导，充当引路人，使他们朝着有利于自身和社会进步的方向发展。同时，教育者也要充当示范者的角色，因为“身教重于言教”。

第三，尊重学生的差异与个性。生命是独特的，每个生命都有着不同的天赋、兴趣、气质、情感体验等，在这世上不会有一模一样的人、一模一样的生命，当然也没有一样的个性。生命的独特性，是生命丰富多彩的基础。学生个性的完善不仅是生命教育发展的目标，而且是学生主体性发展的体现。生命教育要从大学生的个人实际出发，来构建学生的个性，让每个学生都能够展现出自己的风采，这样生命教育的目标才能够实现。

第四，提升学生的创新素质。当代大学生视野开阔、思维活跃，自我意识、社会适应性、竞争意识较强，对新生事物的接受能力也较强。但是，另一方面，他们的创造现状也不容乐观。生命教育就要在实践中加强大学生的创造性教育，培育他们的创造精神。首先，要培养大学生的创造性思维，高校生命教育者要充分了解大学生普遍存在的心理特征，更要研究在新的历史条件下大学生的心理新现象、新特点，为大学生创建自主探究、大胆质疑的氛围。其次，要培养大学生的创造性人格。只有具有了创造性人格，他们才能在实际的人生路程上积极进行创造性的实践，自觉培育创新能力。教育者要针对不同学生的性格特点来设计教育活动，让学生在实际的活动中得到锻炼，开发学生的创造潜能，为他们成为未来的创新型人才打好坚实的基础。

6. 超越性原则

超越性原则就是指在生命教育中，注重学生对于生命意义的反思，实现学生生命境界的提升。人是一个超越性的存在，他从不满足于自己的当下，从不沾沾自喜于已经取得的成就，也从不止步于生命已有的辉煌，他总是在追求一种尚未存在的理想世界。正是个体生命的这种生生不息的精神和坚毅的意志，正是个体通过对自己生命的这种超越，促使人不断地思考生命的意义，不断地实现生命的价值，不断地追求生命的完满，从而创造生命的辉煌。所以，超越性是人的生命存在的根本属性，也是人的生命存在的基本生存样态。而生命教育的一项重要功能就在于引导学生实现生命的超越，我国著名学者鲁洁教授指出："理想的教育并不是要以各种现实的规定性去束缚人、限制人，而是要使人从现实看到各种发展的可能性，并善于将可能性转化为现实性，它要使人树立起发展与超越现实的理想，并善于把理想赋予现实。"① 为实现大学生人生的超越，要结合当前大学生的真实状况，努力做到以下三点，第一，教育学生学会反思、批判。反思、批判精神是人类特有的一种具有超越意义和价值的宝贵精神，是人之为人的主要标志，也是人类自我意识的精华。苏格拉底说过，未经过思考的生活不是人的生活。在生命的历程中，面对现实的生活，人们并不是被动的，人的生命的创造性和精神性使得人们经常要对人生、社会、生活等进行不断的思考，主动地反省，只有这样他们才能不断地取得进一步的发展。因此，人的反思批判精神是人能够实现生命的不断超越的前提和基础。批判并不是一味的否定自我，而是在更高程度上的进化，从而实现生命的新生。

第二，激励学生追求有意义的人生。尊重人、以促进人的发展为目标的教育不但应该教人生，更应该教人生之义，只有领悟人生之义，懂得生命意义追求的人才能更珍惜生命，更好地把握人生。因为人生的真谛就是在生存的现实中，创造永恒的意义和价值。生命教育应该积极给予大学生人生意义的教育，让他们能够度过一个有意义的人生，引导他们学会正确树立自己的人生目标。

第三，提高人生信仰教育的实效。生命的超越，要求我们必须有信仰。人生除了物质的追求之外，必须有更高的追求，这就是信仰。新儒家代表人物唐君毅说过："唯一之你，必须信仰唯一最后的东西，为你精神之所归依，而你生命之流永绕着它环流。"② 信仰作为人一生的精神支柱，支撑着人们的生活，没有它，人就会失去精神家园，无处可依。真正的信仰使人克服私心，使人更富同情心和责任感。在生命教育中，要把理想

① 鲁洁：《论教育之适应与超越》，载《教育研究》1996年第2期。

② 唐君毅：《人生三书——唐君毅著作选》，中国社会科学出版社2005年版，第27页。

和信仰教育放在重要的位置。面对当前大学生信仰实用化、多元化的现实，坚持马克思主义的主导地位，就要转变教育观念和方式，引导大学生对马克思主义深刻认知，提高他们辨别是非的能力，让他们学会正确认识社会现象；使大学生在树立正确的人生观、价值观、世界观的同时，科学客观地认识现实世界，把理想和现实紧密联系起来；将义务和利益有机地结合起来，处理好集体、社会和个人的关系，使信仰教育与现实、与学生的切身利益结合起来，而不是单纯的“务虚”。只有这样，才能使他们在生命历程中找到精神家园，实现人生的超越。

五、优化大学生生命教育

按照教育规律，生命教育应该从基础教育阶段开始，贯穿于生命过程的始终。但是，我国目前的状况，需要在大学阶段补充这个内容。因此，根据大学生的生理、心理特点及时代特征，科学确定教育目标和教育方法，通过学校教育、社会教育、家庭教育和自我教育四个途径，进行有效的生命教育，才能不断完善大学生的生命意识。

（一）高校：大学生生命教育的主要场所

开展大学生生命教育的实践探索，是贯彻生命教育理念、落实生命教育内容、实现生命教育目标、取得生命教育实效的探索，是生命教育理论见诸实践的探索。在当前，开展与实施大学生生命教育，不断优化高校的生命教育，需要学校整体规划、全面安排，需要齐抓共管、全员参与，需要一以贯之、全程施教。

1. 课堂教学是主渠道

学校的生命教育，课堂教学是主渠道和主阵地。大学生生命教育在我国既没有专门的课程设置，也没有具体的课时安排，因此，开设专门的课程教育成为生命教育的基础。开设独立的生命教育系列课程，将其列入学校课程计划，定师资、定课时、定教材，使生命教育在大学课堂教学的主渠道中重点实施。通过专门课程的学习，可以让学生充分领悟生命价值及其自身意义，掌握在逆境中求生和排遣不良情绪的基本技能，并促使他们树立起敬畏生命、珍惜生活、对家庭和社会负责的生活观。大学生生命观教育的课程设计，具体开设哪些课程，学校可以根据自身的实际情况，同时借鉴国内外生命观教育的优秀成果。比如，瑞典的生命教育具有很长的历史，它根据学生的不同年龄、不同个体特征开设课程。我国台湾的东海大学从2004年开始开设生命教育课程，到目前为止，已开设有“生命教育概论”、“生命发展与关怀”、“自然科学与信仰”、“宗教概论”和“生命专业伦理”五门必修课程，涉及宗教、伦理、生死教育、自我成长与人际互动以及服务实践五大领域的选修课程，使大学生以直接有效的方式全方位地接受生命教育。又如，复旦大学从2005年起开设名为“生命教育研究”的选修课，武汉大学也于2008年正式将生命教育课作为选修课，实现了高校生命教育课程化教育的突破。

高校开展生命教育，课堂教学中必须做好以下几点：

第一，秉持正确的课程教学准则。生命教育课程教学是直面生命、指向生命、关注生命、唤醒与滋养生命的教学活动与过程，必须秉持正确的准则：①目的性准则，即教学宗旨，就是创设、运用与调动一切课堂教学资源，引导学生关注生命、尊重生命、珍爱生命、欣赏生命、敬畏生命、成全生命，让生命教育在课堂中绽放异彩；②主体性准则，即以学生为本，关注学生个体的生命认知与生命成长，并以自己的经验分享和主体感受，引导学生进入课堂的生活情境，体悟生命的价值，增长生命的智慧；③关怀性准则，即以关怀生命为主线，通过生命与生命的对话、心灵与心灵的沟通，激发生命的活力，张扬生命的个性，提升生命的价值与质量，使生命充满无限的活力与光彩；④实际性准则，即密切联系与结合学生的学习生活，破解学生现实之困顿，为学生提供发现展示自己的机会与平台。①

第二，把握明确的课程教学目标。这是确定教学内容、设计教学环节、评价教学效果的指针与标准。确立教学目标，重点在于把握生命教育的本质，这就是为了生命主体的自由与幸福所进行的生命化的教育，旨在捍卫生命的尊严，激发生命的潜能，提升生命的品质，实现生命的价值。为此，生命教育的课程教学目标就是引导大学生珍惜生命存在，认知生死关系，把握情绪反应，尊重生命差异，把握个体与社会的关系，提升生命与生活质量，也就是使他们能够抗拒生活的无聊，排释生活无意义的困顿，欣赏生命的美好，开启生命智慧，提升生命境界，升华生命价值。

第三，注重优化课堂教学环节。教学环节的设计是课堂教学的步骤安排，也是课堂优质资源的整合与运用，其环节应注意：①精巧的教学导入，引导学生的深度阅读；②精彩的主题讲解，加强学生的深入理解；③精美的影像欣赏，强化学生的深刻体验；④精辟的主词解析，加深学生的内心感受；⑤精深的主题讨论，促使学生的积极参与。总之，生命教育课堂应该体现和突出强烈的生命体验和深刻的主体认知，让课堂充满关注生命的气息，让生命的活力充分流动，让智慧之花尽情绽放。还需特别强调，优化课程教学环节，应注重创设积极向上、温情美好的课堂环境，使学生彼此接纳、相互欣赏，在情绪上有安全感，使课堂真正成为温暖的课堂、开放的课堂、分享的课堂。温暖的课堂，会使课堂更富有亲和力；开放的课堂，会使课堂添加无限的精彩；分享的课堂，会使学生成为对课堂作出贡献的人。②

第四，实施合理的课程教学测评。生命教育的课堂教学评价不是一个简单的知识考试与考核，以及以分数为尺度与标准进行测评的问题，而是一种极其重要的价值判断，是确立课堂教学目标与课程设计符合度的关键问题。生命教育课程教学重在引导学生对于生命的认知态度的改变，及经验的分享与意义的提升。为此，课程教学测评应当重视过程性测评与形成性测评，以经验分享为主，注重学生对生命的体验，把学生主体参与和生命认知作为课程测评的着力点，并依此构建较为合理的课堂教学测评体系与标准，以实现提升学生的理性思辨与知识涵养之目的。课程评价的具体操作层面包括学生平时的学习态度、出勤率、读书报告、参与讨论、完成作业、交流心得、参加实践等项目，以此构建合理的课程教学测评，即价值评价，旨在引导学生进行自我反思，唤起主体自

① 顾海良：《生命教育大学生读本》，人民教育出版社 2007 年版，第 222~223 页。

② 郑晓江：《生命教育演讲录》，江西人民出版社 2008 年版，第 130~132 页。

觉，进而进行自我评价与自我矫正，促进生命个体的自我发展与提高。

2. 新媒体是大学生生命教育的重要平台

新媒体时代是以互联网诞生为标志，由手机、博客、维客、播客、数字电视等新媒体掀起的规模空前的传媒革命，它所缔造的传播内容、传播形式和传播影响，相对于传统的印刷类、电子类媒体而言，实现了不可比拟的飞跃。网络终端设备已成为大学生日常生活的必备工具，大学生是接触和使用新媒体最早、最直接的群体，网络搜索成为大学生解决学习问题的最佳途径，大学生通过查阅资料将网络与自身的学业需求结合起来。登录网络社交工具成为大学生网络第一行为。① 新媒体改变着大学生的认知方式、思维方式和价值观念。

一方面，新媒体的迅速发展改变了大学生的生活方式。借助于 BBS、QQ、博客、手机短信、飞信、微信等新媒介，大学生的日常生活更显轻松和便捷，解决问题的方式更趋自由。就互联网而言，由于交流双方多以匿名的方式进行，减少了来自其他个体或社会因素的干扰，有利于保护个人隐私和言论自由，也有助于更好地交流思想传递情感，因此互联网成了大学生表达思想观点和倾诉心声的理想选择。虚拟空间活动在大学生日常生活中的分量逐渐加大，他们希望通过在线交流充分表达自己的想法和意愿，获得他人的尊重，同时期望与他人尤其是老师和学校管理者平等对话，解决他们遇到的问题。由于网络的虚拟性和交互性，部分大学生在网络世界里可以少有拘束地放纵自己的情感，这逐渐形成了对网络的依赖，使自己与现实社会相隔离，造成了人际信任危机，以致情绪低落、自我评价低下，严重影响了大学生的心理健康。

另一方面，新媒体对大学生追求和展示个性的性格影响深远。新媒体满足了当代大学生个性化的需要，为大学生提供了许多可选择的机会，任何一个大学生都可以自由地参与信息的制作和传播，特别是随着手机上网聊天的普及，新媒体显性地或潜移默化地影响当代大学生个性的形成与发展已是不争的事实。但是盲目追求个性的大学生往往会具有集体主义观念淡薄、责任感低下、同学间的交往易冲动等问题，这种盲从心理问题急需调整。

同时，新媒体环境也给大学生生命教育带来了机遇和挑战。

第一，新媒体环境给大学生生命观教育带来了机遇。首先，新媒体技术为大学生生命教育搭建了新平台。新媒体已经成为思想文化传播的新载体，高校可以充分利用新媒体技术对大学生进行生命理论的宣传和宣讲，进行正确的生命传播引导。其次，新媒体技术为大学生生命教育提供了新模式。现在在高校，原有的集中统一的“一刀切”模式、自上而下的单向灌输方式、简单的命令说教形式已经远远不能满足学生学习的需要，丰富的多元化模式、双向多向和直接交流互动方式以及图文并茂、音视同期的新媒体形式日益成为学生接受知识的主要载体，一种全新的生命教育模式正在形成。再次，新媒体技术提高了生命教育的效率。学生通过生动有趣的新媒体展示，利用虚拟现实的情境或网络体验可以增加兴趣和学习质量，有利于满足生命教育的个性化和多样性等方

① 参见 http：//cjr. zjol. com. cn/05cjr/system/2011/07/08/017663475. shtml，2014-12-01。

面的要求，新媒体技术提供的大数据量、高速度、良好交互、便利检索等特性发挥了巨大作用。

第二，新媒体环境给大学生生命观教育带来了挑战。首先，新媒体信息传播的“无屏障性”给大学生生命教育增添了难度。在新媒体环境下，传播者通常是一身二任的：他既可以是传播者，又可以是受传者。大学生从新媒体中获得的信息具有不确定性和难以控制性，很多信息能给大学生思想观念和道德认知带来深刻影响，部分抵消了生命观教育的效果。其次，科学技术的应用淡化了生命意识，当人类习惯于操作机械的时候，人类的成就感也就越发显得苍白，长此以往，人们也就很难领悟生命的意义和价值，特别是处在高度信息化时代的大学生们，一旦遇到挫折和失败，就容易对生活产生困惑与迷茫，感觉生命无趣、无助、无聊、无意义，进而自暴自弃。再次，网络游戏对大学生生命观的负面影响，在虚拟的游戏世界里，他们可以随意扮演角色，随意复活，导致他们对生命的理解日益模糊，体会不到生命的珍贵。最后，由于家庭、社会等方面的压力，学校不得不把教学工作的重点放在单纯传授文化知识上面，因而忽视了生命教育、人文教育、人性意识教育和心理健康等教育，结果是学生成绩看似上去了，但道德意识、人性意识、心理健康水平却下降了。

在新媒体环境下开展大学生生命教育的途径是多样的。

第一，充分发挥新媒体技术在课堂的作用，加强大学生人性意识和良好行为习惯的教育。在课堂教学中，应充分挖掘各学科中生命观的相关内容，利用新媒体技术手段，制作音像课件或电子刊物，加强学生的生命观教育。在思想政治课等课程中，充分利用视频、短片、电子刊物等音像课件，加强学生思想道德、个性修养、健康心理和意识行为的教育，培养他们的感恩意识、生命意识和人性意识等。

第二，开展有益的校园网络文化活动，用健康的生命意识和道德行为来熏陶学生。利用一些重大节日和庆典活动，以新媒体技术手段为载体，把相关教育内容融入活动之中，给予学生潜移默化的教育影响，让人性教育、生命教育等入脑入心，从而陶冶其情操，净化其心灵。例如，利用“国际禁毒日”开展“珍爱生命，远离毒品”的宣誓或电子签名主题活动，教育学生认识生命、珍惜生命、尊重生命、热爱生命；利用“父亲节”、“母亲节”、“重阳节”等节日，制作电子贺卡、电子邮件等，传递亲情、友情和尊老爱幼等情感，加强学生的感恩意识和心理行为等教育。

第三，占领新媒体主阵地，让学生投身新媒体，感受生命乐趣。首先，网上导游，以趣唤情。让学生在网上搜集材料，利用学校生命教育网储存生命教育信息，这比教师在课堂上进行灌输式的说教更有效。学生在网络中根据自己的学习需求以及个性特点，自主选择并收集信息。对人类生活进行观察、体验，使生命教育不会“枯燥乏味”。其次，网上设境，以情激趣。利用网络后，知识的呈现方式就不仅仅是声音和文字，还有图像、视频等，形象逼真，更有利于激发学生对生命教育的兴趣。再次，网上发表，以赏固情。在教育过程中，学生可以通过网络相关信息完成自我培养，可以随时将感受或观点在网页上发表，让全体学生欣赏。教师也能够准确而迅速地了解学生接受教育的情况，及时对学生感受中的得失作出评价与指导，了解学生接受教育后的感受信息。

第四，设立网络辅导员。网络辅导员不是通过上课或者面对面的交流来进行生命教育，而是通过网络这个“媒介”与受众进行思想交流、沟通、引导，从而达到生命教育目的的教育者。网络辅导员不仅要懂得新媒体技术、技巧，熟悉大学生的网络习惯和网络语言，还要懂得新媒体条件下生命教育的新特征、新规律，具备适时捕捉新媒体平台上大学生的思想动态，发现苗头后及时予以有效引导的能力。不仅要有在事后应急处理的本领，更重要的是在日常的工作中，能够主动策划利用新媒体对学生进行潜移默化的引导，成为大学生值得信赖的网络言论权威。

3. 建立生命教育网站

建立生命教育网站，搭建生命教育的网络教育平台，以拓展与延伸生命教育的时空，扩展与细化课程教学内容。开展网络教学，这是适应当代大学生学习特点的一种积极有效的途径与方式，它对于丰富生命教育的内容与方式，强化生命教育的吸引力与实效，都具有重要的作用与意义。建立生命教育的网站，一要注意网站内容的新颖性，以吸引学生对信息的关注，使其主动浏览学习。二要注意网站栏目的丰富性，以满足学生不同的需求，使其乐意进行学习。三是注意网站色调的明快性，以适合学生的思维特点，使其积极参与学习生命教育网络教学的内容。一般而言，生命教育网站可分为这样几大板块，一是细化与深化课堂学习的内容：把教学课件与教案、教学计划、简易讲义、思考题以及课程基础理论等上传到网络，便于学生及时浏览与复习。二是拓展与丰富课堂学习的方式：可将有关生命意义的经典故事、格言警句、名人名篇、精彩影像等资源传至网站，让学生进行相关内容的浏览与学习，以扩展学生的视野，提高学习的兴趣与学习的效果。三是保持与加强课堂交流的渠道：可通过心灵对话、焦点讨论、迷津指点、精彩点评、生命感言等双向交流的方式，教师与学生要保持教与学的互动关系，从而及时了解学生的思想实际，解答学生的现实困顿。

（二）社会：大学生生命教育的重要基础

国际形势的快速变化和国内社会情况的复杂多样，以及经济成分的多样化、生活方式的多样化、社会组织形式的多样化、就业岗位和就业方式的多样化等，给大学生带来了学习与就业等各方面的压力。因此只有良好的社会教育，才能有利于学生缓解压力、陶冶情操、满足需求，促进学生的全面发展。社会是多种因素相互作用、相互影响的有机整体，社会环境中各种现象必然会通过各种方式和渠道影响学生。发挥社会教育功能的积极作用，合理地利用社会政治、文化、经济环境中的积极因素，增强民族凝聚力和集体主义意识，坚持正确的舆论导向，创造良好的社会氛围，传递社会正能量，建立多层次的和谐社会体系，为大学生的成长提供良好的社会环境，这些都有利于大学生的生命教育。

同时，随着人类社会的发展，人类文明程度的提高，人们越来越意识到生命的可贵性与独特性，以一种整体、现实的目光来关怀生命本真的存在。各种有关生命的活动也不断出现在社会和生活中，诸如关爱生命、拒绝毒品活动，珍爱生命、学会感恩活动，心系新生命——种子工程等，这些都为大学生生命教育提供了最坚实的社会生活基础和最有效的活动教材。

（三）家庭：大学生生命教育的摇篮

家庭孕育了人的生命，也是生命教育的第一个课堂，父母是启蒙老师。因此，通过家庭教育，可以让学生充分感受生命的美，引发对生命的热爱与珍惜。在生命教育中，家庭可以在氛围、亲情、榜样等方面发挥重要作用。从氛围营造看，家长要为孩子创造一个良好的家庭环境，让孩子在和睦健康的家庭环境中成长。在家庭里创造孝敬长辈的氛围，引导孩子对父母及长辈要孝敬；在家庭中树立民主平等的教育氛围，充分认识和尊重子女的个性、需要和愿望，形成良性互动的家庭氛围，促使孩子积极向上。家庭在生命教育中最大的优势就是亲情，父母与孩子之间存在天然的亲情，这是家庭教育的天然基础和最好的心理条件。但是，现实中由于家庭暴力、家庭不和、夫妻离异等现象日益增多，或者家长对孩子表现出过高的期望、过分的关心和过多的呵护，都严重地影响着学生正确生命观的形成。所以，要充分利用亲情这个独特条件，培养孩子正确的生命观。从榜样教育来看，家庭教育的特点是言传身教、潜移默化。有些家长自身的行动，向孩子做出错误甚至恶劣的示范；有些家长认为子女已是大学生，无需再进行教育，因而不了解孩子的成长状况。生命教育要求家长经常与孩子在一起进行交流、沟通，在日常生活当中，用自己的言行影响、教育和培养孩子的生命观。

（四）自我教育：大学生生命教育的根本

大学生生命教育的终极目标是实现学生的自我教育。学校要树立以学生为主体的意识，尊重学生的主体性和主动精神，注意发掘学生的潜在智慧，不断提升学生自我教育的能力。自我教育要内外兼修，教育既要使人是其所是，又要使人其所应是。教育的目的一方面要使学生个体生命社会化，使学生在已有的各种现实规定中奋起去探寻新的自我、新的世界；另一方面，又要使学生接纳科学文化知识和道德规范等，在学生身上内化为创造性的潜力，从而使学生能以一种批判的态度去面对、掌握、审视现实生活。

同时，高校生命教育的真谛在于引导学生自我生命观的建构，意识到有一个“我”的生命存在，并作为一个真实的生命个体在这个世界中积极去交往、感觉、理解，不是用简单指令去压制个体身体的感觉，更不是企图用他人的感受去取而代之。要创建有利于生命自由的教育制度，从学生全面发展和能够享受独特个体发展的角度出发，促使学生主观能动性的发挥；从人性化的角度出发，给予学生充分的自由活动和自由思想的空间。我们当下的教育实际中，许多教师对学生的关心往往不自觉地成为包办式、控制式的关心，因而常常受到学生的质疑，甚至是拒绝。教师特别是思想政治教育工作者与心理健康教育工作者要主动贴近学生的内心，与他们建立起相互关心、相互尊重、平等交流的关系，学会倾听他们的苦恼，发现学生现实生活中所遇到的困难、困惑和挫折等，帮助其正确地分析、解决问题，减少心理压力。只有滋养心灵、温暖生命的教育，才会真正为大学生所接受与认可。

（五）实践活动：大学生生命教育的深化

生命教育不仅是理论学习与思想教育，更是实践感受与实际体悟。“坐而言不如起而行”，在实践中体验是促进学生更深刻地认识生命的意义的有效途径。可以说，实践活动是一切教育的继续与深化，是实现教育教学目标的重要步骤与必要环节，是使学生达到知行合一的必由之路。所以必须把实践活动纳入生命教育的整体计划之中，这里的实践活动，主要是指课堂教学以外的实践教学活动，既包括教育者组织的实践活动，也包括在教育者指导下的学生自我开展的实践活动，实践活动的主要方式有：①充分利用各级各类教育基地、公共文化设施等开展生命教育活动，拓展学生的生活技能训练和体验，走访敬老院、志愿服务等，引导学生理解生与死的意义，珍爱生命，关心他人；②努力创设一定的逆境，对学生进行挫折锻炼，以磨炼其意志，使学生更加欣赏生命、珍惜生命，努力提升生命的意义和价值，如组织野外探险、露营郊游活动以及进行一些有关生命的宣传活动，或无偿献血或社会调查等，以引导学生感悟生命、热爱生命、珍惜生命；③邀请校内外有关人员现身说法，如请警察、消防战士、保卫人员等，教授学生在遇到紧急情况时如何保护自己，如何有效避险和如何逃生；请劫后余生的人，谈谈他们的生命感悟等，以引导学生更加珍爱生命、呵护生命。总之，让学生参与和体验生命教育实践活动，可以使学生的心灵在切身感受中受到触动，从而更加深刻地理解课堂教学内容，真正学会尊重生命、热爱生命，以及呵护与成全生命。

另外，必须构建大学生生命教育的合力体系。

在生命教育方面，社会、家庭和学校应该积极配合，形成立体的生命教育的合力体系。第一方面，从学校的角度看，要在课堂教育的教育理念中重塑生命教育。实施生命教育首先应还原教育的根本意义即人的生命力的增长，强调对人的生命的尊重和发展，这也是学校教育必须坚持的永恒主题；其次，培训生命教育的师资力量，提高高校教师的生命素养，为生命教育课程的设置做好铺垫；再次，高校应把生命教育纳入学校的教学计划，如生命教育可以贯穿大学四个年度的学习，可分别开设生存健康教育课、生命伦理教育课、生命价值课和生涯规划教育课；最后，在教育方法上应注重生活体验，运用体验式、互动式、探究式教学方法，让学生亲身体验、感悟，从而拓宽生命情怀，提升精神境界。

校园文化应该激发大学生的生命潜能。高校可以充分利用校园文化的载体作用，开展健康有益的校园文化活动，使校园生活丰富多彩、健康向上、充满乐趣，通过举办心理健康文化活动、心理健康知识讲座、心理健康知识竞赛、征文比赛、演讲比赛、心理剧创作大赛，以及组织心理电影赏析、心理测试等活动，激发大学生的参与热情，为大学生搭建探索自我、发挥智慧、展示才华、激发潜能的广阔舞台。

校园心理咨询注重方式方法的多样性和科学性。高校心理咨询可以给学生提供专业化、科学化、规范化的心理服务和人生指导，在解除学生的心理困惑、促进学生的生命成长方面具有重要作用。此外，心理咨询还可以针对学生的共性问题开展以生命教育为主题的团体辅导，例如，感激中的爱和成长、生命的旅程、珍爱生命、和谐人生、阳光自信地成长、放飞心情、感受生活等，这些内容丰富、针对性强的团体活动，可以启发大学生对生命的深入思考，激发他们的生命热情，引导他们热爱生活、快乐生活。

第二方面，从家庭的角度看，家庭应该为大学生播撒生命的种子。生命教育不同于其他学科教育，它更多的是一种综合性的教育活动，它不是仅靠学校来完成的，还需要与家庭和社会积极互动、密切配合。因此，必须有意识地在家庭中形成良好的生命教育氛围，从而巩固学校教育的成果，最终引导大学生形成正确的生命观。家长要为子女营造一种祥和的家庭氛围，让大学生在家庭的避风港湾中体验亲人的关怀、亲情的温暖，进而体验生活的美好和生命的珍贵，要在潜移默化中向大学生播撒热爱生命、尊重生命的种子。

第三方面，社会中的生命教育。大学生生命教育也必须争取广泛的社会支持。首先，要在全社会营造珍惜生命、爱护生命的社会氛围，积极鼓励与推动各种有关生命教育团体的建立，使大学生能够有一个积极健康的生活环境。其次，要把生命教育与社会中的环境保护教育、法制教育、心理健康教育等融为一体，纳入到社区的工作中，积极鼓励高校大学生参与其中，营造对大学生进行生命教育的社会文化环境。最后，利用电视、报纸、广播等各种媒介进行生命教育的宣传，加强正确的舆论导向，使大学生生命教育有孕育、滋生、传播的空间。

只有学校、家庭、社会形成生命教育的合力，大学生生命教育才能有的放矢。

参考文献

[1] 杨慕慈．生命教育［M］．台北：禾枫书局，2004.

[2] 马克思，恩格斯．马克思恩格斯选集（第1、3、4、26卷）［M］．北京：北京人民出版社，1972.

[3] 欧巧云．当代大学生生命教育研究［M］．北京：知识产权出版社，2009.

[4] ［德］威廉·赫舍尔．人是谁［M］．贵阳：贵州人民出版社，1988.

[5] 联合国教科文组织国际教育委员会．学会生存［M］．北京：教育科学出版社，1996.

[6] 鲁洁．道德教育的当代论域［M］．北京：人民出版社，2005.

[7] 牛楠楠．美国中小学的死亡教育及其启示［J］．基础教育，2009（1）.

[8] 张淑美．生命教育研究、论述与实践——生死教育的取向［M］．高雄：复文图书出版社，2005.

[9] 冯建军，等．生命化教育［M］．北京：教育科学出版社，2007.

[10] 吴庶深，黄丽花．生命教育概论——实用的教学方案［M］．台北：台湾学富文化事业有限公司，2001.

[11] 吴增强，张声远．生命教育解读［J］．思想·理论·教育，2005（5）.

[12] 潘华泉．大学生生命教育探讨［J］．绍兴文理学院学报（社会科学版），2006（11）.

[13] 路晓军．大学生生命教育的价值探索［J］．黑龙江高教研究，2005（5）.

[14] 潘风亮．"生命教育"先要"关怀"权利［J］．人民教育，2004（21）.

[15] 谌红桃．生命教育任重而道远［J］．宁夏教育，2004（7~8）.

[16] 杨兆山．关于人的全面发展的几点认识［J］．东北师大学报（哲学社会科学版），2003（3）.

[17] 欧阳谦．20世纪西方人学思想导论［M］．北京：中国人民大学出版社，2002.

[18] 黄志成．国际教育新思想新理念［M］．上海：上海教育出版社，2009.

[19] 牟宗三．中西哲学会通十四讲［M］．台北：台湾学生书局，1996.

[20] 刘济良．生命教育论［M］．北京：中国社会科学出版社，2004.

[21] 曾晖．生命的充分诞生——试析禅宗的人格境界和认知方式［J］．海南师院学报，1996（2）.

[22] 林崇德．发展心理学［M］．杭州：浙江教育出版社，2002.

[23] 葛力．现代西方哲学词典［M］．北京：求实出版社，1990.

[24] 胡凯，蒋阳飞．基于生命关怀的高校现代德育模式建构［J］．中国高等教育，

2009 (8).
[25] 刘铁芳．生命情感与教育关怀 [J]．高等师范教育研究，2000 (6).
[26] 高青海．人就是“人”[M]．沈阳：辽宁人民出版社，2001.
[27] [奥] 维克多·弗兰克．活出意义来 [M]．北京：三联书店，1991.
[28] 刘翔平．寻找生命的意义——弗兰克尔的意义治疗学说 [M]．武汉：湖北教育出版社，1999.
[29] 廖莎莎，韦毅嘉．暴力文化对青少年价值观的影响及其预防措施 [J]．四川理工学院学报，2005 (1).
[30] 李翠新．试论当代大学生生命意识淡薄的原因及对策 [J]．青年探索，2006 (3).
[31] 兰小云．生命教育：从青少年自杀现象谈起 [J]．江西教育科研，2003 (8).
[32] 樊富珉，王建中．当代大学生心理健康教程 [M]．武汉：武汉大学出版社，2006.
[33] 马建青．青少年自杀与生命教育 [M]．杭州：浙江大学出版社，2004.
[34] 刘次林．幸福教育论 [M]．北京：人民教育出版社，2005.
[35] 赵汀阳．论可能的生活 [M]．北京：中国人民大学出版社，2004.
[36] [美] 弗洛姆．弗洛姆文集 [M]．北京：改革出版社，1997.
[37] [美] 杜威．民主主义与教育 [M]．北京：人民出版社，2001.
[38] 周辅成．西方伦理学名著选辑 [M]．北京：商务印书馆，1964.
[39] 段志光．大学生社会责任感研究中的理论问题探讨 [J]．山西高等学校社会科学学报，2002 (2).
[40] 林凌．论当代大学生的责任感教育与培养研究 [J]．今日科苑，2008 (12).
[41] [古罗马] 西塞罗．西塞罗三论 [M]．徐奕春，译．北京：商务印书馆，1998.
[42] 莫振达．近十年来我国生命教育研究综述 [J]．教育探索，2007 (5).
[43] [美] 罗尔斯. 正义论 [M]．北京：中国社会科学出版社，1988.
[44] [美] 约翰·马克斯·坦普尔顿．发现人生定律 [M]．韩慧强，等，译．北京：国际文化出版公司，2003.
[45] 袁峰，陈四光．美国死亡教育发展概况 [J]．湖北教育学院学报，2007 (1).
[46] 罗蕊．死亡教育理念探讨 [D]．开封：河南大学，2005.
[47] 中国社会科学院语言研究所词典编辑室编．现代汉语词典 [M]．北京：商务印书馆，2005.
[48] 陈秀兰．感恩的缺失与感恩教育的策略 [D]．上海：华东师范大学，2007.
[49] 陶志琼．关于感恩教育的几个问题的探讨 [M]．北京：教育科学出版社，2004.
[50] [苏] 苏霍姆林斯基．和青年校长的谈话 [M]．赵玮，译．北京：教育科学出版社. 2009.
[51] 张耀灿，陈万柏．思想政治教育学原理 [M]．北京：高等教育出版社，2001.
[52] 吕姿之．健康教育与健康促进 [M]．杭州：浙江大学出版社，2006.
[53] 王雅林．生活方式的理论魅力和学科建构 [J]．社会学研究，2003 (3).
[54] 荣彩芳．“低碳生活”：应然与实然 [J]．辽宁行政学院学报，2010 (9).

[55] [美] 杰佛瑞·戈比. 你生命中的休闲 [M]. 康筝，译. 昆明：云南人民出版社，2000.
[56] 钟霞. 大学生休闲生活及其优化研究 [D]. 福州：福建师范大学，2007.
[57] 周国平. 人生哲学语编 [M]. 上海：上海辞书出版社，2001.
[58] 郑文越. 乌申斯基教育文选 [M]. 北京：人民教育出版社，1991.
[59] 杨德广、晏开利. 中国当代大学生价值观研究 [M]. 上海：上海教育出版社，1997.
[60] 李德顺. 新价值论 [M]. 昆明：云南人民出版社，2004.
[61] 冯小平. 从人的价值与价值的关系看人的价值 [J]. 哲学研究，1997 (1).
[62] 竹立家. 道德价值论 [M]. 北京：中国人民大学出版社，1998.
[63] 刘济良. 青少年价值观教育研究 [M]. 广州：广东教育出版社，2003.
[64] 陈章龙. 论主导价值观 [M]. 南京：江苏人民出版社，2006.
[65] 陈章龙，周莉. 价值观研究 [M]. 南京：南京师范大学出版社，2004.
[66] 源泉. 把社会主义核心价值体系融入思想政治教育全过程 [J]. 思想政治课教学，2006 (12).
[67] 联合国教科文组织国际教育和价值观教育亚太地区网络. 学会做事——在全球化中共同学习与工作的价值观 [M]. 北京：人民教育出版社，2006.
[68] 梅萍，等. 当代大学生生命价值观教育研究 [M]. 北京：中国社会科学出版社，2009.
[69] [古希腊] 亚里士多德. 尼各马可伦理学 [M]. 廖申百，译. 北京：商务印书馆，2003.
[70] 文旭. 论科学合理性是一种普世价值 [D]. 湖南师范大学，2008.
[71] [德] 哈贝马斯. 交往行为理论（第1卷）[M]. 曹卫东，译. 上海：上海人民出版社，2004.
[72] 张剑. 消费主义批判的生态之维——基于马克思主义视角的一种解读 [J]. 南京社会科学，2010 (4).
[73] 黄文杰. 形而上学的分野与置换——中西传统形而上学的比较分析 [J]. 福建论坛（人文社会科学版），2004 (9).
[74] 庞楠. 价值虚无主义与价值秩序建构 [J]. 深圳大学学报（人文社会科学版），2012 (1).
[75] 王北生，等. 生命的畅想：生命教育视域拓展 [M]. 北京：中国社会科学出版社，2004.
[76] 肖川等. 大学生生命教育 [M]. 北京：人民教育出版社，2011.
[77] 林清玄，等. 向生命借取灵感 [M]. 延边：延边人民出版社，2001.
[78] 张文质，黄克剑，赵一兵，等. 生命化教育的责任与梦想 [M]. 上海：华东师范大学出版社，2006.
[79] 邓晓芒. 灵之舞·中西人格的表演性 [M]. 北京：东方出版社，1995.
[80] 陈根法，汪家唐. 人生哲学 [M]. 上海：复旦大学出版社，2005.

[81] [德] 胡塞尔：欧洲科学的危机与实验现象学 [M]. 张庆熊，译. 上海：上海译文出版社，1998.
[82] 鲁洁. 论教育之适应与超越 [J]. 教育研究，1996 (2).
[83] 唐君毅. 人生三书——唐君毅著作选 [M]. 北京：中国社会科学出版社，2005.
[84] 郑晓江. 生命教育演讲录 [M]. 南昌：江西人民出版社，2008.

后　　记

生命是人生存和发展的物质基础，没有这个基础，人的一切都将毫无意义。人最宝贵的是生命，生命是一切智慧、力量和美好情感的唯一载体，没有生命的世界是残缺的世界。自从人类社会产生了教育，“教育为了什么”、“受教育为了什么”就成了不可回避的问题。人是教育的出发点和归宿，教育的实质就是最大限度地挖掘人的潜能，充分调动人的积极性、主动性和创造性，充分展示人的个性，不断提升人的地位和价值，最终提高人生的质量。

教育作为一种培养人的活动，它是以人的生命为基础的，人的生命存在是教育活动开展的前提。离开了学生的生命，教育也就成了脱离实际的抽象的东西，失去了它的意义和价值。因此，生命对于教育而言具有本体论的价值，促进学生生命的发展是教育的根本目标之一。大学时期是人生观、价值观形成的关键时期，这个阶段的青年人，一方面处于不断探索、追问、求知之中，另一方面又处于压力、忧患、竞争之下。而以往的工具性教育不仅把教育当做社会的工具，还理所当然地把人培养成工具。教育的工具性价值其实就是凌驾于生命价值之上，人被定形，被作为不能再发展的生物或只可加工的死的材料。这种教育为人的“拟物化”服务，培训出来的是一批又一批没有热血、没有理想、没有爱与恨的机件，或只会说话的人力，使生命价值衰微，也使教育失去了真义。

现在的大学生无疑生活在一个科学技术迅猛发展的时代。科技的发达、物质的丰富在提高大学生的生活水平、改善大学生的生活质量的同时，却又使大学生走入了另一个生活的怪圈，这就是精神的失衡，生命意义的缺失。在社会生活的诸多领域，对生命不敬和漠视的事件不在少数，尤其是近几年来，大学生危害自己或他人生命的事件时有报道。面对触目惊心的暴力事件，人们不能不关注和思考现行的大学教育存在的问题，是什么原因使大学生忽视生命的价值？我们又应该如何在理论和实践上构建大学生生命教育体系？

这些事件也警醒我们：现有的教育对大学生的生命关注不够，没有帮助他们认识自己生命的价值和意义，没有引导他们建立正确的生命观，对生命和死亡形成正确的认识。这些血的教训告诉我们，我国急需在校园中特别是在大学校园中开展生命教育，提高大学生生活应急能力，帮助大学生树立积极健康的理念和人生态度，成长为不但拥有专业知识，更能悦纳自我、关心家庭、热爱他人、尊重生命与自然的人。

随着科学的发展，人类社会从传统走向现代，但对生命从未停止过追问，其中也不免产生了新的生命困惑。人类在享受科学发展带来的成果时，也被科学这把“双刃剑”击伤。现代军事的发展威胁着人的生命安全，现代医学发展带来了老龄化和医学伦理学等问题，能源危机、环境污染、生态失衡等也凸显出科技发展带给人类的负面影响。这些无疑加深了现代人的生存危机。同时，科学的进步对人类生命的意义造成了严重冲击。对地球周边和宇宙进行探秘的结论，打碎了人类中心的玄想，消解了人的崇高性；“生物进化论”消解了人的神圣性；弗洛伊德心理学把人的一切归结为潜意识和性欲本能的作用，消解了人的理性。对人类的崇高性、神圣性和理性的消解，实质上也就消解了人类生命的意义。而且，人类的精神文化领域在快速发展的现代社会中出现了新的困顿。自近代工业革命后，人类的信仰遭遇消解，19 世纪末尼采宣告“上帝死了”，而后现代主义更是将神圣形象与非神圣形象一并消解，从而致使现代社会出现了耻言理想、蔑视道德、反对崇高、抛弃规则的“后现代”风潮。

在此背景下，大学生生命教育应运而生，其目的必须也只能是唤醒、培养、发展、提升大学生的生命意识，帮助他们实现生命认识、生命情感、生命意志和生命行为的统一，使之能够敬畏生命，并具有生命情感、提升生命质量、追寻生命价值，促进生命完善。

人生的旅途中，总是欢乐与悲伤交融，顺利与挫折更迭，称心和失意并存。每个人心中都有一个太阳，关键是如何让它发光，而这寻找光明的过程必须由大学生直接参与。印度哲人克里希那穆提说，真正的幸福最终只能从自身中找到。大学生需要跋山涉水、披荆斩棘、动心忍性，也需要自我省察、自我引导、自我教育，需要自己寻找道路，需要自己指引方向，也只有这样，我们的大学生才可以以科学的态度看待生命，以科学的方式度过自己的人生。

谨以此书献给所有富有朝气的年轻的生命，愿所有的生命都能够摆脱痛苦和迷茫，散发出温暖的人性光芒！

路　杨

2014 年 7 月于湖北武汉

图书在版编目(CIP)数据

当代大学生生命教育/路杨著.—武汉：武汉大学出版社,2014.12(2025.8 重印)

ISBN 978-7-307-15026-3

Ⅰ.当…　Ⅱ.路…　Ⅲ.大学生—生命哲学—教学研究　Ⅳ.B083

中国版本图书馆 CIP 数据核字(2014)第 307891 号

责任编辑:韩秋婷　　责任校对:汪欣怡　　版式设计:马　佳

出版发行：**武汉大学出版社**　(430072　武昌　珞珈山)

(电子邮箱:cbs22@ whu.edu.cn　网址：www.wdp. com.cn)

印刷:湖北云景数字印刷有限公司

开本:787×1092　1/16　印张:10.5　字数:232 千字　插页:1

版次:2014 年 12 月第 1 版　2025 年 8 月第 5 次印刷

ISBN 978-7-307-15026-3　定价:28.00 元

高等院校通识教育系列教材

书　目

《四库全书》与中国文化
社会性别与女性发展
通识逻辑学
当代中国社会问题透视
女性学导论
伦理学简论
中国文化概论
美学
科学技术史（第二版）
工程项目管理（第二版）
维纳斯巡礼·西方美术史话
宇宙新概念
《孙子兵法》鉴赏
唐诗宋词名篇精选精讲
明清小说名著导读（修订版）
中国美术鉴赏
诗词曲赋鉴赏
电子商务与电子政务
博弈论
资源环境与可持续发展
美术鉴赏
中国音乐史
西方音乐史
音乐欣赏教程
商务文书写作（第二版）
机关公文写作（修订版）
事务文书写作
大学书法通识
毕生发展心理学（第二版）
人际沟通学
志愿服务概论
影视作品欣赏与影视小说创作
基督教文化概览
宇宙新概念（第三版）
科学方法论——方法之建立
知其不可而为之——《论语》研读十二讲
当代大学生生命教育